认知语言类型学视域下二语移动事件词汇化研究

马玉学 著

北京理工大学出版社
BEIJING INSTITUTE OF TECHNOLOGY PRESS

版权专有　侵权必究

图书在版编目（CIP）数据

认知语言类型学视域下二语移动事件词汇化研究：英、汉 / 马玉学著. —北京：北京理工大学出版社，2024.5

ISBN 978-7-5763-4103-4

Ⅰ.①认⋯　Ⅱ.①马⋯　Ⅲ.①第二语言-词汇-研究-英、汉　Ⅳ.①H003

中国国家版本馆 CIP 数据核字（2024）第 108972 号

责任编辑：武丽娟　　**文案编辑**：武丽娟
责任校对：刘亚男　　**责任印制**：施胜娟

出版发行 /	北京理工大学出版社有限责任公司
社　　址 /	北京市丰台区四合庄路 6 号
邮　　编 /	100070
电　　话 /	（010）68914026（教材售后服务热线）
	（010）63726648（课件资源服务热线）
网　　址 /	http://www.bitpress.com.cn
版 印 次 /	2024 年 5 月第 1 版第 1 次印刷
印　　刷 /	廊坊市印艺阁数字科技有限公司
开　　本 /	787 mm ×1092 mm　1/16
印　　张 /	12.25
字　　数 /	278 千字
定　　价 /	89.00 元

图书出现印装质量问题，请拨打售后服务热线，负责调换

内 容 简 介

本研究以认知语言学家Talmy"基于移动事件词汇化（表达）"的语言类型理论，Slobin"为言而思假说（Thinking-for-Speaking Hypothesis）"以及"概念迁移"为理论基础，以132位本族语者和学习者根据一本无字故事书产出的书面文本为语料，考查汉语、英语和法语母语者的移动事件词汇化特征以及母语为汉语的中国英语和法语学习者二语移动事件词汇化表现，旨在探究二语学习者的移动事件词汇化是否受母语语言类型制约。鉴于以往研究对语言类型理论的理解欠精确，研究方法欠统一，结论分歧大，因此本领域需要大量地研究思维方式与语言习得的关系问题。

本研究认为移动事件词汇化研究不应受总体语言类型的限制，尤其是应搁置汉语的语言类型争议，而分别考查词汇化中的分项特征，同时假设一语和二语中那些不为语言使用者轻易察觉的概念差异才构成阻碍。本研究试图回答三个主要研究问题：第一，汉、英、法三种语言移动事件词汇化模式有何异同？第二，中国英、法语学习者移动事件词汇化呈现什么特征？第三，英、法语学习者对二语移动事件词汇化中的移动动词使用有何倾向？本研究有以下主要发现：

第一，英语和法语的移动事件词汇化特征基本支持以往研究结果，英语符合框架语言特征，法语基本符合动词框架语言特征，而汉语兼具两类语言的特征。

第二，三种语言之间也存在一些共性特征，比如三种语言中均存在一定比例的兼具方式和路径意义的动词；它们的小句语义密度和背景成分的差异均不显著；三种语言在表达某些语义成分凸显的移动事件时呈现出较高的一致性。

第三，两类学习者基本掌握二语词汇化模式，他们与本族语者在各个维度上体现的差异主要归因于其语言水平。本研究结果只部分支持Talmy基于移动事件词汇化的认知语言类型理论，微弱支持Slobin"为言而思假说"，研究结论认为语言与思维的关系十分复杂，构建和接受相关理论应基于更多的语言事实，谨慎对待。

本研究的理论贡献在于突破从总体上观察语言类型的观点，主张从分项角度观察语言类型；发现所考查的三种语言跨越所谓的语言类型特征体现出显著的共性；以实证数据证明二语学习者的多数困难来自语言水平而非语言类类型因素；这些都在一定程度上充实了Talmy的认知语言类型理论并进一步厘清了Slobin"为言而思假说"的应用范围，为语言相对论提供了实证支持。本研究的方法论贡献在于系统梳理了方式和路径动词的认定理论和标注实践，还提出所谓的"运动行为"是方式成分隐含的移动事件，设计了语言使用倾向调查工具。实践意义在于启发二语教师在教授因学习者不易察觉的概念差异所致的语言形式差异时，采用明示的方法揭示差异，以达到较好的教学效果。

目录 CONTENTS

绪 论

- 0.1 引言 ··· 1
- 0.2 研究意义 ··· 3
  - 0.2.1 理论意义 ·· 3
    - 0.2.1.1 为认知语言类型学提供实证依据 ·············· 3
    - 0.2.1.2 为以认知为导向的二语习得理论提供实证支持 ······ 3
    - 0.2.1.3 丰富为言而思假说 ·································· 4
  - 0.2.2 方法论意义 ·· 4
  - 0.2.3 实践意义 ·· 4
- 0.3 论文结构 ··· 5
- 0.4 小结 ··· 5

第一章 移动事件词汇化研究的理论基础

- 1.1 引言 ··· 6
- 1.2 Talmy 的语言类型框架 ··· 6
- 1.3 Slobin 的语言与思维关系的假说 ································ 8
  - 1.3.1 假说的理论传承和内容 ···································· 8
  - 1.3.2 理论的应用 ·· 9
- 1.4 小结 ··· 10

第二章 移动事件词汇化研究综述

- 2.1 引言 ··· 11
- 2.2 移动事件词汇化一语研究 ·· 11
  - 2.2.1 一语研究对 Talmy 理论的验证 ·························· 11

2.2.2 一语研究对 Talmy 理论的修正	12
2.2.3 一语研究评价	13
2.3 移动事件词汇化二语研究	14
2.3.1 发现语言类型因素效应较强的研究	14
2.3.2 发现语言类型因素效应微弱的研究	16
2.3.3 语言类型因素效应研究小结	17
2.3.4 二语研究评价	18
2.3.4.1 研究假设不尽合理	18
2.3.4.2 研究方法有待改善	19
2.3.5 汉语、英语、法语移动事件词汇化研究回顾	21
2.3.5.1 有关汉语的研究概述	22
2.3.5.2 有关汉语、英语、法语对比的实证研究	22
2.4 小结	24

第三章 本研究概述

3.1 引言	26
3.2 概念界定	26
3.2.1 移动事件	26
3.2.2 词汇化	26
3.2.3 认知语言类型	27
3.3 本研究所涉及的三种语言的类型归属	27
3.4 本研究的分析理论框架：概念迁移理论	30
3.5 主要概念的操作化定义	31
3.5.1 运动行为是移动事件	31
3.5.2 运动方式和运动路径的操作性定义	32
3.6 本研究的特点	35
3.7 小结	36

第四章 语言产出研究设计

4.1 引言	37
4.2 本研究的研究问题	37
4.3 研究对象	38
4.3.1 研究对象的总体情况	38
4.3.2 中国英语学习者情况	39
4.3.3 法语学习者情况	39
4.3.4 英、法语本族语者受试的情况	40

4.4	研究工具	41
4.5	数据收集步骤	42
	4.5.1 受试的征集	42
	4.5.2 数据采集的准备	42
	4.5.3 数据的采集	43
	4.5.3.1 学习者的数据采集	43
	4.5.3.2 本族语者的数据采集	43
4.6	数据整理及分析程序	44
	4.6.1 移动事件的识别	44
	4.6.2 标注单位	45
	4.6.3 词汇层次的标注	46
	4.6.3.1 词汇层次的标注方法和程序	46
	4.6.3.2 三类语言的具体标注方法	47
	4.6.4 小句层次的标注	49
	4.6.5 语篇层次的标注	51
	4.6.6 数据分析程序	51
	4.6.6.1 总体分析程序	51
	4.6.6.2 移动事件分类分析程序	52
4.7	小结	53

第五章 动词使用倾向调查研究设计

5.1	引言	54
5.2	研究问题	54
5.3	动词使用倾向研究工具	54
	5.3.1 理论根据和基本假设	54
	5.3.2 动词使用倾向工具的设计	55
	5.3.2.1 第一次试测	55
	5.3.2.2 第二次试测	58
5.4	语言学习背景问卷	64
5.5	动词使用倾向调查工具数据处理	64
5.6	小结	64

第六章 汉语、英语、法语移动事件词汇化对比研究

6.1	引言	65
6.2	研究问题回顾	65

6.3 词汇层面的结果 ······ 66
6.3.1 方式动词和路径动词的频数对比 ······ 66
6.3.2 方式动词和路径动词类符数对比 ······ 67
6.3.2.1 汉语本族语者的移动动词类型 ······ 67
6.3.2.2 英语本族语者的移动动词类型 ······ 68
6.3.2.3 法语本族语者的移动动词 ······ 68
6.3.2.4 讨论 ······ 68
6.3.3 汉、英、法方式动词与路径动词对比 ······ 69
6.3.3.1 方式动词和路径动词频数对比 ······ 69
6.3.3.2 三类语言方式动词和路径动词类型比例对比 ······ 70
6.3.4 移动事件总体动词对比研究小结 ······ 70
6.4 移动事件分类词汇使用分析结果 ······ 70
6.4.1 表达"出"的移动事件 ······ 71
6.4.2 表达"上"的移动事件 ······ 72
6.4.3 表达"下"的移动事件 ······ 73
6.4.4 表达"水平方向"的移动事件 ······ 73
6.4.5 移动事件分类分析小结 ······ 74
6.5 汉、英、法三种语言小句层面结果 ······ 75
6.5.1 小句语义密度 ······ 75
6.5.2 背景和非动词性方式 ······ 76
6.5.3 事件复合 ······ 77
6.6 语篇层面结果 ······ 78
6.6.1 小句数量 ······ 78
6.6.2 动态与静态描写 ······ 79
6.7 讨论 ······ 80
6.7.1 词汇层面 ······ 80
6.7.2 小句层面 ······ 81
6.7.3 语篇层面 ······ 82
6.8 小结 ······ 82

第七章 学习者语言产出研究

7.1 引言 ······ 84
7.2 研究问题回顾 ······ 84
7.3 词汇层面结果 ······ 85
7.3.1 英语学习者方式动词和路径动词使用形符 ······ 85
7.3.2 法语学习者方式动词和路径动词使用类符 ······ 86
7.3.3 英、法语学习者使用的方式动词和路径动词类符 ······ 87

- 7.3.3.1 初级英语学习者的移动动词类型 ... 89
- 7.3.3.2 高级英语学习者使用的移动动词类型 ... 90
- 7.3.3.3 初级法语学习者使用的移动动词类型 ... 90
- 7.3.3.4 高级法语学习者使用的移动动词类型 ... 90
- 7.3.4 英、法语学习者使用的方式和路径动词比例 ... 91
  - 7.3.4.1 学习者产出的方式动词和路径动词频数比较 ... 91
  - 7.3.4.2 移动动词类型比值比较 ... 91
- 7.4 移动事件分类研究结果 ... 92
  - 7.4.1 英语学习者与英语本族语者对比 ... 92
    - 7.4.1.1 表达"出"的移动事件 ... 92
    - 7.4.1.2 表达"上"的移动事件 ... 94
    - 7.4.1.3 表达"下"的移动事件 ... 94
    - 7.4.1.4 表达"水平方向"的移动事件 ... 95
  - 7.4.2 法语学习者与法语本族语者对比 ... 95
    - 7.4.2.1 表达"出"的移动事件 ... 96
    - 7.4.2.2 表达"上"的移动事件 ... 97
    - 7.4.2.3 表达"下"的移动事件 ... 97
    - 7.4.2.4 表达"水平方向"的移动事件 ... 98
- 7.5 小句层面结果 ... 98
  - 7.5.1 小句语义密度对比 ... 98
    - 7.5.1.1 英语被试之间的对比 ... 99
    - 7.5.1.2 三组法语被试小句语义密度对比 ... 99
    - 7.5.1.3 结果讨论 ... 100
  - 7.5.2 事件复合结构的差异 ... 101
  - 7.5.3 背景和非动词性方式成分 ... 102
- 7.6 语篇层面 ... 103
  - 7.6.1 小句数量 ... 103
  - 7.6.2 讨论 ... 104
  - 7.6.3 动态与静态描写 ... 105
- 7.7 质性研究结果 ... 106
  - 7.7.1 介词误用、漏用 ... 106
  - 7.7.2 动词错误 ... 107
  - 7.7.3 动词使用的母语倾向 ... 107
    - 7.7.3.1 方式动词替代路径动词 ... 107
    - 7.7.3.2 多用方式动词+卫星成分结构 ... 107
    - 7.7.3.3 路径成分冗余 ... 108
    - 7.7.3.4 多用常用动词 ... 108
    - 7.7.3.5 词义使用错误 ... 108

		7.7.3.6 把路径动词处理成分词 ················	108
	7.7.4	讨论 ···	108
7.8	小结	··	109

第八章　动词使用倾向研究结果与讨论

8.1	引言	··	111
8.2	研究问题回顾	··	111
8.3	英语学习者与英语本族语者比较	·······························	111
	8.3.1	英语学习者与英语本族语者总体比较 ··············	111
	8.3.2	英语被试路径动词句评分依据分析 ··················	112
8.4	法语学习者与法语本族语者比较	·······························	114
	8.4.1	法语学习者与法语本族语者总体比较 ··············	114
	8.4.2	法语学习者与法语本族语者之间相互比较 ·······	114
	8.4.3	法语受试对方式动词句的评分依据分析 ···········	115
8.5	质性分析结果	··	116
	8.5.1	英语动词使用倾向质性分析 ···························	116
	8.5.2	法语受试动词使用倾向质性分析 ·····················	118
		8.5.2.1 第一幅图整体分析 ··················	118
		8.5.2.2 法语本族语者数据质性分析 ···········	119
		8.5.2.3 法语学习者数据质性分析 ···············	120
8.6	讨论	··	121
8.7	小结	··	122

第九章　结论

9.1	引言	··	123
9.2	主要发现	··	123
	9.2.1	汉、英、法三种语言词汇化特点 ·····················	123
	9.2.2	中国英语和法语学习者移动事件词汇化习得 ·····	124
	9.2.3	中国英语和法语学习者移动动词使用倾向 ·········	125
9.3	研究启示	··	125
	9.3.1	理论启示 ··	125
		9.3.1.1 丰富语言类型理论的内涵 ·············	125
		9.3.1.2 丰富二语习得理论 ······················	126
		9.3.1.3 对认识语言与思维关系的启示 ······	126
	9.3.2	方法论启示 ···	126
	9.3.3	教学启示 ··	127

9.4 研究不足和对未来研究的建议 ……………………………………………… 128
   9.4.1 研究不足 ……………………………………………………………… 128
   9.4.2 对未来研究建议 ……………………………………………………… 129
9.5 小结 ………………………………………………………………………… 129
参考文献 …………………………………………………………………………… 130

附　录

附录一　语言产出工具 …………………………………………………………… 138
附录二　语言理解工具 …………………………………………………………… 144
   1. 英语语言理解工具 ………………………………………………………… 144
   2. 法语语言理解工具 ………………………………………………………… 148
附录三　语言学习背景调查问卷 ………………………………………………… 153
   1. 英语语言学习背景调查问卷 ……………………………………………… 153
   2. 法语语言学习背景调查问卷 ……………………………………………… 153
附录四　汉、英、法三种语言方式和路径成分标注参照表 …………………… 154
   1. 汉语方式和路径成分标注参照表 ………………………………………… 154
   2. 英语方式和路径成分标注参照表 ………………………………………… 155
   3. 法语方式成分和路径成分标注参照表 …………………………………… 155
附录五　中、英、法三种语言标注示例 ………………………………………… 156
   1. 汉语标注示例 ……………………………………………………………… 156
      1.1 中高级英语学习者22号 …………………………………………… 156
   2. 英语标注示例 ……………………………………………………………… 157
      2.1 英语本族语者第12号 ……………………………………………… 157
      2.2 初中级水平英语学习者第02号 …………………………………… 158
      2.3 中高级水平英语学习者第1号 ……………………………………… 160
   3. 法语标注示例 ……………………………………………………………… 161
      3.1 法语本族语者第18号 ……………………………………………… 161
      3.2 法语初中级水平学习者第08号 …………………………………… 162
      3.3 法语中高级水平学习者第05号 …………………………………… 163
附录六　英语和法语学习者产出的汉语和外语词汇层面特征比较表（9张）… 164
附录七　各被试组当中方式动词与路径动词的比例 …………………………… 168
   1. 四组学习者 ………………………………………………………………… 168
   2. 英语和法语本族语者 ……………………………………………………… 169
附录八　汉、英、法本族语者产出的方式动词与路径动词类型列表 ………… 169
附录九　各组学习者产出的方式动词与路径动词类型列表 …………………… 170
附录十　分类移动事件各组本族语者产出的方式动词与路径动词 …………… 171
   1. 表达"出"的移动事件 …………………………………………………… 171

  2. 表达"上"的移动事件 …………………………………………… 172
  3. 表达"下"的移动事件 …………………………………………… 173
  4. 表达"水平方向"的移动事件 …………………………………… 174

附录十一　分类移动事件各组学习者产出的方式动词与路径动词 …………… 175
  1. 表达"出"的移动事件 …………………………………………… 175
  2. 表达"上"的移动事件 …………………………………………… 176
  3. 表达"下"的移动事件 …………………………………………… 177
  4. 表达"水平方向"的移动事件 …………………………………… 178

表 目

表 3-1	Slobin（2006）对方式成分的维度划分	32
表 3-2	Özçalışkan & Slobin（2003）的维度划分	32
表 4-1	受试信息表	41
表 4-2	各组受试产出故事总字数	44
表 6-1	汉、英、法方式动词和路径动词形符对比结果	66
表 6-2	汉、英、法本族语者方式、路径动词类符对比	67
表 6-3	汉、英、法本族语者方式动词-路径动词形符均值对比（T-test）	69
表 6-4	汉、英、法方式动词与路径动词类型比例对比	70
表 6-5	汉、英、法移动事件分类动词使用对比	71
表 6-6	汉语、英语和法语故事四种语义密度小句数量	75
表 6-7	汉、英、法四类语义密度小句数量对数似然性对比结果	76
表 6-8	汉、英、法三种小句附加背景与非动词性方式成分	77
表 6-9	汉、英、法三种语言故事中小句总数对数似然性比较结果	78
表 6-10	六组被试故事中的静态描写数量	79
表 7-1	英语本族语者与英语学习者动词形符比较（ANOVA）	85
表 7-2	两组法语学习者与法语本族语者动词形符对比	86
表 7-3	英语学习者方式、路径动词类符与英语本族语者对比	87
表 7-4	法语学习者方式、路径动词类符与法语本族语者对比	89
表 7-5	英、法语学习者方式动词-路径动词对比（T-test）	91
表 7-6	英语、法语学习者与汉、英、法本族语者移动动词类型比率	92
表 7-7	英语学习者与英语本族语者移动事件分类动词使用对比	93
表 7-8	法语学习者与法语本族语者移动事件分类动词使用对比	96
表 7-9	英语学习者与英语母语者在小句语义密度上单因素方差分析	99
表 7-10	两组法语学习者与法语本族语者4类小句单因素方差分析结果	99
表 7-11	各组被试产出的事件复合句数量	101
表 7-12	英语被试产出的背景成分和替代方式成分	102
表 7-13	三组法语研究对象产出的背景和替代方式成分	103
表 7-14	两组英语学习者与英语本族语者小句数量对比	103
表 7-15	两组法语学习者与法语本族语者小句总量对比	104

表 7-16　两组英、法语学习者与英、法语本族语者小句数量单因素方差分析 ………… 104
表 7-17　各组被试产出的静态描写 ………………………………………………… 105
表 8-1　英语学习者与本族语者动词使用倾向比较 ………………………………… 112
表 8-2　三组英语受试对路径动词句的评分 ………………………………………… 113
表 8-3　法语学习者与法语本族语者动词使用倾向比较 …………………………… 114
表 8-4　两组法语学习者与法语本族语者动词使用倾向相互比较 ………………… 115
表 8-5　法语受试给方式动词句的评分 ……………………………………………… 115
表 8-6　动词使用倾向调查工具第一幅图 4 个句子的平均分 ……………………… 116
表 8-7　三组法语工具第一幅图 4 个句子的评分情况 ……………………………… 118

缩略语表

EN English Native Speaker　　　　　　英语本族语者
FN French Native Speaker　　　　　　 法语本族语者
EFL English as a Foreign Language　　 英语作为外语
FFL French as a Foreign Language　　 法语作为外语
LEL Low-level English Learner　　　　 初级英语学习者
HEL High-level English Learner　　　　高级英语学习者
LFL Low-level French Learner　　　　　初级法语学习者
HFL High-level French Learner　　　　 高级法语学习者
LELC Low-level English Learner's Chinese　　初级英语学习者汉语
HELC High-level English Learner's Chinese　 高级英语学习者汉语
LFLC Low-level French Learner's Chinese　　 初级法语学习者汉语
HFLC High-level French Learner's Chinese　　高级法语学习者汉语
M Manner Verb　　　　　　　　　　方式动词
P Path Verb　　　　　　　　　　　路径动词
MS Manner Verb Sentence　　　　　 使用方式动词的句子
PS Path Verb Sentence　　　　　　　使用路径动词的句子

绪　论

0.1　引言

移动事件是人类生活中出现最早、最基本和最广泛的经验之一，我们每天都要移动，自幼儿时期开始我们也一直在经历其他实体的移动（Johanson 1987）。移动事件（Motion Events）指物体在空间的位置变化或一个物体所一直保持的位置（Talmy 2000b）。认知语言学家 Talmy（1985，1991，2000b）根据不同语言移动事件词汇化的差异，把语言划分成卫星框架语言（Satellite-Framed Language）和动词框架语言（Verb-Framed Language）。他还认定汉语[①]和英语属于典型的卫星框架语言，法语则属于典型的动词框架语言。但是，对于汉语的类型归属学界并未达成共识，如沈家煊（2003）认为汉语"不是一种很典型的"卫星框架语言；戴浩一（2002）认为汉语应归于动词框架语言；Slobin（2004）认为汉语兼有卫星框架语言和动词框架语言的特点，应属于第三种语言类型，即均衡框架语言（Equipollently-Framed Language），学者们对汉语类型归属的争论焦点在于汉语的趋向动词的定性，即它属于并列主动词还是附加成分。以往对汉语语言类型的界定主要凭借的是语言学家的直觉（Talmy 2000b；戴浩一 2002；Tai 2003），系统的实证研究很少（Chen 2005；Chen & Guo 2008；Guo & Chen 2009；阚哲华 2010；Wen & Shan 2021），将汉语与其他典型语言进行对比的研究更少（Hendriks et al. 2009；Ji et al. 2011；李雪 2009，2010，2011）。同时，以往研究对语言类型的分类习惯使用卫星框架语言和动词框架语言整体二分法，有明显简单化的倾向，往往忽略一个语言类型内部多样的移动事件词汇化模式。Talmy（2000）在定义语言类型时依据的是一种语言内部居于主要地位的移动事件词汇化模式，但他并未明确指出主要词汇化模式须在一种语言中占多大比例。事实上，语言之间的类型差异根据不同的语义域来考查更为精准，比如当表达时间概念（比如，体（Aspect））时，英语和西班牙语可以归为一类语言，而当表达空间变化时，英语和德语可以归为一类语言，而西班牙语与希伯来语同属一类语言（Slobin，1996b）。沈家煊（2009）在语言类型学上同样主张先对语言的各个部分和具体的结构分别考查并划分类型，再确定这些结构类型之间的相互关系，然后才确定一种语言的整体类型。围绕基于移动事件词汇化的语言类型研究，我们赞成沈家煊的主张，

[①] 本研究中的"汉语"指的是"现代汉语普通话"。

暂时搁置整体语言类型的争论，先深入调查语言内部各种移动事件词汇化结构类型。本研究同意戴浩一（2002）、沈家煊（2003）、阚哲华（2010）等学者的观点，无论趋向动词单独作谓语还是和其他动词一起构成动趋结构，均将它们视为路径动词，而不再局限于讨论动趋结构中哪个动词为小句的结构核心以及讨论汉语总体上归属动词框架语言或卫星框架语言。

以往研究同样忽略了不同语域对移动事件词汇化的影响。学者们已经发现不同的移动事件中凸显的意义成分不同，因而影响语言的移动事件词汇化模式和学习者的学习。李福印（2017）通过研究火灾逃生、矿难升井和火山爆发三类移动事件，发现移动事件的语域对汉语移动事件词汇化模式存在明显效应，他不建议对汉语进行动词框架语言与卫星框架语言的笼统分类，而建议对现代汉语不同语域中的移动事件词汇化模式进行详尽分析。纪瑛琳等（2011b）发现在表达致使移动事件时，无论母语为英语还是汉语的六岁以下儿童表达跨界路径（across，into）遇到的挑战均比表达垂直路径（up，down）更大。本研究将力图突破移动事件词汇化语言类型整体观的局限①，在对移动事件的空间走向分类的基础上，深入分析汉、英、法三种语言移动事件词汇化的异同。

以汉、英、法三种语言移动事件词汇化特征对比为基础，本研究探讨母语和二语类型特征的异同是否对二语移动事件词汇化产生影响。现有文献多依据整体语言类型观，并且根据Slobin（1996b）的"为言而思假说（Thinking-for-Speaking Hypothesis）"作出假设：二语学习者所学的目标语言若与自己的母语语言类型不同，母语移动事件词汇化的模式会对二语移动事件词汇化模式的学习造成一定负面影响。因而，凡是二语学习者未能很好掌握的语言表达均可归因于语言类型差异。事实上，Slobin（1996b）在提出"为言而思假说（Thinking-for-Speaking Hypothesis）"时并未指出所有语际差异一律会导致习得困难，而是认为"……易受源语影响的范畴专指那些'不能通过我们对世界的感知、感觉运动以及和世界的实际互动而直接体验到的语法化范畴（They can not be experienced directly by our perceptual, sensorimotor and practical dealings with the world.）'"。以往多数研究可能对"为言而思假说（Thinking-for-Speaking Hypothesis）"的理解不够全面，导致研究假设与结果归因倾向简单化。

以往的研究多着重对比考查母语为不同类型语言的学习者学习同一种类型的二语时语言类型因素的作用。本研究将考查母语同为现代汉语普通话的中国英语学习者和法语学习者在进行二语移动事件词汇化时，汉语的语言类型因素或结构类型因素会对他们的学习产生何种影响。另外，与以往数据分析不同的是，本研究对移动事件语域进行了分类，就不同类别逐一进行比较，旨在发现二语学习者与本族语者在精细分类移动事件词汇化上的异同。

以往研究往往认为方式动词仅包含运动与方式意义成分，路径动词仅包含运动与路径意义成分，事实上汉、英、法三种语言中均存在一定数量既包含方式意义成分又包含路径意义成分的移动动词。本研究在考查三种语言的方式动词与路径动词的形符与类符时加入融合方式成分和路径成分的移动动词，将其同时视为方式动词和路径动词。此举将比以往文献中对各种语言中方式动词与路径动词使用比例的结果计算更加精确。

---

① 本研究认为把汉语称作第三种语言，即"均衡框架语言"，也是一种语言类型整体观，因为它也是力图把一种语言限定在一个语言类型当中。

本研究不仅研究汉、英、法三种语言本族语者和英、法两种语言二语学习者移动事件词汇化的词汇特征（方式动词与路径动词的形符与类符），还将研究范围拓展到小句以及语篇范围，以便从更宽广的视角研究各种移动事件词汇化特征以及二语学习者是否能够产出地道的二语移动事件词汇化特征，这些特征不易为语言使用者察觉或许更有可能产生概念化迁移。

本研究的研究对象包括汉语、英语、法语本族语者和中国高校英语专业和法语专业的二语学习者。研究者将同时采用语言产出工具和动词使用倾向调查工具收集数据，通过量化分析和质性分析对比汉、英、法本族语者移动事件词汇化的异同；考查中国学习者对英语、法语移动事件词汇化特征的习得，以及他们的习得是否以及如何受汉语词汇化方式的影响。

0.2 研究意义

0.2.1 理论意义

本研究的理论意义主要体现在以下几个方面：首先，通过汉、英、法三种语言移动事件词汇化的对比，本研究将为认知语言类型学提供进一步的实证依据；其次，通过考查同一种母语学习者学习不同类型二语移动事件词汇化模式，研究结果将为以认知为导向的二语习得理论提供实证支持；最后，本研究结果将丰富为言而思假说以及概念迁移理论，同时，移动事件二语学习结果也可能为语言与思维关系理论的探讨提供一定的启发。

0.2.1.1 为认知语言类型学提供实证依据

以往的移动事件词汇化研究很少在同一个研究中将汉语与典型的卫星框架语言和典型的动词框架语言的词汇化模式进行过系统对比，仅仅依靠一些零星的例证或引用他人的研究结果来论述汉语的语言类型归属。在对卫星框架语言与动词框架语言进行对比的时候仅仅关注了不同语言类型之间的区别，而对语言之间的共性重视不够。本研究将使用同一种研究工具来系统考查汉、英、法三种语言的移动事件词汇化特点，其结果将使三种语言的可比性更强。通过与典型的卫星框架语言和动词框架语言进行对比，将使汉语的移动事件词汇化模式更加清晰，得到更多可靠的实证数据支持，同时以往有关英语和法语移动事件词汇化特点的研究结论也会得到进一步的验证或修正。本研究同时使用总体分析方法和分类分析方法得出的结论，将有助于我们进一步认识到不同语言类型之间的异同。

0.2.1.2 为以认知为导向的二语习得理论提供实证支持

从认知语言学的角度研究二语习得目前还是一个新的领域，以往二语习得研究领域的理论在这个新的领域是否适用还有待更多实证研究的证实。本研究试图用概念迁移理论来分析、解释二语学习者用目标语进行移动事件词汇化的表现。概念迁移理论很好地结合了以往二语习得领域的迁移理论和认知语言学的基本观点，它认为一语和二语概念相同有利于学习，概念不同则阻碍学习。本研究认同汉语和英语对移动事件的概念化和词汇化相似之处较多，汉语和法语对移动事件的概念化及词汇化的差异较多，中国英语和法语学习者用二语进

3

行移动事件词汇化的表现异同将帮助我们验证概念迁移理论的合理性和解释力。

0.2.1.3 丰富为言而思假说

Slobin（1996b）的"为言而思假说"建立在语言类型二分法的基础之上。本研究力图突破语言类型二分法的局限，以更细致的分析方法来考查不同语言之间的差异性和普遍性，考查二语习得过程中的普遍性和差异性的作用。其结果将可能使"为言而思假说"重新表述为：学习不同类型的语言导致的语言行为在线思维既有差异性也有共性，共性将有助于二语学习者学习一种新的语言行为在线思维，而差异性将阻碍学习者适应新的语言行为在线思维。为言而思假说为语言与思维关系领域的理论之一，对其重新表述也可以视为对语言与思维关系的贡献，至少为语言与思维关系的理论探讨提供一定的启发。

0.2.2 方法论意义

本研究的方法论意义体现为三个方面。

第一，本研究设计了一个新的测试工具，通过让受试完成句子与图片的适合度判断，来测试受试的移动动词使用倾向，为运用多种方法研究移动事件词汇化模式提供了一条思路。以往的研究一般只有测试受试的语言产出一种手段，单一运用产出的方法不足以发现学习者的产出特点是受限于其掌握的语言资源或达到的语言水平，还是其在充分的语言资源中进行选择的结果。我们的动词使用倾向调查工具可以弥补这一不足，它通过测试受试面对同一幅图片倾向于选择何种类型的句子，来考查受试的动词使用倾向。

第二，本研究对移动事件词汇化的考查比较全面。一方面，结合总体和分类两种方法考查移动动词，这两种方法相互配合，既能从总体上考查受试移动动词使用特点，又能从具体的事件类型上发现受试移动动词使用的异同。为将来更细致地研究一语移动事件词汇化以及母语与二语移动事件词汇化的异同对二语学习的影响有所启发。另一方面，本研究还同时研究了小句层面和语篇层面汉、英、法本族语者与英语和法语学习者移动事件词汇化的特点，为多角度研究移动事件词汇化提供了一定的借鉴。

第三，本研究梳理了认知语言类型学，特别是移动事件词汇化方面的相关概念的意义，并且总结了各种运动方式和运动路径概念的操作化定义，尤其认定了汉、英、法三种语言中均存在一类同时表达方式和路径意义的动词，为将来的更多实证研究对移动动词的认定提供了方法借鉴。

0.2.3 实践意义

本研究结果可以为语言学习与教学提供启发。因为通过对比语言形式差异之下的认知结构和概念化系统的差异，学习者能够对语言差异有更深入的了解，有意识地建立一套新的认知结构和概念化系统，从而更好地掌握目标语（文秋芳 2014）。如果本研究发现汉、英、法三种语言移动事件词汇化特点对中国的英语、法语学习者二语移动事件词汇化有明显的影响，在相关的教学中，教师可以采取干预措施，提高学习者的差异意识或将有助于他们的学习。

Wright（1996）、Yu（1996）的研究都发现显性教学能促进二语学习者对移动动词的学习，其原因可能是移动事件词汇化特点属于一种隐性知识，在二语学习时那些与母语不同的概念习得起来困难较大。单靠学习者从输入的语料中感悟，效果不强，即使高水平的学习者也可能无法克服母语的干扰。将汉语与其他语言移动事件词汇化特点的异同揭示出来，能够提升学习者的注意力，从而有利于他们的学习。

本研究涉及汉语、英语、法语在移动事件词汇化方面的异同对比，可以为对外汉语教学提供一定的启发，Wu（2010）的研究已经发现英语母语者学习汉语的趋向动词存在困难。

移动事件只是 Talmy（2000）所做对比研究的一种，其他类似类型对比研究还包括体（Aspect）、状态改变（Change of State）、行为相关（Action Correlation）、事件实现（Event Realization）等概念领域，因此本研究结果对其他领域的研究以及教学均有一定启发。

0.3 论文结构

本论文共含九章内容。

第一章介绍本研究的理论背景，内容包括 Talmy 的认知语言类型框架和 Slobin 的"为言而思假说"；第二章介绍移动事件词汇化领域的实证研究，并评价这些研究的结果与不足；第三章介绍本研究的重要概念界定、分析理论框架、概念的操作化、本研究与以往研究的不同；第四章介绍语言产出研究设计，包括研究问题、研究对象、研究工具、数据收集整理程序和分析程序；第五章介绍动词使用倾向研究设计，包括研究对象的选择、研究工具的研制，以及量化和质性数据的分析程序等；第六章报告汉语、英语和法语三种语言移动事件词汇化的异同，本章的结果是第七章和第八章的出发点；第七章是学习者语言产出的结果，主要介绍中国的两组英语学习者和两组法语学习者产出的移动事件与英语和法语本族语者的对比，考查学习者英、法语移动事件词汇化习得情况；第八章报告动词使用倾向研究的结果，意图发现学习者与本族语者对表达各种类型移动事件句子的认可度差异，从另一个角度考查学习者对英、法语移动事件词汇化特征的习得情况；第九章介绍主要发现、研究启示、研究不足及对未来研究的建议。

0.4 小结

本章首先介绍了本研究的背景，即以往研究对汉语的类型归属存在争议并且实证研究较少，聚焦中国学习者二语移动事件词汇化的研究更少。其次论述了本研究的理论意义、方法论意义以及实践意义。理论意义主要有：为认知语言类型学提供实证支持；为以认知为导向的二语习得理论提供实证依据；丰富为言而思假说。本研究的方法论意义在于：为运用多种方法研究移动事件词汇化模式提供了一条思路；为将来的更多实证研究对移动动词的认定提供了方法借鉴。实践意义为：本研究涉及汉语、英语、法语在移动事件词汇化方面的异同对比，可以为中国的外语教学和对外汉语教学提供一定的启发。最后对全文的结构及各部分的内容进行了简要的介绍。

第一章　移动事件词汇化研究的理论基础

1.1　引言

本章将介绍 Talmy 的语言类型框架理论与 Slobin 的为言而思假说，此两种理论是移动事件词汇化研究的两个重要理论基础。

1.2　Talmy 的语言类型框架

Talmy 的理论是移动事件词汇化研究最根本的基础。Talmy（1985，1991，2000）认为，一个移动事件指一个物体在空间的位置变化，表示从一个位置到另一个位置的过程或一个物体所一直保持的静止状态。一个移动事件过程包括四个主要语义因素和两个相关语义因素，这些语义因素在所有语言中都普遍存在。四个主要语义因素是：图形（Figure[①]），指相对于一个参照物运动着的或静止的主体；运动（Motion），指动作或静止本身；路径（Path），指运动主体所经过的轨迹或静止的主体所占据的位置；背景（Ground），指运动或静止主体的参照物。两个相关语义因素是：方式（Manner），指主体运动或静止时的伴随方式；原因（Cause），指导致主体运动或静止的原因，这两个相关语义因素包括在与移动事件相关的副事件中（Co-Event），移动事件与副事件一起构成一个宏事件（Macro-Event），移动事件在其中为支撑事件（Framing Event）。在不同语言中表征移动事件中的语义要素的语言形式存在差异。比如，在英语中所有这些语义成分都出现在如下的例（1）中。

(1)   Manner   Cause

    a. Motion   The pencil rolled off the table.   The pencil blew off the table.

    b. Location   The pencil lay on the table.   The pencil stuck on the table (after I glued it).

[①] Figure, Ground, Motion, Path, Manner, Cause 等词首字母大写，是为了表明这些词代表语义因素。

在以上四个句子中"铅笔"(Pencil)都表达运动或静止的"图形","桌子"(Table)都表达"背景"。off 和 on 都表达路径意义,其中 off 表达运动的物体所经过的轨迹;on 表达静止的物体所占据的位置。动词 rolled 和 blew 表达运动;lay 和 stuck 表达静止状态。动词 rolled 和 lay 同时表达了方式意义(Manner);动词 blew 和 stuck 同时表达了运动的致使原因(Cause)(Talmy 2000:26)。

Talmy(2000)认为在所有语义成分中路径是最重要的因素,它是移动事件当中的核心成分,在移动事件中起支架(Frame)的作用,因为路径表达物体状态(位置)的变化(Slobin 2000)。移动事件中相同的语义因素在不同语言中的词汇化(编码)方式不同,即使用不同的语言形式。根据一个移动事件中路径语义因素的词汇化模式(Lexicalization Patterns)不同,Talmy 将世界上的语言分为两个主要类型①:卫星框架语言(Satellite-framed Language)和动词框架语言(Verb-framed Language)。在卫星框架语言中,路径由动词的卫星成分(Satellite)来充当,"卫星成分"是 Talmy 发明的一个专门术语,用来指称句子中附属于主要动词的介词、词缀与副词等。作为卫星成分的副词能与其他介词短语及名词短语连用,也能单独使用。由于路径成分在移动事件表达中起支架的作用,英语等日耳曼语言由卫星成分表达路径,因而被称为卫星框架语言。在卫星框架语言中,动词通常包含两项语义内容:运动或静止本身(Movement)及其运动或静止的方式(Manner)。在动词框架语言中,路径通常由主要动词来表达。动词同时也包含两项语义内容,一为运动或静止本身(Movement),一为运动路径(Path)。在动词框架语言中运动的方式不是必须成分,如果必须表达方式,就使用动词以外的语言形式来表达。在动词框架语言中表达方式意义的通常是现在分词或介词短语、副词短语或独立的分句等。在动词框架类语言中,如果动词同时包括移动和方式,那么这个动词一定用于表达不跨界的(Non Boundary-crossing)移动事件。依据这一分类,Talmy 认为汉语、印欧语系除罗曼语之外的大部分语言属于卫星框架语言,如英语、俄语、丹麦语、塞尔维亚-克罗地亚语等。属于动词框架语言的有属于罗曼语的西班牙语、法语、葡萄牙语、意大利语、希腊语以及日语、韩语等。我们用下面的例句来说明以上的语言类型特点。

(2)

a. Thomas unhappily hopped[运动+方式]out[路径]the window to retrieve his friend.
托马斯很不高兴地跳出窗子来找他的朋友(小狗)。

b. 突然从树洞里飞[运动+方式]出[路径]一只猫头鹰。

c. Le chien monte[运动+路径]sur le rebord de la fenêtre. 小狗登上窗台。

d. Le cerf part[运动+路径]en galopant. 鹿飞奔着离开了。

e. Une colonne d'abeilles vole[运动+方式]vers la ruche. 一群蜜蜂向蜂巢飞去。

在(2a)和(2b)中动词 hop 和"飞"这两个动词都同时表达"方式"和"运动";路径成分分别由卫星成分 out 和"出"② 表达。在(2c)和(2d)这两个法语句子中,动词 monte(原形是 monter,意思为"登上")和 part(原形是 partir,意思为"离开")同时

---

① Talmy 的语言类型还包括第三类,如 Atsugewi 语(加利福尼亚北部的一种印第安语),在此种语言中动词同时包含运动和运动主体。这种词汇化形式在本研究所涉及的语言中只属于个别现象,因此未加考虑。

② 汉语中像"出"这样的趋向动词是否可以看作"卫星成分"学界有争议,本文第三章有具体论述。

表达"运动"和"路径";（2c）中没有方式意义成分,（2d）中的方式意义由副动词 en galopant（相当于英语中的分词,意思为"飞奔"）表达。（2e）这个法语句子使用了方式动词 vole（原形是 voler,意思是"飞"）,它表达的移动事件是不跨界的移动事件,即运动的主体（蜜蜂）朝着背景（蜂巢）方向运动,但是没有到达目的地（没有跨入背景的边界）。

Talmy 还指出,以上对语言的分类并不是绝对的,一种语言类型当中也存在一些另一种语言类型的移动事件词汇化特征,比如,英语中也存在 enter、exit、pass、cross、arrive、advance 等表达路径和运动本身的动词;法语中也有 voler、courir、nager、grimper、sauter、glisser 等包含方式和运动本身的动词,所以判断的标准是看这些特征是否显著。所谓显著特征有三条标准:①该特征属于口语体,而非文学体,也不属于夸张语体;②该特征在话语中是高频的,而非偶尔出现的;③该特征是普遍的,即此种特征广泛地存在于该语言类型当中。

Talmy 的理论引发了一系列与母语有关的实证研究,这些研究大致证实了 Talmy 的理论,即说不同类型语言的人其移动事件词汇化明显带有该语言的特征。Slobin 是长期研究儿童语言习得的认知语言学家,移动事件词汇化是他的研究领域之一。他以自己一语研究的成果（文体特点、时间描述、空间关系等方面）为依据,提出了一个新的语言与思维关系的假说,即"为言而思假说（Thinking-for-Speaking Hypothesis[①]）"。该假说意在揭示基于移动事件词汇化的语言类型不仅影响着语言使用者的语言表达,还影响着他们的思维模式,即对移动事件当中诸语义要素的选择性关注。下面将具体介绍该假说。

1.3 Slobin 的语言与思维关系的假说

1.3.1 假说的理论传承和内容

移动事件词汇化研究的另一个重要理论基础为 Slobin（1996b）的为言而思假说,该假说被认为是"温和版"的语言决定论。

在该假说中 Slobin 回避抽象的语言（Language）和思维（Thought）的关系,专注动态的思考（Thinking）和讲话（Speaking）的关系。目的是把注意力转到人类在形成话语时大脑的活动上来。更进一步讲,Slobin 意在专注于研究那些根据各种语言的语法必须表达的话语成分。Slobin（1996b:71）本人明确指出,他这里遵从的是 Boas 等的人类学语言学传统。这个传统面对语言的多样化采取的是弱版语言决定论的态度。Boas（1938:127）认为:"一种语言中那些必不可少的语法范畴（Obligatory Grammatical Categories）决定着每个经验中那些必须要表达出来的方面"。

Slobin（1996b:71）的假说力图规避从总体上回答语言如何影响人类的非语言认知和行为:

---

① 有学者将"thinking for speaking"译为"思而为言",此翻译比较简洁,Slobin 后来发现还存在 thinking for listening、thingking for writing、thinking for translating,皆指语言使用时的思维,因此本研究将其译为"语言行为在线思维"。

Whatever else language may do in human thought and action, it surely directs us to attend—while speaking—to the dimensions of experience that are enshrined in grammatical categories.

无论语言对人类的思维和行为还有其他什么影响,它一定会在我们讲话的时候引导我们去关注那些语法范畴中所重视的经验成分。

Boas 认为存在一个以心理图像(Mental Image)形式存在的完整概念(Complete Concept),这个完整概念普遍存在于人类意识中,独立于任何语言,各种语言根据它们必不可少的语法范畴从中选取部分内容加以表征(转引自 Slobin 1996:72)。根据这个观点,儿童学习母语的任务就是要知道这个心理图像的哪些部分必须被其母语的语法范畴表达出来。

Slobin(1996b:75)对 Boas 的上述观点并不完全赞同,他同意话语(Utterance)是对概念(Concept)的选择性图式化(Selective Schematization),这种图式化在一些方面依赖于某一特定语言中语法化了的意义(Grammaticized Meanings)。但是 Slobin 并不认为存在一个独立于语言的完整概念(Complete Concept),他认为:

The world does not present "events" and "situations" to be encoded in language. Rather, experiences are filtered through language into verbalized events. A "verbalized event" is constructed on-line, in the process of speaking.

"事件"或"情景"不是由世界客观呈现,等着语言来编码,相反,经验通过语言的过滤而成为语言所表达的事件,"语言表达的事件"是在讲话的过程中在线形成的。

Slobin 以土耳其语的移动事件词汇化为例说明这个观点。要表达一幅画中的一个过去的动作时,土耳其语必须要在动词后面选择加上两种表达过去的屈折变化形式之一,以区别该动作的发生是被目击到的(Witnessed)还是无目击人的(Non-witnessed)。而在英语或西班牙语中都没有这类区分,并且这个区别在图画中并无呈现。

综合以上内容,Slobin(1996b:75)对语言行为在线思维做如下表述:

There is a special kind of thinking that is intimately tied to language—, that is the thinking that is carried out, on-line, in the process of speaking.

有一类特殊思维,它和语言紧密相连,在线发生于讲话过程中。

"Thinking-for-speaking" involves picking up those characteristics of objects and events that (a) fit some conceptualization of the event, and (b) are readily encodable in the language.

语言行为在线思维涉及对物体和事件的特征作出选择,这些特征要①符合人类对事件的特定概念化,②易于被语言编码。

1.3.2 理论的应用

根据前一节的观点,Slobin(1996b:76)提出学习母语,儿童就是在学习一种特殊的在线思维方式。而学习第二语言，学习者需要重新学习另外一种思维方式，而母语思维会阻碍新的思维方式的学习。Slobin 将其表述为：

> In brief, each native language has trained its speakers to pay different kinds of attention to events and experiences when talking about them. This training is carried out in childhood and is exceptionally resistant to restructuring in adult second-language acquisition.

> 简而言之，每种母语都会训练它的使用者在使用它的时候，去特别关注事件和经验中的不同方面，这样的训练是在使用者的儿童时期完成的，而成年人在学习二语的时候，这种训练会异常抗拒改变。

Slobin 通过实证研究（Berman & Slobin 1994；Slobin 1996b）发现不同的语言行为在线思维在修辞风格（Rhetorical Style）、时间描述、空间描述等领域在不同的语言中都广泛存在。

最初，Slobin 提出这种假说仅限于口语话语产出的层面，后来他把这种假说的应用拓展到写作（Writing）、打手势（Gesturing）、翻译（Translating）等其他产出性语言行为，还包括听（Listening）、读（Reading）等语言接受性行为，甚至还包括记忆（Remembering）、范畴化（Categorizing）等非语言的认知行为（Slobin 2003）。

为言而思假说的核心思想是：当学习一种语言时，我们同时也在学习该语言表达思想的方式，该语言会引导学习者去重点关注某些内容，当学习者使用该语言时，那些语言所关注的重点也是使用者表达时所关注的重点，并且会比较固定地体现在语言形式上。而一旦这样的词汇化模式（Lexicalization Patterns）形成，它会有相当强的抗拒改变性。学习第二语言就必须学习另外一种思维方式，而来自母语思维的抗改变性会构成二语学习者的表达困难之一。

以为言而思假说为基础研究二语习得问题既能发现语言学习中的共性问题，又能发现语言差别所带来的具体问题。

1.4 小结

本章介绍了本研究的两个主要理论基础：①Talmy 的语言类型框架理论：依据语义因素，尤其是路径因素在不同语言中的编码方式不同，可以把世界上的语言分为卫星框架语言和动词框架语言；②Slobin 的为言而思假说理论：我们学习一种类型的语言就是在同时学习一种在线思维方式。语言类型对二语学习存在影响，一语和二语属于同一种语言类型时有助于二语学习，反之则可能阻碍二语的学习，因为学习一种新的语言类型就是要学习一种新的思维方式。

第二章 移动事件词汇化研究综述

2.1 引言

本章将介绍基于移动事件词汇化的一语研究和二语研究，两类研究都以 Talmy 和 Slobin 的理论为基础，也是对他们理论的验证。一语研究的任务有两个方面：一是考查语言类型因素如何影响成人语言使用者的移动事件词汇化特点，二是语言类型如何影响儿童习得母语。二语研究的任务是考查母语对学习者习得与自己的母语不同语言类型和相同类型的二语分别产生什么影响。

2.2 移动事件词汇化一语研究

虽然本研究的重点是二语学习者对二语移动事件词汇化特征的习得，但是一语研究的结果既是对二语习得研究理论基础的进一步验证和修正，又是二语研究的出发点，是提出二语研究假设的根据。同时一语研究也为二语研究提供了许多方法上的借鉴。

2.2.1 一语研究对 Talmy 理论的验证

Talmy（1985，1991，2000b）的认知语言类型框架提出后，在一语移动事件词汇化领域引发了一系列的研究。这些研究从三个角度基本证实了 Talmy 的语言类型框架理论：即卫星框架语言与动词框架语言在一系列的典型特征上存在差异。

通过研究口头产出的语料（Berman & Slobin 1994；Choi & Bowerman 1991；Bowerman, de Leon & Choi 1995；Slobin 1996a, 1997, 1998, 2000, 2003, 2005b），学者们有如下发现：

①卫星框架语言本族语者使用的移动动词无论是在总量上，还是在类型的丰富性上都超过动词框架语言本族语者；②卫星框架语言本族语者的移动事件词汇化中的路径表达，比动词框架语言本族语者的表达更加具体、更加细化（Slobin，2004）；③卫星框架语言本族语者使用了更多的方式动词，表达方式的动词分类更精细（Slobin，2004）；④卫星框架语言本族语者在移动事件词汇化过程中会更多地表达出背景（Ground）语义成分；⑤卫星框架

语言本族语者的移动事件词汇化会在一个小句中使用一个动词,而叠加若干表达路径及背景的成分(Event Conflation)(Berman & Slobin,1994);⑥卫星框架语言本族语者在移动事件词汇化中更多地关注路径上的动态成分(the Dynamics of Movement along the Path),而动词框架语言中的移动事件词汇化多关注场景和静态成分(Scene Setting and Static Descriptions)(Cadierno 2008:248)。

通过研究文学作品(Özçaliskan & Slobin 2003;Slobin 1996a)和文学作品翻译中的移动事件词汇化(Slobin 1996a,1997,2005b),学者们有如下发现:

卫星框架语言(英语)比动词框架语言(西班牙语)小说中的移动事件词汇化使用了更多类型的方式动词和非动词性方式成分,出现了更多的背景成分。

当小说从卫星框架语言翻译成动词框架语言时,方式成分会被省略,路径成分会被简化或拆分;而做相反方向翻译时,方式成分会被添加上去,路径表达成分会被综合到一起。

无论是在口头语言、书面语言还是在翻译中,两种类型的语言都呈现出显著的不同特征,也就是说它们的使用者在进行移动事件词汇化时呈现出不同的语言行为在线思维。

2.2.2 一语研究对 Talmy 理论的修正

一语研究移动事件词汇化的重大成果之一是发现同一类型的语言内部也有一些明显差异(Özçaliskan & Slobin 1998;Slobin 2006;Ibarretxe-Antuñano 2004;Lewandowski & Özçaliskan 2021),有些语言并非为 Talmy 的语言类型两分法所能归类(Bowerman et al. 1995;Zlatev & Yangklang 2004)。

Özçaliskan & Slobin(1998)和 Ibarretxe-Antuñano(2004)的研究发现,作为动词框架语言,土耳其语和巴斯卡语(Basque)存在更复杂的表达空间关系的形态资源。因此,它们的移动事件词汇化中,对路径的详述程度比其他更"典型的"动词框架语言(比如,西班牙语)要高,Ibarretxe-Antuñano(2009)进而提出世界上的所有语言构成一个路径意义的显著程度不同的连续体,从高路径显著性语言到低路径显著性语言的渐变,跨越卫星框架语言和路径框架语言。Slobin(2006)的研究发现,同为卫星框架语言的荷兰语、德语、英语和俄语在方式动词的使用量上,同样呈现一个从少到多的连续体。

对泰语和汉语这类存在所谓的连动(Serial-verb)结构的语言来说,卫星框架语言和动词框架语言这样的两分法同样显然存在不足。虽然 Talmy 把汉语归为卫星框架语言,但是 Zlatev & Yangklang(2004)、Slobin(2004)和 Wen & Shan(2021)的研究显示,像泰语和汉语这样的语言似乎兼具两种类型语言的特点。这是因为在移动事件词汇化的各种结构当中,连动结构占有最大的比例。而连动结构里往往有两个动词,它们分别表达方式成分和路径成分,这两个词在形式上没有区别,在重要性上没有轻重之分。因此 Slobin 提出应该把这一类语言归为第三个类型,叫作平衡框架语言(Equipollently-framed Language)。

我们虽然不一定完全赞成以上研究的所有结论①,但是它们有关并非所有的语言都严格地遵守语言类型二分法的发现,对我们却非常具有启发意义,因为这样的结论更符合认知语言学的原型范畴原理,即对语言形式和意义的判别并不一定非此即彼,中间地带广泛存在。

---

① 本研究第三章将专门论证汉语的类型归属。

这样的认识将有利于我们对认知语言类型学理论下的移动事件词汇化进行精细化的研究和更合理的解释。

2.2.3 一语研究评价

一语研究在研究主题的开拓性、涉及语种的多样性、研究方法的丰富性、研究对象的广泛性方面都给后来的研究，包括二语习得方面的研究提供了诸多借鉴。

在研究主题的开拓性方面，从 Berman & Slobin（1994）开始，有关移动事件表达的一语研究就已经超出了 Talmy 的语言类型理论建构基础的句子层次，而进一步拓展到语篇领域，比如研究不同类型的语言中的路径的详述程度、平均每个小句上背景成分的多少、在表达复杂移动事件时更倾向于使用动态复合结构还是静态描写结构、一个大的运动场景下移动事件表达的颗粒度情况，等等。同样体现研究主题开拓性的是 Hichmann & Hendriks（2005，2008，2009，2010）等人的研究主题包括了移动事件和静止事件；细分了自发的移动事件和致使移动事件；在部分研究中甚至涉及了不同路径类型下的移动事件词汇化特点。多样化的研究主题启发我们，语言行为在线思维仅在移动事件词汇化方面就有许多角度。

移动事件一语研究一般都是跨语言的对比研究，比如 Berman & Slobin（1994）的研究就包括了 5 种语言：英语、德语、希伯来语、西班牙语、土耳其语。Hendriks（2005）的研究包括了汉语、英语、法语、德语 4 种语言。迄今为止，几乎世界上的常用语言都涉及了，有些甚至是很少人使用的语言，如美洲、非洲、亚洲、大洋洲等地区的少数民族语言都有涉及（根据 2011 年 7 月第 11 届国际认知语言学大会统计）。移动事件词汇化研究涉及如此的广度，不仅表明这是一个方兴未艾的研究领域，同时跨语言的研究或许能给我们的二语研究带来更多的启发。

一语研究收集语料的工具有无字故事书（Berman & Slobin 1994；Wen & Shan 2021）、小动画（Hendriks et al. 2008）、小说（Slobin 2000；Chen 2005；李雪 2011）等；语料类型有诱发的口头语和书面语、自然的口头表达，不同语言类型下的小说、两种不同类型语言作品的互译等。研究对象有学龄前儿童，学龄儿童以及成人。这些工具、材料以及不同的受试会在不同的方面为我们的二语习得研究提供启发。

移动事件一语习得研究虽然取得了较大的成绩，为二语习得研究打下了很好的基础，但是仍然存在一些可以提高的地方。第一，现有的多数研究着重点在于发现语言之间的差异性，而对语言之间的共性重视不足。Talmy（2000b）的语言类型理论建立在移动事件表达的总体趋势上，它承认一种语言类型内部也包含另一种语言类型的特征。验证 Talmy 的理论需要研究者对移动事件进行细分，以便更准确地发现不同语言类型之间的异同所在。第二，现有的一语习得比较深入的实证研究多涉及语言类型归属比较确定的语言，比如属于卫星框架语言的英语和属于动词框架语言的西班牙语，而对汉语这样的非典型性语言的研究尚不多见，尤其是把汉语和其他典型语言放在一个框架下的研究更少。没有大量的实证研究，很难对汉语这样的语言类型归属下确定性结论。第三，一语研究的范围超出了单纯研究移动动词的范围，比如关注句子的语义密度、修辞特征、语篇特点等。这固然表示研究的深入，但是以这些特征来确定语言类型是否合理，目前还很难下结论，因为这些特征的发现是建立在较少的实证研究基础上的，比如卫星框架语言是否更重视移动事件表达的动态性，动词框架语言是否更重视静态描写。

2.3 移动事件词汇化二语研究

　　移动事件词汇化二语习得是一个很值得研究的领域。它有比较明确的理论支撑，有一语研究方面丰富的基础和启发，很适合开展有理论框架支撑，有合理的研究假设的实证研究（Cadierno & Lund 2004）。但从目前发现的文献看，移动事件二语表达习得研究数量很有限；在有限的研究中（Cadierno & Lund 2004；Cadierno 2004；Cadierno & Ruiz 2006；Cadierno & Robinson 2009；Cadierno 2010；Hasko 2010；Harley 1989；Hendriks 2005；Hendriks, Hickmann & Demagny 2008；Hendriks & Hickmann 2011；Narro Nicoladis 2006；Yu 1996），研究者得出的结论也很不一致，有些研究证实语言类型因素影响二语移动事件词汇化，而另一些研究发现语言类型因素对二语移动事件词汇化影响微弱，或没有影响。

2.3.1 发现语言类型因素效应较强的研究

　　虽然他们研究的内容各不相同，一些研究发现了语言类型因素在二语移动事件词汇化中的效应（Cadierno & Robinson 2009；Cadierno 2010；Hasko 2010；Harley 1989；Hendriks, Hichmann & Demagny 2008；Yu 1996）。

　　Cadierno & Robinson（2009）研究的目的是考查母语分属不同类型的学习者（丹麦语、日语）学习同一种二语（英语），他们对移动事件词汇化特征的掌握情况。20名丹麦语大学生学习者和20名日语大学生学习者被要求在任务复杂程度不同的情况下，用英语描述图片中的移动事件。一语和二语的相似程度高的丹麦语英语学习者的英语移动事件表达中更多地提及了背景，即更像地道的英语表达。对认知要求高的复杂任务使学习者的移动事件表述更像英语本族语者的表述，但这一正面效应仅限于一语与二语同属一个语言类型的丹麦学习者。这说明语言类型因素是二语习得研究中一个值得重视的因素，它不仅对自然学习而且对教学都有影响。

　　Larranaga等（2012）发现母语为英语的西班牙语学习者能够较早习得西班牙语中的路径动词，研究者将其归因于英语中存在相当数量来自拉丁语的路径动词。还有一个有趣的现象是高级西班牙语学习者即便在西班牙语环境中实习一段时间后，仍然不能提高西班牙语方式动词的正确使用。

　　二语研究的一个考查路径详述程度的方向是考查带背景成分小句的多少，一些研究发现了语言类型因素的作用，因为母语为卫星框架语言的研究对象比母语为动词框架语言的研究对象在二语移动事件词汇化中产出了更多的带背景小句。母语同为卫星框架语言的丹麦语和英语的研究对象在二语西班牙语移动事件词汇化中产出的带背景成分的小句多于西班牙语本族语者（Cadierno 2004；Navarro & Nicholadis 2005）。母语为丹麦语的研究对象在二语西班牙语移动事件表达中使用的带背景小句显著多于西班牙母语者和母语为意大利语的西班牙语二语学习者（Cadierno & Ruiz 2006），西班牙语和意大利语均属于动词框架语言。

　　由于汉语中移动事件小句包含背景成分的比例较高，卫星框架语言学习者产出的带有背景信息的小句数量显著高于母语为动词框架语言的学习者,再次显示出语言类型的影响,因为卫星框架语言小句带有背景信息的比例高于动词框架语言。

因为受母语详述路径成分的影响,母语为丹麦语的中级水平西班牙语二语学习者在二语移动事件表达中倾向于使用本族语者并不使用的异常卫星成分,产出非正常目标语的二语结构(Cadierno 2004;Cadierno & Ruiz 2006)。同样地,以英语为母语的法语学习者在写作时大量依赖介词短语来表达路径,这明显是受英语表达习惯的影响(Harley 1989)。

在方式动词的使用方面,移动事件的二语表达中同样显现出语言类型因素的影响。

Yu(1996)的研究发现在学习英语移动动词时,中国学习者比日本学习者有更多优势。原因是汉语和英语同属卫星框架语言,日语属于动词框架语言。

母语为英语的法语学习者对某些方式动词的使用频率高于法语本族语者,而法语本族语者更多地倾向于使用路径动词(Harley 1989;Harley & King 1989)。

同样地,一语为西班牙语的丹麦语二语学习者产出的方式动词精细程度低于丹麦语本族语者以及一语与丹麦语同属一个语言类型的俄语与德语二语学习者。西班牙语学习者产出的方式动词类型比例低于俄语和德语学习者,西班牙语学习者倾向于使用基本级别(Basic Level)的方式动词,而俄语和的德语学习者产出的方式动词包括更加具体,内涵更丰富的(Fine-grained)方式动词,德语和俄语的一语者所认知的丹麦语方式动词也比西班牙本族语者多。在表达跨界移动事件时,西班牙语学习者更多地使用"非方式动词+路径小品词"结构,因为在西班牙语这样的动词框架语言中表达跨界的移动事件通常不使用方式动词,而俄语和德语学习者产出的结构多为丹麦语中的典型结构"方式动词+路径小品词"(Cadierno 2010)。

母语为英语的西班牙语学习者掌握方式动词存在困难,他们倾向将母语中方式动词加介词的结构用于西班牙语的移动事件表达中;他们习得西班牙语中跨界移动事件表达尤其困难,高级学习者仍然不熟悉西班牙语中表达跨界移动事件时不能使用方式动词的限制,研究者认为此结果源于学习者不能接触足够的正、反面语料(Larranaga et. al. 2012)。

语言类型因素同样表现在致使移动动词的使用上。母语为英语的法语学习者用法语表达致使移动事件时和他们用母语英语表达致使移动事件一样,主要用动词来表达致使和方式语义,用卫星成分等去表达路径;而法语本族语者主要用动词来表达路径,而在其他成分里表达致使和方式语义。随着法语水平的提高,这些学习者的移动事件表达只是在路径的表达方式上体现一些差异,但是主要动词所包含的语义成分方面没有显著变化(Hendriks, Hichmann & Demagny 2008)。

母语分别为卫星框架语言(如俄语、英语)和动词框架语言(如西班牙语、法语)的汉语学习者在移动事件表达时同样显示出语言类型因素。由于英语等卫星框架语言中移动事件表达式的典型结构"方式动词+卫星成分"与汉语表达式中的"方式动词+趋向动词"结构相似,而动词框架语言中罕见此类结构,母语为卫星框架语言的初级学习者与中高级学习者产出的此类结构数量差异显著,而两组动词框架语言的学习者之间差异不显著(郝美玲、王芬 2015)。这表明汉语水平有助于卫星框架语言学习者更好地掌握动趋结构,而对动词框架语言汉语学习者来说此结构始终为学习难点。

语言类型因素在二语移动事件词汇中的影响同样存在于同一语言类型内部。研究表明对于自己的母语中不存在的二语概念,即使这两种语言在总体上属于同一种语言,也会给二语学习者带来困难。母语为英语的二语学习者学习俄语中的一种特有现象,即在表达未完成的并且是不跨界的移动事件时,要求必须使用一种表达单向路径的动词(Unidirectional Verb),非此种类型的移动事件使用非单向路径的动词(Non-unidirectional Verb)。由于在英语中不区分这样的概念,因此结果显示即使是以英语为母语的高级俄语学习者在表达这样的移动事件时,仍然会遭遇重重困难(Hasko 2010)。

虽然以上研究发现了语言类型因素在二语移动事件化习得中存在影响,但这样的结论大多是片面的,概括性并不强,因为不少同类研究中也发现了语言类型因素在二语习得中的影响很微弱。

2.3.2 发现语言类型因素效应微弱的研究

以下这些研究基于语言类型因素所做的假设,要么只是被部分支持,要么大部分都不被支持。

郝美玲、王芬(2015)发现母语类型对二语移动事件表达的影响只存在于部分移动事件成分上。母语为动词框架语言和卫星框架语言的汉语二语学习者产出的移动事件在方式动词频数上和类型上差异均不显著,只是高级水平的卫星框架语言母语者产出的汉语路径动词类型数高于动词框架语言学习者。

Cadierno(2004)的研究对比了16名母语为丹麦语的成人高级西班牙语二语学习者与16名成人西班牙本族语者在移动事件词汇化上的异同,以期研究母语与所学二语分属不同类型的二语学习者对移动事件表达的掌握情况。结果表明,研究假设只获部分支持。学习者对运动路径表达的复杂度和精细度都相对高于本族语者,一些西班牙语水平相对较低的学习者还产出了一些西班牙语中没有的卫星成分和错误表达;和西班牙本族语者相比,学习者的表达中更多地加入了背景附加成分(Ground Adjunct)。从这些结果看,学习者的表达似乎受到了他们的母语丹麦语的影响。但是,学习者使用的动词类型少于本族语者;学习者和本族语者一样在表达中没有使用事件复合结构(Event Conflation),这种用法在学习者的母语中是常见的现象,但西班牙语中没有这样的用法;在对运动的动态性和场景描写的相对重视程度上,学习者和本族语者一样都是一半的人更关注运动的动态性,另一半人更关注运动的场景(根据以往的一语研究结果丹麦语更多地关注运动的动态性,而西班牙语更多地关注运动的场景。这个结果表明对移动事件的动态性和运动场景的关注程度或许不能作为判断语言类型归属的规定性特征)。这三点不支持研究假设。

Cadierno & Ruiz(2006)的研究组织了三组共48名受试,每组16名受试。两组受试分别是母语为丹麦语(与西班牙语分属不同的语言类型)的西班牙语学习者和母语为意大利语(与西班牙语属于同一个语言类型)的西班牙语学习者以及一组母语为西班牙语的受试。该研究的焦点是考查二语学习者移动事件词汇化中方式动词的使用情况以及一语为丹麦语的学习者是否同时在表达跨界(Boundary-crossing)与不跨界(Non Boundary-crossing)的移动事件时都会使用方式动词。研究结果大体上都不支持研究假设。在方式动词的使用上三组受试之间并没有显著差异。在考查使用其他形式的方式表达手段(如表示方式的从句、副词等)方面,母语为丹麦语的学习者与另两组受试之间也不存在显著差异。只有在表达跨界的移动事件时错误使用方式动词这一点上，母语为丹麦语的西班牙语学习者才与另外两组受试存在差异。该研究表明一语对二语的移动事件表达习得影响有限。

以上两项研究的结果也得到了 Navarro & Nicoladis（2005）研究的支持。他们的研究考查了 10 位母语为英语的西班牙语高级学习者在移动事件表达上的表现，特别是英语学习者能否掌握西班牙语中路径动词的用法。语料收集的方法是让受试先看两个视频片段然后进行口头讲述。结果表明，两组受试在路径动词的使用上没有显著差异。只是学习者与本族语者相比较少使用光杆动词（Bare Verb），而是像在母语中一样选择使用动词后面跟表地点的短语。研究者认为该研究表明了虽然二语学习者的移动事件词汇化中还有一些母语的痕迹，但他们基本上掌握了二语的表达方式。

Hendriks（2005）研究中涉及了中国的英语与法语学习者表达移动事件的情况。她的研究涉及了两个维度：谓语结构样式的复杂度（即，多样性）和谓语包含信息的复杂度。对第一个维度她的研究假设是：中国法语学习者可能会在同样的小句中比法语本族语者表达更多的空间信息，因为汉语中有这样的结构，它使学习者能同时表达方式和两类路径信息（如，上、下路径和指示信息）；英语学习者面临的问题可能是其中有多种多样的结构来表达空间信息，这样复杂的系统对学习者构成挑战。结果却不支持这样的假设，中国的法语学习者并没有尝试产出复杂的谓语，他们产出简单谓语结构的比例非常高，空间信息主要集中在动词词根上（汉语中也可以这么用）。同样，中国学习者对英语中多种多样的结构都有运用，用得比较多的结构也和英语本族语者类似。

对第二个维度，法语成人本族语者产出的简单谓语占总量的 75%，中国法语学习者产出的简单谓语结构比例是 90%。英语本族语者的简单谓语比例为 55%，中国英语学习者产出的简单谓语比例为 62%。两组数据似乎表明学习者的语言水平更可能是他们产出更多外语简单谓语结构的原因。

Hendriks 根据这些数据认为学习者已经很好地适应了英语和法语的移动事件词汇化模式。她的结论是，当二语学习者学习某一目标语时，他们能够敏锐地察觉到它对某些表达方式或结构的偏好，有时甚至会夸大这些偏好。因此，他们的产出一方面和目标语非常接近，另一方面也存在一些不地道的成分。

在另一项研究中，Hendriks & Hickmann（2011）考查以英语为母语的法语成人学习者如何调整他们的语言使用在线思维。结果表明学习者掌握了法语中移动事件表达中路径动词居于主导地位的特征，同时学习者主要用动词来表达路径，这符合人们对动词框架语言的预期。也就是说语言类型因素没有对学习者目标语的学习造成太大影响。虽然学习者也表现出一些非地道的目标语表达，但那些属于学习过程中的问题。

2.3.3 语言类型因素效应研究小结

从以上两类研究中我们发现，语言类型因素是否会对二语学习者移动事件词汇化特点产生效应的问题是一个复杂的问题，对这个问题的研究还远远没有定论。但是我们有大致发现：在考查语言类型对二语学习的影响的时候，选取哪些语言类型特征作为研究焦点可能对研究结果会有影响。那些涉及学习者的母语和目标语中不同概念的研究，结果中能发现较明确的语言类型因素，如"跨界（Boundary-crossing）"概念和"单向路径（Unidirectionality)"概念,就得到了较多的支持。其次,那些作为语言类型划分的标志性特征,比如方式动词和路径动词的使用,也有可能在二语学习中成为影响因素。而根据语言类型特征推演出来的修辞特征,很可能对二语学习的影响不明显。一方面是由于这些特征是否为某种语言类型中的规定性特征还有待证实;另一方面,这些特征虽然在一语表达对比中显现,但是并不会对二语学习构成困难。

另外,以上介绍的研究只有一个涉及了母语相同的学习者(Hendriks 2005)学习不同外语的情况,但该研究的目的并不是全面地专门地研究语言类型因素对二语习得的影响,其主要关注点在于语言学习当中受普遍规律支配和受具体语言特点制约的问题。而像汉语这样的非典型语言,以其为母语的学习者在学习不同类型的语言时会如何表现呢?这样的问题应该能够引起研究者的兴趣,其结果也必将为这一领域带来新的发现和启示。

总之,移动事件词汇化的二语习得研究内容各异,结论有争议,有些结论甚至是截然相反,因此需要更多的研究来加入探索。下面从研究方法方面对以往研究进行述评。

2.3.4　二语研究评价

2.3.4.1　研究假设不尽合理

Cadierno(2008)将移动事件词汇化二语习得的研究思路概括为两个基本问题:根据 Talmy 的理论框架就是,①如果二语学习者的母语与其学习的二语分属不同的语言类型,那么二语学习者如何学习掌握二语中特定的意义与语言形式的匹配?②母语与二语分属不同语言类型的学习者的二语能力和母语与二语属于同一种语言类型的学习者的二语能力有何异同?这两个问题如果在 Slobin 的理论下则可以进一步表述为:如果学习者的母语与二语分属不同的语言类型,那么学习者是如何以及能在多大程度上适应二语的表达方式?这种适应二语的表达方式的程度和母语与二语属于同一语言类型的学习者的适应二语表达方式的程度相比有何异同?

在 Slobin 的为言而思假说的基础上,移动事件二语研究的一个基本假设是:学习者的一语语言类型下的表达方式,至少在二语学习的起始阶段为二语语义与形式匹配的起点,也就是说二语表达会在很大程度上受一语的影响。通过推理可以进一步假设:学习同种语言类型的学习者的二语移动事件的表达会受到一语表达方式的正面促进,而母语与二语分属不同语言类型的学习者的二语移动事件的表达会受到来自母语的干扰。比如,动词框架型语言移动事件词汇化对方式没有细致的区分,如果学习者要去学习卫星框架语言,该语言对动作的方式会有细致的区分,这个区别就会给学习者带来困难。

通过仔细研究 Slobin 的论述,我们发现以往的许多研究对为言而思假说的理解并不全面,因而造成它们虽然是以该假说为理论框架,但是做出的研究假设并不恰当(Cadierno 2008),其原因在于根据 Slobin 的本意并非所有的语际差异都会构成学习者的学习困难。Slobin(1996b:91)认为:

> 那些最易受源语言影响的语法化的范畴有一些重要的共同特征:它们是我们人类在知觉上、感觉运动上以及与世界的实际互动中不能直接体验到的。
>
> …the grammaticized categories that are most susceptible to SL influence have something

important in common: they cannot be experienced directly in our perceptual, sensorimotor, and practical dealings with the world.

以上所述的语法化的范畴包括但不限于：物体、限定性、语态、物体处于静止状态还是处于运动路径的终点等。其他范畴，如复数、工具格等对语言上的范畴化的依赖程度就没有那么高，它们也不会对学习者构成不可逾越的困难，因为它们对人类的感官来说比较明显。

虽然 Slobin 的以上观点还有待于更多的实证研究证实，但是该观点给我们很大的启示。也就是说，我们在根据语际差异做二语习得中母语（Source Language）影响的假设时，一定要对不同的范畴区别对待，否则得出的结果并不能用来验证为言而思假说。

在前文的一语研究综述中，我们提到一些实证研究发现 Talmy 对语言类型的论述其实并非能够涵盖所有语言的特点。也就是说，在属于不同语言类型的语言之间存在共性特征，而在同一个语言类型内部也存在差异（Ozcaliskan & Slobin 1998, 2000a; Engberg-Pedersen & Trondhjem 2004; Ibarretxe-Antunano 2004; Bowerman et al. 1995; Brown 2004）。Slobin（2006）因此提出了在所有语言对方式成分的重视程度上存在一个连续体，Ibarretxe-Antunano（2004）提出所有语言在对路径的详述程度上也存在一个连续体。但是，Cadierno 等的研究没有以两个连续体为出发点，而是将不同语言类型下的语言特征绝对化，这样难免会使他们的研究假设简单化，因此导致结论的可信度降低。

而那些并不能用语言类型二分法来很好地概括的语言的特点表明，它们既不是严格的卫星框架语言，也不是典型的动词框架语言，如汉藏语系中的汉语、泰语、越南语（Slobin 2006; Zlatev & Yangklang 2004）。Slobin（2006）主张把它们称作均衡框架语言（Equipollently-framed Language）。对语言类型因素影响二语移动事件表达习得方面的研究如果让这类语言缺席的话一定是不全面的。

在做研究假设方面，Hasko（2010）的研究跳出了习得困难只存在于不同语言类型之间。他的研究从同属于卫星框架语言的英语和俄语之间的差异出发，考查以英语为母语的俄语二语学习者，能否掌握俄语移动事件表达中的某一个俄语特有的概念。从该研究中我们可知，Slobin 的理论不仅可以应用在涉及不同语言类型的研究上，还能用来考查母语与二语属于同种类型的学习者是否也需要重新学习一种新的表达方式，即学习一种新的思维方式。

2.3.4.2 研究方法有待改善

研究方法对研究结果的重要性毋庸置疑，本节将从研究工具、受试、分析方法等方面综述移动事件表达二语习得研究的研究方法。

（1）研究工具相对单一。

在我们所述及的研究中，绝大多数使用单一工具来收集数据，它们或者通过无字图画书（*Frog, where are you*）（Mayer 1969）来收集书面数据（Cadierno 2004, 2006, 2009）；或者使用动画来收集口头数据（Hendriks et al. 2008, 2011）；或者通过视频短片（Navarro & Nicoladis 2005）。只有少数研究使用了不只一种工具，其中 Cadierno（2010）使用了自制图片和词汇测试方法；Hasko（2010）使用了青蛙故事口头叙述和语料库方法；Yu（1996）使用了 3 项任务。我们知道研究方法单一就无法形成三角论证。要想提高研究结果的可信度，增加研究工具是重要的途径。

另外，在数据方面，除了 Hendriks（2005，2008，2011）等的研究外，大都没有加入学习者产出的母语数据，没有母语数据做对照，就不能更很好地证明其二语表达是否受其母语影响。

（2）受试人数有限。

受试的选择对研究来说也是非常重要的。但是现有的研究在受试方面的工作也有许多提升的空间。第一，这些研究要么是在每组人数上少，一般只有 12~20 人，最多是 30 人（Hasko 2010）；要么是参加研究的总人数不多，比如，Hasko（2010）的研究两组共 60 人。第二，受试的二语水平一直是个问题。现有研究当中受试一般都属于高级水平的二语学习者，缺少中、低级水平的二语学习者，同时兼具两类水平学习者的研究更少。不能很好地将水平不同的学习者的数据做各种比较，就看不出学习者的二语水平的发展状况，更无法判定学习者的二语移动事件词汇化特点是语言类型所致还是语言水平所致，因此它们的结论还有待于后来的研究来验证。

之所以要重视受试的二语水平，是因为本领域的研究假设之一是：成人二语移动事件表达习得的出发点是自己的母语移动事件表达模式，而初级水平的学习者更有可能在习得的过程中受其母语的影响。但是，初级水平的学习者的二语表达水平有问题，他们的产出特点不一定受语言类型因素影响，更可能受其二语语言水平限制。如何认定受试的二语水平属于初级水平或高级水平目前还没有比较公认的方法，只有经过多项研究反复探索。

（3）分析方法简单。

这部分的内容包括分析的焦点和分析的程序。

1）现有多数研究的分析内容与 Berman & Slobin（1994）等的类似，比如移动动词的使用总量，方式动词和路径动词的使用量，路径的详述程度，方式动词在学习者的动词框架二语习得中有无误用，动词之外表达方式的手段的使用以及对运动的动态性更重视还是对运动发生的场景等静态的描写更重视等。虽然这些内容可以归纳为词汇层面、句子层面和语篇层面，但是在多数研究中这些特征被随意地挑出来进行分析，这样的研究会显得凌乱，被分析的内容彼此之间缺乏联系和层次感，结论也会给人只见树木不见森林的感觉。

2）在语篇层面上，部分研究在考查是否卫星框架语言重视动态描写而动词框架语言重视场景描写方面也像 Slobin 等的研究一样只考查了一个场景，这是不够全面的，而要真正发现该结论的正确与否，就应该考查所有的运动场景才能得出令人信服的结论。

3）Hendriks 等的研究相较于 Cadierno 等的研究在研究方法上的改进体现得十分明显。他们的研究通常分为三个测量维度：在一个移动事件中①表达了什么语义信息（Focus of Information）；②表达了多少语义信息（Semantic Density）；③用什么语言形式表达语义信息。第一个维度可以统领 Cadierno 等研究中的方式成分（包括在动词中表达的和用其他手段表达的）、路径成分（包括在动词中表达的和在卫星成分和介词等语言形式中表达的）的使用量和背景成分出现的数量；第二个维度能统一地体现出一个话语中总共出现的语义信息的多少，它的优势在于能够统一各个不同的语言形式表达的语义信息。以往研究中没有出现过第二、三个测试维度。

4）现有研究多以量化分析为主，并且多是简单的统计分析，鲜少质性分析，如百分数的对比，没有差异的显著性等较高级的统计分析。这些研究得出的结果只能是空泛的数字结果，不能给人以直观感受，因此也不会太令人信服。而 Cadierno（2004），Harley（1989），Hendriks（2005，2008，2011）等个别的研究既有量化分析又有质性分析，其结果就更加令人信服。比如 Hendriks（2005）通过量化分析发现中国学习者似乎掌握了英、法两种语言的移动事件词汇化特点，但是在质性分析上，她发现二语学习者与本族语者之间还是存在一些重要差别：①在简单谓语结构中学习者比本族语者更多地使用了指示性动词，比如英语中的来（Come）、去（Go）；法语中来（Venir）、去（Aller）、离开（Partir）、出去（Sortir）和回来（Revenir）。这些词都只是表达了最基本的运动。而英语本族语者会更多地使用同时表达运动和方式的动词。这种情况很可能是学习者的语言水平所致。②在表达致使移动事件时，学习者不能像本族语者那样在一个小句中同时表达运动和致使关系，即使试图表达了，使用的也是像汉语中的连动结构这样错误的形式。③中国英语学习者会使用一些不正确的动词加小品词结构。Hendriks 认为学习者可能知道本族语者喜欢使用的谓语结构（动词+附属于动词的小品词），但是他们很难掌握本族语者具体使用的动词与小品词组合。原因可能是英语中这样的结构大量存在，以至于降低了中国人学习这些结构的透明度。

5）对移动事件的分析不够细化。多数研究将所有的移动事件混在一起，从总体上考查移动事件的词汇化特点。这样的做法不利于深入地考查一种语言里的移动事件，因为一种语言内部可能因为移动事件凸显的语义内容不同而呈现出不同种类的移动事件表达结构。因而，对移动事件进行分类研究就很有必要。

李福印（2017）通过研究三类凸显路径语义的汉语移动事件化时发现汉语更多呈现出动词框架语言的特征，鉴于汉语通常被认为属于卫星框架语言，他建议对移动事件做细分研究。曾永红（2017）在研究致使类移动事件时发现致使移动事件的清晰度影响该类移动事件的词汇化。当移动事件中的施动者清晰可见时，汉、英本族语者和英语学习者均全部使用致使运动结构；当施动者隐含时，不同的语言使用者的词汇化才产生差异。纪瑛琳（2020）在进行图片相似度判断时发现实验刺激物的某些特征会凸显移动事件的路径或方式，从而显著影响被试的判断倾向。

Hendriks 等（2008）的研究同样涉及不同运动路径类型对动词的使用有影响。比如，表达致使移动事件"进入（INTO）"概念时，法语本族语者多使用同时表达致使原因和致使方式的主要动词（比如，Alors Popi pousse la table pour la rentrer dans la maison. 因此 Popi 把桌子推到房子里。其中，动词 pousse（推）同时表达致使原因和致使方式）。但是，他们的结论容易引起误解。在 Hendriks 等提供的例子中其实有两个移动事件：推桌子（Pousser La Table）和让它进屋子（Pour La Rentrer Dans La Maison）。第一个事件中的动词"pousser（推）"是同时表达"致使原因和方式"的动词；第二个事件中的"rentrer（进入）"是路径动词。真正表达"INTO（进入）"意义的是"rentrer"而不是"pousser"。

在对文本进行标注时，有些处理不尽合理，比如，对一个移动事件，受试的描写有时不只一个小句，而 Hendriks 等只选取意义成分最多的一个，而忽略另一些句子。我们认为要考查对一个移动事件的表达，就应全部考查对其表达，尤其是在计算信息密度时。

2.3.5　汉语、英语、法语移动事件词汇化研究回顾

要研究中国英语和法语学习者移动事件词汇化习得，我们首先应该弄清楚三种语言词汇

化方面的异同，以此为出发点才好做出恰当的研究假设。以往的文献中还没有出现专门对比这三种语言的实证研究。在本小节我们将简要回顾一下以往和这三种语言对比有关的研究。

2.3.5.1 有关汉语的研究概述

中国学者对于汉语移动事件表达的研究有浓厚的兴趣。严辰松（1998）最早介绍了移动事件词汇化模式的研究，并对中、英两种语言的词汇化模式特点做了对比研究。近些年来，有关汉语的移动事件表达特点的研究可以分为几个类型：第一类是介绍这方面的最新理论和国外的相关研究（严辰松 2005，2008；史文磊 2011）；第二类是有关汉语的理论问题，如汉语的类型归属（沈家煊 2003；阚哲华 2010；陈佳、赵友斌 2008；宋文辉 2004；徐英平 2009；Wen & Shan 2021）；第三类是英汉移动事件表达的对比研究（严辰松 1998，2004；李雪 2009，2010，2011a，2011b；李雪、白解红 2009；罗杏焕 2008；黄月华、李应洪 2009；潘艳艳、张辉 2005；邵志洪 2006；吴建伟 2009；蔡基刚 2005）；第四类是英汉词汇化模式对翻译的影响研究（刘宇红 2005；李雪 2008；刘华文、李海清 2009；）；第五类是习得研究（管博 2011；Wu 2010）。

以上有关汉语移动事件词汇化的研究以理论探讨为主，实证研究较少，从二语习得角度进行的研究更少。

汉语的类型归属是汉语移动事件词汇化研究的重要议题。汉语移动事件词汇化的主要实现形式为"动词+趋向动词"构式。这一构式在一定程度上挑战了 Talmy（2000）依据移动事件词汇化模式对语言类型的划分，因为动趋结构中的动词与趋向动词在形态上并无区别。

2.3.5.2 有关汉语、英语、法语对比的实证研究

有关汉、英、法三种语言移动事件词汇化对比的实证研究也不多。

李雪、白解红（2009）和李雪（2011）通过从汉语和英语小说中选取移动事件表达句子研究了汉、英移动动词使用的异同。她们发现汉语和英语的方式动词在频率和类型上都比路径动词多，方式动词和路径动词在频率和类型的比例上英语都高于汉语，但英、汉语方式动词的绝对频数基本相同；英语的路径意义多由卫星成分充任，较少使用独立的路径动词，而汉语的路径成分既可以由类似于英语的卫星成分的趋向动词充当，又可以由独立的路径动词充当，而这些独立的路径动词有一部分在形式上和趋向动词完全一样；汉语的非动词性的方式成分多于英语。但这些研究选取的汉英语料有所差别，英语的语料多来自 19 世纪英国小说，而汉语语料多选自 20 世纪以后的中国小说，作品的创作时代可能影响语料的语体特点。另外，两种小说里的语料不可能表达相同的移动事件，因此可比性应该受到一定影响，因为若干研究已经揭示移动事件的类型对移动动词的使用存在影响（李福印 2017；纪瑛琳 2011b）。Talmy 在认定移动事件词汇化模式时要求语料来自口语体，而非文学体，李雪（2011）的语料全部来自小说，似乎距离口语体较远。鉴于这三点，几项研究的结论还有待于更多的研究去证实。李雪（2011）同时表明汉语并非不重视对移动事件方式的概念化，而是使用方式动词和非动词的方式成分来词汇化方式概念。

Hendriks，JI & Hichmann（2009）在研究致使运动时，发现在汉、英、法三种语言里路径成分出现的比例都高于方式成分。Chen（2005），Hendriks（2005），阚哲华（2010）都发现汉语移动事件小句中的背景成分出现的比例少于英语。

上节所述第五类中的两篇文章属于二语习得方面的研究，其中管博（2011）研究的是中国学习者对英语"动词+小品词"结构的习得，发现汉、英移动事件词汇化差异对中国学生学习"动品搭配"有负面影响；Wu（2010）通过研究母语为英语的汉语学习者对汉语趋向动词的掌握情况，发现汉语学习者对趋向动词的掌握存在困难。

现有移动事件词汇化二语习得方面的研究不多，而且存在事实不能支撑结论的情况。

曾永红（2013）发现两组中国英语学习者产出的移动动词形符、类符均值与本族语者差异显著，本科二年级学生和研究生分别产出了 24 类移动动词，本族语者产出了 39 类移动动词。而两类英语学习者之间在类符使用方面没有统计学意义上的差别；从方式动词的使用来看，二年级学生与研究生分别产出了 15 个和 16 个类型，数量上远少于本族语者的 28 个。不仅如此，中国学生往往过度使用 run、walk、jump 等基本层级词汇，较少使用表达下位范畴的方式动词。该研究没有比较路径动词，英语本族语者的样本相对较少（12 人）。使用的是口头讲述故事的方法来采集数据，Slobin 认为"为言而思假说"包括说、写、译等各种语言活动。这样的结果或许因为口头讲述故事让被试主要精力放在如何完成任务上，而无暇顾及多样化移动动词使用的尝试。另外，曾文还发现中国学习者表达出的背景成分显著低于英语本族语者；中国的英语学习者相比英语本族语者较少产出包含若干路径成分的复合事件小句；产出较多场景描写分句，以弥补路径描述不够详细的状态。

许子艳（2013）发现两组中国的英语学习者（各 15 人）使用的方式动词类型数与本族语者（29 人）存在显著差异，同时学习者产出的方式动词多是英语本族语者语料库中的高频词，而三组被试产出的路径动词类型非常接近。虽然高水平学习者的两类动词数量均高于中级水平的学习者，两组学习者之间的方式动词与路径动词的类型数的差异均不显著。研究者得出的结论是母语为均衡框架语言的汉语的学习者在习得典型的卫星框架语言移动事件词汇化模式时受到了母语的负迁移影响。这样的结论很容易受到质疑，首先学习者尚未习得较多细颗粒度方式动词，未必因为受母语影响，此结果可能因为学习者的总体英语水平问题，高级学习者的表现即优于中级水平的学习者，如果再换另一批总体英语水平更高的学习者，其结果或有不同。另外，细颗粒度词本来在 BNC 中出现的频率就低，学习者接触到的可能性低，因而没有太多机会学习，这和母语思维影响似乎关系不大，同时英语本族语者对细颗粒度方式动词的使用频率同样很低。如果学习者的二语移动动词习得受母语影响，那么这个影响也是有区别的，因为中国的英语学习者对英语路径动词的习得接近本族语者。

李恒、曹宇（2013）的研究发现中国的高级英语学习者在表达移动事件时单独使用方式动词的表达占 15.2%，方式信息加路径信息的表达占 61.2%；仅编码路径信息的表达占 23.6%。我们可以把这个结果理解为在移动事件表达中方式动词的使用居于主导地位，符合英语移动事件词汇化特征。由于该研究同时研究被试的移动事件言语与手势表征，被试人数仅为 4 人，输出的言语表达数量有限，研究也没有包含英语本族语者的数据，因此不能作为典型的二语学习者移动动词使用的结果。

通过考查三组水平不同的中国英语学习者英语致使移动事件习得情况，曾永红（2017）发现两组学习者产出的致使移动动词的类符与英语和汉语本族语者差异均达到了显著水平，三组学习者之间有两组之间的差异显著，而汉、英本族语者产出的致使移动动词的类符数却不存在差异。这样的结果表明对学习者致使移动事件词汇化影响最大的因素可能是学习者的语言水平，而非语言类型差异。大多数研究理所当然地从汉、英两种语言移动事件词汇化类型不同出发，事实上两种语言之间的相似性程度可能不低于差异性。

移动事件词汇化二语习得研究需要澄清的几个问题：第一，语言之间的类型差异不是整体性的差异，而是一个或若干特征的差异，甚或只是程度的差异，比如汉、英、法三种语言的移动事件词汇化均存在卫星框架模式和动词框架特征模式。第二，移动事件表达的差异，未必等同于概念化的差异，此差异主要体现为语言使用者在语言资源中的使用倾向。英语中有一些路径动词，法语中有一些方式动词，汉语中同样有英语和法语一样的路径动词和方式动词，只不过英语本族语者选择少用路径动词，法语本族语者少用方式动词，而汉语本族语者选择多使用连动结构。汉语的方式动词对运动方式意义的表达不足，通常由非动词的方式成分补偿。法语、英语和汉语中都存在包含方式和路径意义的复合移动动词，此类动词丰富了英语和汉语的路径表达方式，丰富了法语的方式意义表达。第三，不是所有的类型差异都一定会引起母语干扰或概念迁移，二语习得研究早就发现不同并不总是意味着习得困难，有时明显的差异反倒有利于习得，并且一语和二语的共性而非差异性更有可能使学习者建立两种语言结构之间的心理联系（Mental Associations）（Jarvis & Pavlenko 2008）。第四，二语产出与母语产出的差异因素复杂，不仅仅源于语言类型差异。更多的因素包括总体语言水平、语言学习和使用环境；实验研究中的人数、研究对象的学识水平、研究对象所掌握的语言、收集的数据为口头语还是书面语、实验材料对移动事件某些特征的凸显、实验对象的配合度、数据分析的程序以及移动事件语义要素的认定等。第五，语言与思维的关系没有定论：语言是否影响非语言的认知及行为方式结论不一；语言即便对思维方式有引导作用，这个思维方式在二语学习时是否难以改变。第六，初、中、高级二语学习者之间多数情况下表现差异不显著，这是因为他们一致不能习得二语的特征还是他们的总体二语均未能达到一定的水平？从现有文献看，某些高级学习者的表现优于初中级学习者。第七，我们认为：唯有学习者掌握了二语中的各种词汇化资源，但是仍然倾向于使用母语模式才算母语迁移。第八，母语中没有而二语中存在的概念或母语中存在而二语中没有的概念更有可能引发概念迁移。第九，母语和二语中的概念差异为隐性而非显性时，概念迁移发生的概率才高。第十，双语者可能具备两套思维系统，语言使用体现相关的思维方式（Thought and/or Thinking for Speaking）。第十一，二语表现还需分清语言学习的一般规律与二语学习规律，其方法是同时观察母语儿童语言学习、双语儿童语言学习以及成人二语学习。

2.4 小结

本章首先介绍了移动事件表达一语领域的研究，这些研究大致证明了 Talmy 的语言类型框架的合理性，同时一些研究也发现该语言类型框架无法很好地解释汉语这样的语言的类型归属。这个发现启发我们在进行移动事件词汇化研究时不能单纯地应用语言类型二分法，在考查语言之间的差异性时也不可忽视语言之间的共性。其次本章介绍了移动事件词汇化二语研究的成果，从语言类型因素在二语移动事件词汇化习得中的效应强弱将以往研究分为两类。这两类研究的结果不是很一致，有时甚至相互对立，这样的状态表明移动事件二语词汇化领域的研究还远未形成定论，需要更多的实证研究来充实和验证以往的研究结果和习得假设。接下来，本研究对移动事件二语词汇化领域的研究进行了评价，指出以往研究在研究假设、研究方法的各个方面都存在可以改进的空间。最后本章介绍了的现有少量有关汉语、英语、法语移动事件词汇化对比的研究以及中国学习者学习外语移动事件词汇化的相关研究。

第三章 本研究概述

3.1 引言

本章将介绍重要概念界定、本研究所涉及语言的类型归属、分析理论框架：概念迁移理论、本研究特点以及研究问题。

3.2 概念界定

本研究涉及三个主要概念，即移动事件、词汇化和认知语言类型。本节将就三个概念逐一进行界定。

3.2.1 移动事件

本研究中的移动事件（Motion Event）特指一个物体相对于另一个物体整体位置实际发生了改变的运动（Translational Movement）。这种移动事件只是 Talmy（2000b）所定义的移动事件中的一种，也是最具原型特点的一种移动事件。其他移动事件类型，如一个物体相对于另一物体保持静止状态的事件；一个物体在一个范围内反复移动的事件；一个物体部分发生位置改变的事件以及物体的摇晃、收缩、扩张等事件以及虚拟的移动事件等，都不在本研究的考虑范围内。

本研究对移动事件做这样的限制是目前该领域的通行做法，这样可以使研究更聚焦。同时，此类移动事件是人类生活中最经常体验到的，具有原型性，其研究结果将会为研究其他类型的移动事件提供启发。

3.2.2 词汇化

本研究中的词汇化（Lexicalization）概念不是指语言演变研究中作为语法化对立面的词汇化概念，而是指认知语言学家 Talmy（2000b：24）所提出的词汇化概念。语言演变研究中的词汇化是一种历时现象，指一些语言形式失去语法规则的能产性而进入词库。Talmy 的词汇化是一种跨语言的共时现象，指概念范畴的编码形式（刘红妮 2010）。Talmy 认为词汇化就是一定的语言形式规律性地表达一定的语言意义，这种规律性的语言形式和意义的对应关系是划分语言类型的基础。语言形式和语言意义的对应关系并非一一对应的关系，因为一个语义要素可以由多个语言形式来表达，而一个语言形式也可以表达多个语义要素。沈家煊（2003）认为"词汇化"就是语义要素的合并，比如，在卫星框架语言中，动词同时表达移动事件中的"运动"（Motion）和"方式"（Manner）成分；在动词框架语言中，动词同时表达"运动"和"路径"（Path）。

（1）a. The frog sneaks [运动+方式] out of the jug.
　　　b. 小青蛙溜 [运动+方式] 出了罐子。
（2）La grenouille sortir [运动+路径] discrètement de son bocal. 青蛙悄悄离开了瓶子。

在例（1a）中，英语动词 sneak 同时包含了运动和方式；在（1b）中，汉语动词"溜"也同时包含了运动和方式；在例（2）中，法语动词 sortir（离开）同时包含了运动和路径，因此从这三个典型句子中的移动动词包含的语义含义看，英语和汉语属于同一种语言类型，而法语属于另一种语言类型。

根据 Talmy（2000b）的定义，参与移动事件词汇化的不仅包括动词，还应该包括表达路径概念的卫星成分（小品词、词缀等）、背景成分和表达方式意义的非动词语言形式（介词短语、副词短语、分词等）。虽然从语义上讲，卫星框架语言中表达路径因素的小品词是核心成分，但是从语法结构上看，动词才是核心成分，同时在一个移动事件表达中动词的使用也能代表其语言类型的特点。在动词框架语言中极少有卫星成分，动词既是结构核心也是意义核心；动词也是所有语言的共项。有鉴于此，本研究将以移动事件词汇化中的动词为最重要研究对象，包括方式动词和路径动词，同时考查背景成分和非动词性方式成分。

3.2.3　认知语言类型

本研究所涉及的语言类型不是指基于语言形式特征的语言类型，而是指认知语言类型。Talmy（2000b）根据移动事件表达中的核心语义成分——路径——在语言形式上的分布特点，归纳出两种主要语言类型：动词框架语言和卫星框架语言。主要由动词来表达路径语义的语言是动词框架语言；主要由动词的附属成分表达路径语义的语言是卫星框架语言。认知语言类型学是跨地理区域、跨语系的语言类型学，在此语言类型框架下，汉语和英语可能同属卫星框架语言，而韩语、日语和西班牙语、法语同属动词框架语言。

3.3　本研究所涉及的三种语言的类型归属

本研究涉及汉语、英语、法语三种语言。在所有移动事件研究文献中英语都被称为最典型的卫星框架语言，法语被认为是仅次于西班牙语的典型的动词框架语言。本研究中的汉语指的是现代汉语，对于现代汉语的认知语言类型归属还存在一些争议。

根据 Talmy（2000b）的理论，现代汉语的语言类型归属历来是一个有争议的问题。现代汉语中存在大量的连动式，即在一个小句中会存在不只一个动词，对这些动词的语法地位及其相互关系始终存有不同观点。在移动事件表达中，现代汉语多以动趋结构为主，语言学家争议的焦点在于如何认识汉语动趋结构中两个成分的语法地位问题，因为在动趋结构中动词通常表达方式意义，趋向动词通常表达路径意义。比如：

1) 小青蛙跳出了瓶子。

在 1) 中，"跳"是个移动动词，表达方式和运动，对于这一点学者之间没有异议。对于"出"表达路径意义，学者们也不存异议。当我们试图确定"跳"和"出"谁是这个小句的主要动词时，分歧便产生了，对现代汉语的语言类型归属的问题也随之产生。对动趋结构中动词和趋向动词哪个为结构核心这个问题的不同回答，产生了汉语类型归属的三个观点：卫星框架语言、动词框架语言及均衡框架语言（Equipollently-framed Language）。

Talmy（2000b）认为现代汉语属于卫星框架语言，动趋结构中的趋向动词相当于英语中的卫星成分，而表达方式意义的动词是主要动词，相当一部分中国学者赞同这一观点（Chao 1968；李雪 2010；沈家煊 2003；石毓智 2000；严辰松 1998）。其主要依据是：动趋结构是动补结构中的一种，从动补结构的名称即可知道动词是核心，补语是补充成分；趋向动词是一个封闭的集合，根据 Talmy 的理论，卫星成分就是由封闭类词来担任的；在语音上大部分趋向动词都读清音；趋向动词是古代汉语中的连动式结构第二个动词语法化而来的（沈家煊 2003）。即便汉语和英语一样属于卫星框架语言，但与英语相比，汉语的卫星框架语言特征不十分典型，为非典型的卫星框架语言（沈家煊 2003）。因为汉语中趋向动词单独作谓语和充当动词的卫星成分时，在形态上没有区分，这一点和英语的卫星成分有较大区别。

戴浩一（2002）、Tai（2003）则认为动趋结构中的趋向动词居于句法核心地位，因此汉语属于动词框架语言。比如：

2) A. 他飞过了英吉利海峡。

    B. 他过了英吉利海峡。

    C. *他飞了英吉利海峡。

在 A 句中，如果去掉"飞"，即为 B 句，这仍然是一个语法规范、句义完整的句子；如果去掉"过"形成的 C 句语法上就不正确了。从上例可以看出戴浩一（2002）和 Tai（2003）的推理过程是：在动趋结构的句子中去掉动词后，趋向动词仍然能使句子结构完整，这说明趋向动词本身就能作谓语，是独立的动词，这是英语中的卫星成分所不可比的。而趋向动词往往表达移动事件中的路径成分，因而根据 Talmy 的定义汉语应该是动词框架语言。

以上的推论所建立的基础并不全面，其所举例句均为不及物动词。从下面的均衡框架语言论的例证中，我们能够看出，当动趋结构中的动词为及物动词时，动词就会成为结构核心。

Slobin（2004）认为动趋结构中的两个成分在形态上没有区分，在语法功能上也不分彼此，因此汉语属于均衡框架语言。比如：

3) 猫头鹰飞出了树洞。

在 3) 中，"飞"和"出"这两个动词从形态上看不出什么区别，因为汉语当中的动词本来就没有形态变化的标记，同时"飞"是表示方式意义的动词，"出"是表示路径意义的动词，在"飞出"这个复合动词中的重要性不分彼此，共同作谓语。

Slobin（2004）所讲的均衡框架语言这一表达比较模糊，所谓语言类型是根据路径主要由什么语言形式表达决定的。所谓均衡框架语言既可以理解为汉语动趋结构中表达路径成分的趋向动词可能为句子的核心动词，又可能为动词的卫星成分。均衡框架语言也可以理解为汉语当中卫星成分和路径动词所表达的路径成分在量上是均等的。即便趋向动词既可以看作动词也能看作卫星成分，汉语也应被称为双重框架语言，它属于什么语言类型与表达方式的意义成分没有多大关系。况且从 Talmy 和 Tai 等的争论中，我们也能看出动趋结构中的两个成分并不是完全平等的。

阚哲华（2010）认为汉语属于广义均衡框架语言。他认为动趋结构中的两个成分的重要性不是一成不变的，而是存在规律性的变化：当动词是不及物动词时，趋向动词是句子中的核心成分，因为去掉动词，句子仍然合乎语法；当动词是及物动词时，动词是句子核心成分，因为去掉趋向动词句子也仍然合乎语法。据此，阚哲华倾向于把汉语叫作均衡框架语言。比如：

4）A. 走进来一个人。
　　B. *走一个人。
　　C. 进来一个人。

第 4）组例句中的 A 为动趋式结构，去掉趋向动词"进来"的 B 句不合语法，但去掉动词"走"的 C 句仍然合乎语法，由此推断趋向动词"进来"为句子的核心。阚哲华（2010）认为 B、C 两句语法地位不同的原因是"走"为不及物动词，趋向动词为句子的结构核心。如果动趋结构中的动词为及物动词，及物动词就是句子的结构核心，如下面的例子所示，因为"寄"是及物动词，所以其为句子的结构核心，所以 B 句不合语法，C 句合乎语法。

5）A. 寄回去一包书。
　　B. *回去一包书。
　　C. 寄一包书。

但是阚文（2010）的推断却有反例，比如下句。

6）A. 小男孩爬上大树。
　　B. 小男孩上大树。
　　C. 小男孩爬大树。

第 6）组中的三个句子看起来均合乎语法，因此可判断其为双核心句（沈家煊 2003），虽然"爬"为及物动词。阚哲华没有提到"把字句"和"被字句"所表达的致使移动事件（Caused Motion Event）。比如：

7）A. 小鹿把小男孩扔下了悬崖。
　　B. *小鹿把小男孩扔了悬崖。
　　C. *小鹿把小男孩下了悬崖。
　　D. 小鹿扔了小男孩。
　　E. 小男孩下了悬崖。

8）A. 蜂巢被小狗从树上摇下来了。
　　B. *蜂巢被小狗从树上摇了。

C. *蜂巢被小狗从树上下来了。
D. 小狗摇了树。
E. 蜂巢从树上下来了。

在7)中去掉动词"扔"和去掉趋向成分"下"后，B和C都不成立。在8)中去掉趋向成分"下来"和动词"摇"似乎都不合语法。我们可以判定此两句为非核心句（沈家煊2003）。这表明，从"把字句"和"被字句"所表达的移动事件看，说汉语属于卫星框架语言、动词框架语言似乎都不合适。从阚哲华（2010）的角度看，也不能说汉语属于广义的均衡框架语言，因为在"把字句"和"被字句"中动词和趋向成分之间似乎缺一不可，而不是享有均等的做主要动词、起谓语作用的机会。事实上，"把字句"和"被字句"还有另外的解读方法，即我们找到7)和8)的主语与宾语后，发现7) D、7) E 以及 8) D、8) E 均合乎语法，由此可见作为动趋式结构的特殊形式，"把字句"和"被字句"又是双核心句。

沈家煊（2003）认为，试图确定动趋结构中哪一个为句子核心的方法用的是Bloomfield的"向心结构理论"，按照该理论并不能检测出动补结构的主要动词。但是，即使能证明在什么情况下，哪一个为核心，仍然解决不了问题。因为在汉语移动事件表达中，动趋结构是主体，表达方式的动词和表达路径的趋向动词总是同时出现，即使能够证明路径成分是句子的结构核心，我们也不能说汉语就是动词框架语言。因为在动词框架语言中，不会有一个修饰路径成分的方式动词经常出现。

Chen（2005）和 Wen & Shan（2021）也认为汉语属于均衡框架语言。他们的研究发现汉语和英语表达移动事件都以使用方式动词为主，此为卫星框架语言的特征；同时在语篇层面汉语和西班牙语等类似，属于动词框架语言。这些语篇层面的特点包括一个小句平均带有多少个背景成分；在一篇故事中是否有静态描写。在是否把一个大的场景细分为若干小的场景方面汉语与英语类似，又倾向于卫星框架语言。这些特征虽然出自相应的语言类型，但它们是否可以看作判定语言类型的规定性特征，目前还没有定论。因此，我们不倾向于把这些延伸的特征作为判定语言类型的依据。况且，有多少这样的特征才能判定一个语言的类型，更没有定论。因此，汉语也不宜归属于均衡框架语言。

综上所述，本研究认为鉴于汉语移动事件词汇化的复杂性我们不宜简单地将汉语从总体上归为哪一类语言，因为汉语兼有卫星框架语言、动词框架语言以及其本身独有的特征。最好的办法是探究汉语在哪些特征上与卫星框架语言一致，哪些特征与动词框架语言一致，而不是陷入汉语的类型之争。因为无论我们将汉语称作卫星框架语言（Talmy 2000）、动词框架语言（Tai 2003；戴 2003）、均衡框架语言（Slobin 1996）、非典型卫星框架语言（沈家煊 2003）还是广义的卫星框架语言（阚哲华 2010）均有其不足之处。

3.4 本研究的分析理论框架：概念迁移理论

用 Slobin（1996b，2003）的为言而思假说来解释二语移动事件词汇化习得，研究者不得不面对有关迁移的理论。因为从本质上看一语语言行为在线思维对二语习得的影响，也是学习者的一语对二语学习的影响。

Slobin 的理论只强调了语际差异可能给学习者带来困难，对语际相似性可能带来的正面影响未曾明确提及。Cadierno（2004）认为 Slobin 的假说蕴含着这样的推论：二语学习者至少在初始阶段会把一语的意义—形式映射特点迁移到二语中去。一语和二语的类型不同时会产生负迁移，一语和二语的类型相同时会产生正迁移效应。

Cadierno 的推论和早期迁移理论中对比分析假设（Contrastive Analysis Hypothesis）对语际影响的看法是一致的。Lado（1957：2）认为，如果二语的知识和母语相似会促进二语的学习；如果二语与母语知识不同会增加学习的困难。

Slobin 的理论与对比分析假说在二语习得迁移中的着重点不同。前者重点关注语言意义与语言形式的映射，后者关注的主要是语言结构知识。

近年来，学者们（Jarvis 1997，1998，2002；Pavlenko 1997；Pavlenko & Jarvis 2002；Jarvis & Pavlenko 2008）提出的"概念迁移"理论被称为语言迁移研究的新进展（姜孟 2010）。该理论秉承认知语言学、认知语义学的观点，认为表层的语言结构受制于底层的概念结构；语义等同于概念，语义表征等同于概念表征；学习一种语言就是学习一种概念系统，语言之间的差异可以追溯到概念内容和组织的差异；学习一种新的语言除了学习一种新的形式系统，还必须掌握一种新的概念系统。

根据概念迁移理论，如果学习者的母语与目标语的概念系统相似，就会促进目标语的学习，反之学习的难度会增大。

移动事件的词汇化正是语言关于移动事件底层概念的表征，使用不同的移动动词体现的是不同的语义结构和概念结构。以此，我们可以推论：母语和目标语属于同一类型，目标语移动事件词汇化特点就容易掌握；如果学习者母语与目标语属于不同的语言类型，目标语移动事件词汇化的特点就难以掌握。

因此，概念迁移理论综合了二语习得迁移理论和认知语言学概念结构等于语义结构理论的观点，在语言和认知的关系问题上与 Slobin 的为言而思假说一样，都倾向于认可"语言相对论"的弱势说。本研究把概念迁移理论、Talmy 的语言类型理论、Slobin 的为言而思假说一起作为理论基础。在提出研究假设和分析中国的英、法语学习者外语移动事件词汇化结果时，本研究将以概念迁移理论为理论框架。

3.5 主要概念的操作化定义

3.5.1 运动行为是移动事件

本研究中的移动事件除包括成分完整的移动事件外，还包括语义成分不完整的移动事件——"运动行为"。运动行为（Motion Activity）是否为移动事件，是一个悬而未决的问题。Talmy（2000b）认为路径是一个移动事件中的支柱性成分，是必须的成分，但在一些明显是表达移动事件的句子中却没有显现的路径因素，学者（Pourcel et al. 2003）称之为运动行为，比如：The bees pursued the dog, the dog ran. 此句中的动词"pursue, run"为移动动词，但此句中没有明显的路径成分，或者在此类移动事件中路径成分为非凸显成分。

本研究认为，应该将以上的所谓"运动行为"视为移动事件。原因有两个：从动词的语义上看，像 pursue 这样的词本身就包含一个以某物为参照向前运动的意思；另外，根据 Sinha & Kuteva（1995）的分布空间语义学（Distributed Spatial Semantics），The bees pursued the dog, the dog ran. 这个句子中虽然没有语言形式上的明确的路径成分，但是在上下文语境中也应该有一个运动方向，即路径。

3.5.2 运动方式和运动路径的操作性定义

目前的研究对于文本处理没有一个相对统一、公认的语义成分认定标准。一些有影响的文献对于文本的处理过程只是举几个例子一笔带过，而回避了许多实际问题。这样的可能后果是不同的研究者根据自己的经验来处理，使相关研究不具有可比性。本小节试图梳理以往研究中对方式成分和路径成分的定义，并以此为基础提出本研究的操作方法。

（一）方式成分的定义

Talmy（2000b：152）认为"方式指主事表现出来的附属于主要行为和状态的行为和状态（Manner refers to a subsidiary action or state that a Patient manifests concurrently with its main action or state.）"。此论述表明 Talmy 对方式的定义是个笼统概念，并不具体清晰。对方式成分的认定我们可以借鉴 Slobin（2006）的意见，他把方式这个概念分为以下几个维度（表3-1）：

表3-1 Slobin（2006）对方式成分的维度划分

维度	示例
运动的方式（Motor Pattern）	单足跳/hop；跳跃/jump；蹦跳/skip 等
移动的速率（Rate of Motion）	走/walk；跑/run；以全速奔跑/sprint
力动态系统（Force Dynamics）	踩，步行于/step，践踏，踩/tread；用沉重的脚步走/tramp
态度（Attitude）	骑马缓行/amble；闲逛，漫步/saunter；溜达，闲逛/stroll
工具（Instrument）	用雪橇运送/sled；滑雪/ski；踩滑板/skateboard

在实际标注中，只要动词中含有以上任何一个或多个语义成分，我们就应该把它标注成方式动词。

Özçalışkan & Slobin（2003）认为，对于运动着的主体内部心理状态与其周边的物理环境的描述能够让人推测出运动的方式，其观点可归纳为以下两个方式维度（表3-2）：

表3-2 Özçalışkan & Slobin（2003）的维度划分

维度	解释	示例
内部状态（Internal State）	如喜、怒、哀、乐、紧张、轻松	He was exhausted
外部环境（External Environment）	移动事件发生的周边物理环境	The trail was steep and slippery

对于以上的两个维度，若它们包含在动词内，我们就把该动词标注为方式动词。

(二) 路径成分的定义

·Talmy 对路径的定义

Talmy（2000b：154）在陈述移动事件当中的 6 个基本成分时对路径（Path）的定义是："在一个移动事件中运动的主体所经过的各种途径或主体所占据的位置（This category refers to the variety of paths followed or sites occupied by the Figure object in a Motion events）"。这一定义显然比较宽泛，尤其是对于我们要研究的主体的整体位置发生了改变的移动事件（Translational Motion Event），若依照 Talmy 的这个定义很难对路径成分进行标注操作。

此前 Talmy（2000b：53）指出，口头语中有三个主要的路径成分，即向量（Vector）、构型（Conformation）与指示（Deictic），在手势语中可能还有轮廓（Contour）与方向（Direction）。

向量包括到达（Arrival）、离开（Departure）、穿越（Traversal）这三个运动的主体（Figure）相对于背景（Ground）所发生的行为。

"路径中的构型成分指运动一体表达式（Motion-aspect Formula）中基本的背景图式与一个完整的背景物体的图式之间的几何关系"。（The conformation component of the Path is a geometric complex that relates the fundamental Ground schema within a Motion-aspect formula to the schema for a full Ground object.）

这个构型的定义很不容易理解。Talmy 所说"基本的背景图式"（Fundamental Ground Schema）指的是抽象化了的移动事件表达中的背景成分，它通常被看成一个点。而"运动一体表达式"指的是抽象化了的移动事件表达式，因为移动事件中的动词往往还包含一个"体"的概念，但"体"不是本研究所关注的内容。而"完整的背景物体（Full Ground Object）"则指那个抽象的背景图式所在的具体的背景物体。通俗地讲，Talmy 所讲的构型其实就是一个移动事件中运动主体所要达到的具体目标点（Goal）与该目标点所在的地点或物体之间的关系，比如"里面（Inside）"和"表面（Surface）"就是两个构型，分别表示某一点位于一个封闭的物体之内和一个物体位于另一个物体的表面。

指示成分比较好理解，它只包括两个成员：表达向说话者方向运动的"来"和表达背离说话者方向的"去"（"The Deictic component of Path typically has only the two member notions 'toward the speaker' and 'in a direction other than toward the speaker'"）（Talmy 2000b：56）。

Talmy 没有详述轮廓（Contour）与方向（Direction）的内容，本研究不涉及手势语中的"轮廓"这一路径成分，但是"方向（Direction）"路径成分不仅存在于手势语中，在声音和文字语言中路径成分同样是重要成分。

总的说来，要依据 Talmy 的这些定义来对路径成分进行标注，操作起来不太容易，实际研究中需要更为具体的可操作化定义。

·Chengzhi Chu 对路径的定义

本研究借鉴 Chu（2004：176）对路径意义的系统总结，他的总结是对 Talmy 所定义的路径系统的细化和补充，特别是其中对各类路径成分的详细解读，便于我们标注。他认为路径包括 5 种类型：

1) 向量（Vector）：向量指在运动的路径上运动的主体相对于背景的动态性质，包括：到达（Arrival）、离开（Departure）、穿越（Traversal）。

例如：

开心地离开［P］了（HELC01）：　　　　　动词"离开"表达向量路径
蜂巢掉到［PP］了地上（LFLC01）：　　　趋向动词"到"表示"到达"之意
越过［P］池塘回家（LFLC02）：　　　　　动词"越过"表示"穿越"之意
Left through［PP］the window（EN17）：　"through"表示"穿越"之意

2) 构型（Conformation）：构型涉及运动路径上运动主体和背景的几何关系，包括内外（Inside/Outside）、表面（Surface）、旁边（Beside）、上、下（Above/Beneath）。例如：

他们俩落入［PP］了水中（LIFC02）：　　　"入"表示"内"
悄悄地翻出［PP］了罐子（LIFC02）：　　　"出"表示"外"
小狗也爬上［PP］窗台（LIFC02）：　　　　"上"表示"表面"
突然起身翻过［PP］木头（LIFC09）：　　　"过"表示"上"
小狗从窗台摔了下来［PP］（LIFC02）：　　"下来"表示"下"
the owl flew over［PP］his head（EN17）："over（位于……之上）"表示"上"
the dog falling alongside［PP］the boy（EN17）："alongside（与……一起）"表示"旁边"

3) 方向（Direction）：方向成分涉及运动的主体在空间的定向问题，包括垂直（Vertical：Up/Down），水平（Horizontal：Forward/Backward），面对（Facing：Front/Back/Side），返回（Returning），聚合（Verging：Divergent/Convergent）。

例如：

小男孩心疼地抱起［PP］小狗（HIEC02）：　"起"表示向上的"垂直"方向
随着主人掉落［P］下去（HIEC01）：　　　"掉落"表示向下的"垂直"方向
车再往后倒［P］一点（Chu 2004：158）：　"倒"表示运动主体背对运动的方向
带着贝贝、小青蛙回［P］家（HIEC03）：　"回"表示"返回"
警察赶来时人群已经走散［P］了
（Chu 2004：158）：　　　　　　　　　　　"散"表示"分散"
一群小青蛙围［P］了上来：　　　　　　　"围"表示"聚拢"

4) 空间维度：空间维度涉及背景成分的空间延展特性，即有关背景成分是一个点、线、面还是体的问题，包括零维度的点（Zero Dimension：Point），一维度的线（One Dimension：Line），二维度的面（Two Dimension：Plane），三维度的体（Three Dimension：Volume）。

例如：

ran very fast toward a cleft（EN17）：　　与路径相关的背景是零维度的点
The boy climbed a tree（EN17）：　　　　与路径相关的背景是一维的线
fell to the ground（EN17）：　　　　　　与路径相关的背景是二维的面
The boy and the dog fell into a pond（EN17）：与路径相关的背景是三维的体

5) 观测角度：角度不仅涉及讲话者对运动的主体和背景的心理定位，还涉及讲话者个人的心理定位，包括基本角度（Basic：基点 Anchorage vs. 注意区 Region of Attention），指示角度（Deictic：向这儿 Hither/向那儿 Thither）。

例如：

a. The hill gently rises **from the bank of** the river.

b. The hill gently falls **to the bank of** the river. （Chu 2004：165）

a 句中基点是河岸，注意区是离开河岸；b 句中河岸是注意区，基点是远离河岸的某一个点。此两句所涉及的为虚拟移动事件，本研究暂不涉及。

c.请来我家。

d.请去我家。 （Chu 2004：171）

c 句用"来"表示讲话者在家里，d 句用"去"表示讲话者不在自己的家。

对比 Chu 与 Talmy 对路径成分的细分，我们发现 Chu 加入了 2 个类别，其中第 5 类是对 Talmy 分类的扩充，第 4 类看似加进去的全新的一类。但是，通过仔细分析他们的定义以及举例，我们发现其实构型当中已经包含一些 Chu 的空间维度的成分，而且空间维度更多地是指背景（Ground）的空间性质，比如背景可以分别是"点""线""面""体"等，因此不用单独考虑。第 5 类中的基本角度，即基点（Anchorage）和注意区（Region of Attention）两个因素，主要用在虚构运动（Fictive Motion）当中，不在本研究的范围之内，并且它们更多地涉及说话者的心理定位状态，与物体的运动不是特别相关。因此，本研究将主要借鉴 Chu 对 Talmy 的三个路径成分的细化，对 Chu 的路径成分的细化的呈现，将在本研究所涉及的 3 种语言的标注示例中具体体现。

以上被我们认定的路径成分，向量、构型、方向等语义成分只要有一个出现在任何一个动词中，我们就把它标注为一个路径动词。

3.6 本研究的特点

综合本章和前两章的文献，以往的研究还有不少提升的空间，本研究在以下几个方面与以往研究不同。

第一，以往移动事件词汇化研究只以 Talmy 的语言类型框架理论和 Slobin 的为言而思假说为理论基础。本研究在以往研究的理论基础中加入了概念迁移理论。概念迁移理论明确提出语言类型因素对二语学习既有负迁移，也有正迁移，便于做研究假设和对结果进行分析。

第二，本研究将增加移动事件词汇化分类分析。以往研究多是不分移动事件类型，从总体上来研究移动事件词汇化，单一使用这样的方法不利于发现不同语言之间词汇化方式的具体异同。

第三，本研究首次全面考查同一种母语学习者学习不同类型二语的移动事件词汇化习得情况。以往研究多是研究不同类型的母语者学习同一种二语的移动事件词汇化习得，本研究具有一定新意。

第四，本研究在考查学习者移动事件词汇化习得之前，首先用同样的方法考查学习者的母语与目标语之间移动事件词汇化的异同，这样的设计能较好地分析学习者二语表达中的迁移。

第五，本研究的研究方法与以往研究比较有较大改进。本研究对许多重要概念都做了操作化定义；自行设计了一个新的研究工具；同时使用了量化和质性方法；受试人数比以往有所增加。

3.7　小结

本章首先介绍了本研究中的三个主要概念，即移动事件、词汇化和认知语言类型的具体界定。其次对本研究所涉及的三种语言，尤其是汉语的类型归属进行了论述。再次，简单介绍了本研究的分析理论框架：概念迁移理论。接下来介绍了主要概念的操作性定义。最后介绍了本研究的特点，从五个方面介绍了本研究与以往研究的不同。

第四章 语言产出研究设计

4.1 引言

本章将介绍语言产出部分的研究问题、研究对象、研究工具、数据采集步骤以及数据分类标注和分析的方法。

4.2 本研究的研究问题

已有很多文献将汉语界定为介于英语和法语之间的一种的语言，而它们之间的区别与联系没有统一的结论，因此，我们有必要运用实证的方法去揭示每种语言移动事件词汇化的特点，通过对比分析去发现汉语与英语和法语两种语言的异同，即发现这三种语言移动事件词汇化总体模式及具体成分之间的异同。然后，以汉、英、法语对比结果为基础，考查中国的英语和法语学习者用英语和法语表达移动事件呈现的特点与英语和法语本族语者的移动事件词汇化特征的异同。

据以上逻辑，本研究有三个主要研究问题。

（1）中、英、法三种语言在移动事件词汇化方面都有何异同？具体问题包括：

1）在词汇层面，三种语言在方式动词的形符与类符、路径动词的形符与类符以及背景成分的使用量上是否有差异？各种语言中方式动词和路径动词的比例是否有差异？三种语言表达不同类型的移动事件时所使用的方式和路径移动动词有何异同？

2）在小句层面，三种语言中各种语义密度小句的使用量是否存在差异？

3）在语篇层面，用三种语言产出的故事中，小句总量是否有差异？静态描写的总量是否有差异？

（2）中国的英语和法语学习者对两种语言的移动事件词汇化特征的习得如何？

1）从两种语言的词汇层面的产出特征看，中国学习者与本族语者之间，以及两组不同水平的学习者之间是否有差异？

a. 在方式成分（方式动词、非动词的方式成分）、路径成分（路径动词、卫星成分、介词）和背景成分的使用量上三组被试之间是否有差异？

b. 方式成分和路径成分的比例以及它们语言形式的分布上两种语言的三组被试之间是否有差异？

2）从两种语言的小句层面产出的特征看，中国学习者与本族语者之间，以及两组不同水平的学习者之间是否有差异？

a. 对不同语义密度的小句的使用，两种语言的三组被试之间是否有差异？

b. 从对小句结构类型的使用和不同结构的小句的使用比例上看，两种语言的三组被试之间是否有差异？

3）从两种语言的语篇层面产出的特征看，中国学习者与本族语者之间，以及两组不同水平的学习者之间是否有差异？

a. 从整个语篇的小句总量看，两种语言的三组被试之间是否有差异？

b. 从静态描写的使用量看，两种语言的三组被试之间是否有差异？

（3）在语言理解方面，中国不同水平的学习者之间以及学习者与本族语者之间相比表现如何？

1）对各类句子的认可度，中国的英语和法语学习者与本族语者之间以及两种语言的两个水平的学习者之间是否有差异？

2）中国学习者对各类句子的认可度依据是什么？

4.3 研究对象

4.3.1 研究对象的总体情况

本研究共有132名受试，分为4类：中国英语学习者、中国法语学习者[①]、英语本族语者、法语本族语者；其中，中国英语和法语学习者又分为两个水平组：初级水平学习者（Low-level Learners，简称LEL、LFL）和高级水平学习者（High-level Learners，简称HEL、HFL），因此共有6组受试，每组人数为22人。详细信息请见表4-1。

本研究原计划征集10~15名英语和法语本族语者受试，每组学习者受试至少达到30名，但是在实际征集过程中，出现了两个意外：一个是英语和法语本族语者实际征集到的人数超过了20名，而学习者受试中只有初级英语学习者和初级法语学习者人数达到30人。最后为了使各受试组人数相同，研究者决定将每组受试人数确定为22名，后面第六、七章研究出现的数据结果都是在每组22名受试的基础上进行的。由于中国高校中学习外语的学生一直以来都是女生明显多于男生，而本研究设计又力图将每组受试控制在同一个学校以及同一水平段，因此没有兼顾中国学习者的性别平衡，在4组学习者受试中，都是女生人数大大多于男生人数。同时，因为本族语者受试征集的难度更高一些，我们也没有对他们的性别比例进行控制，因此我们最后所征集到的本族语受试中男性比例高于女性。

---

① 本研究中的中国英语和法语学习者的母语都是汉语。

4.3.2 中国英语学习者情况

从北京一所外语类高校英语专业的 42 名一年级学生中随机选出 22 名英语初级学习者。这 42 名学生来自两个平行的自然班,其中一个班共 20 名学生,另一个班共 22 名学生。在数据收集的过程中,所有 42 名学生都完成了本研究中的 4 项任务。在实际研究中,最终随机挑选出了 22 名受试,其中男生 7 名,女生 15 名。从表 3-1 中可知:这 22 名同学的年龄在 17~19 岁,平均年龄为 18.18 岁;他们自我报告的英语学习时间为 6~14 年,平均学习时长为 10.16 年。他们中大部分是从中学和小学开始学习英语的,个别的学习时间更早;由于是大学一年级,他们中的绝大部分还没有开始学习另外一种外语。

该校英语专业三年级的教师表示,本研究的任务不适合在课堂上完成,而课下让学生自主完成又无法保证数据收集的质量。因此,我们决定选取该校的一个三年级的"英语+专业"双学位班。该班的受试在大学一、二年级期间开设的英语课程与英语专业学生开设的英语课程完全一样。他们的专业都是涉外的专业,如国际法、国际金融、国际经济与贸易、外交学等,这些课程对他们的英语水平都有很高的要求。当本研究开始时,他们全部通过了全国英语专业四级水平考试,毕业时也会得到一个英语专业的毕业文凭,因此我们可以将他们视为该校的高级英语学习者。

该班人数为 35 人,提供了完整数据的人数为 27 人。本组受试 22 人就是从这 27 名受试中随机挑选的,其中男生 6 名,女生 16 名。他们的年龄介于 18~22 岁,平均年龄为 20.32 岁。自我报告的学习英语的时间为 8~15 年,平均英语学习时间为 10.61 年[①]。在这个年级段,他们除英语外,至少又学习了一门外国语,最多的甚至达到 4 种,当然多数都处于初学阶段。

4.3.3 法语学习者情况

本研究中的 2 组法语学习者与 2 组英语学习者来自同一所北京地区外语高校。他们横跨本科二、三、四年级和硕士研究生一年级,共 4 个年级,其中本科二、三年级的学生构成初级水平受试,本科四年级和硕士一年级学生构成高级水平的受试。之所以这样选择受试,是因为从本研究的先导研究中,我们发现大学法语专业二年级的水平是本研究所要求的最低水平,因为从零开始学习法语的学习者在大学一年级期间基本不具备法语写作能力,而本研究中的最重要的一项任务就是要求受试根据图片内容来写法语故事。每组受试中都包含两个年级的原因是:该大学法语专业招生人数有限,到大三以后又出现了学生分流,一部分学生会到国外学习,因此任何单独一个年级的人数都不足以达到一个受试组的人数要求。同时,两个受试组中的两个年级之间的法语水平又是连贯的,因此他们可以被认定是属于一个水平组。

[①] 这个学习时间和一年级受试的学习时间 10.16 年似乎不相上下,但我们认为这不影响他们的英语水平高于一年级的受试。原因是:英语水平并不单纯由学习时间的长短决定的;一年级的受试可能开始学习英语的时间比三年级的早,我们所关心的是学习者实际达到的语言水平。另外,当本研究开始时,一年级的受试在大学里只学习了三个月左右的时间。而三年级的受试已经在大学里学习了两年多的英语。大学里将英语作为专业来学,其投入的时间、精力以及语言的输入量都是以往英语学习所无法企及的。

另外一点需要说明的是，在本研究中法语受试学习法语的年限比英语学习者要短得多，而我们的研究却要将英语学习者学习英语的状态和法语学习者学习法语的状态进行对比，这似乎不合理，因为两种外语的学习者可能处在不同的外语水平上。对此我们的解释是：首先，我们的两类外语学习者只是帮助我们从不同的侧面来研究学习者是如何用二语表达移动事件，即二语学习者在多大程度上能像本族语者那样去表达移动事件。我们不是为了对比两类学习者所达到的绝对外语水平，因此两类学习者的语言水平不一致，也不影响我们的研究。另外，从我们对受试的语言学习背景所作的调查可知，尽管法语学习者学习法语的时间还没有他们自己学习英语的时间长，但是到三年级左右对自己的英语和法语水平进行自评时，他们一般都认为自己的法语水平至少已经与自己的英语水平持平；到四年级时，法语水平就超过了英语水平。这其中的原因可能是，法语受试大都在中、小学阶段开始学习英语，而那时英语只是一门功课而已，他们花在英语学习上的时间和精力非常有限。而进入大学以后，他们以法语为专业，因此在学习时间和精力投入上都要大大超过以往学习英语的任何时段，因此他们法语水平的提高速度也大大超过以往的学习时期。这一点还能从《高等学校法语专业的教学大纲》（王文融等 1996）中的要求得到佐证。根据其中的要求，法语专业大学本科毕业生的外语能力与英语专业的外语能力几乎是等同的。

初级法语学习者来自大学本科二年级、三年级的法语专业，共 33 名学生，其中三年级受试 11 名，二年级受试 22 名，他们全都参加了数据的采集。研究者从他们中间随机选取了 22 名作为受试，其中男生 5 名，女生 17 名，年龄在 18~21 岁，平均年龄 19.64 岁。这些法语学习者中的绝大多数在中学所学的外语是英语，进入大学后才开始学习法语。到本研究开始时，大部分受试学习了一年多的法语，平均学习法语的时间将近 2 年。

高级法语学习者来自大学法语专业四年级和法语专业一年级的硕士研究生，其中四年级学生是 10 名，一年级的硕士研究生是 15 名。25 名受试参加了本研究的数据采集，然后从中随机选取 22 名学生作为受试，其中男生 3 名，女生 19 名，他们的年龄在 21~25 岁，平均年龄为 22.5 岁。到本研究开始时，四年级的学生已经学习了三年多的法语，一年级的硕士研究生至少学习了四年法语，他们学习法语的平均时间大约是 4 年。

4.3.4　英、法语本族语者受试的情况

本研究在挑选英语本族语者时，不限制他们的国籍和来源地，但要求他们为单一英语本族语者。最后征集到的 22 人包括在中国学习或工作的英语本族语者 4 人、短暂来华的美国大学本科二年级学生 7 人、在美国国内学习的美国大学本科在校生 11 人。22 人中男性 13 名，女性 9 名，大部分年龄在 20 岁左右，有 3 位来华工作的英语教师年龄超过了 40 岁，这 22 人的平均年龄为 24.5 岁。他们中的多数人都学过至少 2 门外语，尽管水平高低不同，他们中的绝大多数也都学过汉语。

因为征集法语本族语者受试的困难较大，所以在征集法语本族语者的时候，不限制他们的国籍和来源地，对于双语本族语者也不排斥（比如加拿大魁北克生的法语本族语者）。本研究共采集到 22 名母语为法语的受试，其中有 2 名来自比利时法语区；19 人来自法国，其中 1 名受试的第二母语为阿拉伯语；另 1 人来自刚果（金），但是她的母语是法语。虽然受试没有报告，我们通过推测她应该还有一种非洲语言作为母语。这些法语受试中有在中国学

习汉语的法国留学生，有在中国教授法语的法语教师，还有在中国工作和生活的法国人，还有 1 名法国人目前在美国教法语。这些受试大都学过不只一种外语，他们都有较强的英语表达能力，同时他们或多或少地学过汉语，属于语言能力比较强的一组受试。法语本族语者中男性为 13 位，女性为 9 位，他们的年龄大多数在 20~40 岁，只有 1 位法语外教年龄为 68 岁，他们的平均年龄为 28.95 岁。

表 4-1 列出了本研究中受试的详细信息。为了使各组数据保持一致，本研究各组受试的实际人数都是 22 人。

表 4-1 受试信息表

类别	人数	性别		平均年龄	文化程度	平均学习外语时间/年
		男	女			
英语本族语者	22	13	9	24.5	大学一年级以上	
初级英语学习者	22	7	15	18.18	大学一年级	10.16
高级英语学习者	22	6	16	20.32	大学三年级	10.61
法语本族语者	22	13	9	28.95	大学三年级以上	
初级法语学习者	22	5	17	19.64	大学二、三年级	约 2
高级法语学习者	22	3	19	22.5	大学四年级、研一	约 4

4.4 研究工具

本研究采集的语料来自受试的书面故事。以往的类似研究（如 Berman & Slobin 1994；Chen 2005；阚哲华 2010）多数采用让受试口头讲故事的方式来收集语料，只有少数（如 Cadierno 2004）用的是让受试写故事来收集语料的方法。而 Slobin 的假说是适用于说、写、读、听等所有在线语言活动的，只采用一种收集数据的方法得出的结论恐怕不全面；另外，采用口头讲故事的方式耗时费力，所采集的语料因而有限，在数量上限制了以往的研究做更细致的分析和比较，所得出的结论在更宽的范围内适用的程度因而不可能太高。另外，口语产出时受试会有时间和临场的压力，因而对受试的语言水平要求更高，而书面产出留给受试更多的思考和组织语言的时间，因而他们更有可能产出符合目标语的内容。

用写故事的形式来诱导出数据，第一，方便操作，一次可以收集若干书面语料，这些语料的产出条件是相同的，避免了口头讲故事方法中可能的测试环境的改变影响数据的收集，同时也免去了语料转写过程中所产生的种种错误；第二，书面表达环境下，受试的在线思维压力较口头表达要小，更能表现出他们的语言水平；第三，以往的研究多数是采用口头表达的方式收集语料，本研究收集语料的方式具有一定的新意；第四，与不连贯的图片或动画相比，书面表达的故事完整，也更能反映出在真实的语言使用环境下，受试的移动事件表达习惯。

语言产出提示材料为：《青蛙，你在哪里?》（Mayer 1969）。这是一本无字的图片故事书,共有 24 幅图片(见附录一),是关于一个小男孩和他的小狗和宠物小青蛙的故事。故事的内容大致为:有一天夜里,当小男孩和小狗熟睡时,青蛙悄悄地逃跑了,于是他和小狗开始到处去寻找,其间经历了数次冒险和幸运的事情,最后终于找到了那只青蛙。这个故事也是以前许多移动事件研究(Berman & Slobin 1994)使用的语言产出工具。其主要优点是:首先该故事中有许多移动事件,便于集中考查受试的移动事件表达;其次这本小书没有任何文字,无论说何种语言的受试根据该书来说或写故事,都没有语言启动;最后这本小书原是给儿童看的,任何年龄阶段的受试都能够看懂,而且其中没有特定的文化因素,任何文化背景下的受试都能读懂。同时,本研究使用这一工具,也便于与以往研究进行比较。

根据数据采集的需要,研究者给同样的图片册前加上英语和法语两类要求一致的指导语,分别给英语本族语者和英语学习者、法语本族语者和法语学习者使用。

4.5 数据收集步骤

4.5.1 受试的征集

四组学习者受试是研究者通过学习者的任课教师征集到的。他们自愿参加该研究,他们的任课教师告诉他们为了更好地帮助他们学习,他们写的外语故事可以作为一项测试,用汉语写的故事可以用来研究他们的外语写作在多大程度上还带有汉语的痕迹,研究者也向任课教师保证,凡是有利于他们今后学习的结果都将告知他们。测试结束后,研究者给受试相应的礼物或现金报酬。受试事先知道他们会得到一些回报,因此配合度比较高。

两组本族语受试中有些是研究者直接找到的,他们是在中国学习的外国留学生。有些本族语者是通过他们的中国同事以及他们的汉语教师征集到的,还有一些是他们的本国朋友帮忙找到的。

研究者当面让他们看一下要完成的任务,告诉他们完成后的报酬,征询他们的意见,被征询到的所有人都很乐意做这件事情,他们还帮助研究者去找更多的相同母语的本族语者。

所有英语和法语本族语者都得到了报酬,根据征集的难度和时间的不同,他们所得到的报酬在 100~300 元。这点报酬虽然可能和他们的付出不等值,但他们一致认为这是一项有趣又有意义的事情,因此完成任务的积极性都相当高。

4.5.2 数据采集的准备

在数据采集活动之前,研究者将所有的任务材料准备好,其中包括任务的指导语、任务图片和问卷以及答题纸等,装订成册,使每次任务进行时,材料都是人手一份。然后研究者联系受试的任课教师,介绍任务的大致内容、要求和所需时间,由研究者和任课教师根据实际情况决定数据采集活动的具体时间。

四组中国学习者数据采集活动在任课教师的课堂上进行。研究者在数据采集活动开始前的课余时间内向任课教师详细介绍测试的内容和方法之后,由任课教师独立执行,研究者等候在教室外,在必要时会随时出现来支持任课教师的活动。任课教师将数据采集任务当作其课堂活动的一部分，尤其是和受试所学外语有关的任务，受试的教师明确告诉学生作为他们的练习或测试任务，并有可能计入他们的平时成绩，但是任课教师和学生当时都不知道具体研究目的。

4.5.3 数据的采集

4.5.3.1 学习者的数据采集

学习者的数据采集分两个阶段进行，其中的时间间隔为一周，共需完成四项任务。这样的时间安排是因为第一阶段的两个任务都是用受试所学的外语进行的，第二个阶段的两个任务中主要靠他们的母语（汉语）来完成，有一周的时间间隔，能保证受试完成两个阶段任务的时候不相互干扰。

第一个阶段包括两项任务。首先进行的是语言产出任务，受试根据无字图片用外语写青蛙故事。根据以往研究的实践，完成故事写作任务的合适时间是 45 分钟（Cadierno 2006），因为一个具备完成任务水平的受试，在这个时间内既能完成任务，又能保证他们的思维是自然状态下的思维，因为他们没有更多的时间来仔细思考，无法规避母语思维，这有利于研究者查看他们的外语故事写作是否受母语思维方式影响。因此本项测试的时间为 45 分钟。故事写作的指导语明确提出，请参加者先通览整个故事，知道故事的大致内容，然后才开始写作。在写作过程中仍然可以参看每一幅图片。指导语同时要求故事写作能覆盖到每一幅图片，故事的开头和结尾详略程度应相当；故事要用叙事体，不能写成对话体、诗歌体等；根据图片提供的信息尽量写实，也尽量少写想象等心理活动。所写故事尽量满足这样一个标准，即写的故事给一个没有看到图片的人读后能根据所写故事来重述图片内容。这样要求的目的是让受试尽量详尽地描写图片上的内容。故事不设字数限制。受试独立完成故事的写作，写作期间不能查阅词典等工具，45 分钟一到，无论学习者是否完成全部故事的撰写，任课教师都会要求受试交卷。

故事写完后，接着进行第二项测试任务。测试内容为动词使用倾向测试，时间为 30 分钟。该测试要求受试根据其先前对青蛙故事图片的理解，就每幅图中描写图片的 4 个句子的适合度作出 1~5 五个等级的评分，其中 1 分为最低分，5 分为最高分。测试同时要求被试就评判分值的根据写出简要说明，这些用文字表述的根据将成为质性分析的一部分语料来源。该项任务完成后，第一阶段的测试结束。

第二个阶段的数据采集在第一阶段的一周后进行。

此阶段要求被试重新就青蛙故事图片用汉语写故事，时间也是 45 分钟，写作要求与第一阶段用外语写故事相同。写完汉语故事后，受试要填写一份个人语言学习背景问卷，内容包括三大项：一类是学习者的个人信息，如姓名、性别、年龄、年级、专业；另一类和受试的语言学习有关，如，自己的母语水平达到了何种程度；学习过几种外语；学习了多长时间；所学外语水平达到了何种程度等；另外还有一个开放性问题，涉及母语对学习外语的影响。最后，请受试签名同意他们所提供的所有资料可以用于研究者本人的研究。

4.5.3.2 本族语者的数据采集

英语和法语本族语者只需要用他们的母语写故事、做图片判断题以及填写语言学习背景问卷。由于本族语者的来源多样，因此无法要求他们集中完成任务，他们可以把任务带回自己的住处独立进行。但是任务要求均相同，比如，要求他们的故事力争在45分钟内一次完成。他们都是在接受任务的几天后交回数据材料的。对于成人英、法语本族语者来说，完成本研究中的任务不存在语言上的任何困难，他们事先也不知道研究者的研究目的。因此，研究者认为对英、法语本族语者完成任务的时间未加限制对本研究的数据信度影响微弱。需要说明的是，英语本族语者当中的7位是美国一所大学2011年暑期来华的美国学生，他们的数据是在2011年8月在同一个时间，同一个地点在北京集体采集的。正如前文研究工具部分所述，他们完成几项任务的时间和要求和后来的本族语者完全相同。

4.6 数据整理及分析程序

数据整理主要是根据研究问题的需要，对所收集的语料进行电子化后进行分类标注，以便进行统计和分析。语言产出研究的数据是通过产出性工具收集到的故事文本数据，其中有中国英语和法语学习者写的汉语青蛙故事、中国英语学习者和英语本族语者写的英语故事、中国法语学习者和法语本族语者所写的法语故事。文本数据是本研究的主要数据，因为它既要满足本研究中的量化分析需要，又要满足一些质性分析需要。为了使数据满足研究的需要，作者根据本研究的理论基础和以往研究文献对文本进行标注。以下是语言产出数据描述。

表4-2显示，各组受试产出的故事总数各不相同。22位英语本族语者产出的故事总字数为11 029字，22位法语本族语者产出的故事总字数为11 187字。初级英语学习者、高级英语学习者产出的英语故事总字数分别是9 518字和11 396字；初级法语学习者和高级法语学习者产出的法语故事总字数分别是7 160字和7 902字。初级英语学习者、高级英语学习者、初级法语学习者和高级法语学习者产出的汉语故事总字数分别是15 022字、23 611字、17 641字和14 284字。

表4-2 各组受试产出故事总字数

受试组	人数	产出英语或法语故事总字数	产出汉语故事总字数
英语本族语者	22	11 029	
初级英语学习者	22	9 518	15 022
高级英语学习者	22	11 396	23 611
法语本族语者	22	11 187	
初级法语学习者	22	7 160	17 641
高级法语学习者	22	7 902	14 284

4.6.1 移动事件的识别

在对文本进行标注的时候，我们采用的是上文文献回顾中Berman & Slobin（1994）对移动事件的界定。

本研究只标注运动主体（Figure）整体实际发生了物理位置变化的移动事件（Translational Motion Event）。比如：

一只猫头鹰从树洞中飞了出来。（HIFC09）

乐乐又爬上一棵大树。（HIFC09）

His clumsy dog fell out the window. 他那笨拙的小狗掉到窗外去了。（EN18）

They went to the woods. 他们向树林走去。（EN18）

faire tombe la ruche par terre. 把蜂窝弄到地上去了。（NF01）

poursuivent le chien. 追逐小狗。（NF01）

而排除：

（1）静止的移动事件（Location），即某主体固定在某一位置的事件，如，"小男孩坐在凳子上"/"小青蛙蹲在瓶子里"。

（2）出现或消失的移动事件（Appear/Disappear），如"The frog is missing"./"He sees the frog has disappeared"./"突然出现了一只鼹鼠"./"一只公鹿突然出现了"。

（3）虚拟的移动事件（Fictive Motion Event），如，"小男孩和小狗很快进入了梦乡"./"月光静悄悄地透过窗户洒进了彼得的房间"。

（4）主体的一部分发生位置改变的移动事件、主体的全部在一个固定的范围内反复运动的情况（Self-contained Motional Event），例如：

"他俩站起来"（身体的一部分发生位置改变的移动事件）；

"小狗不停地跳呀跳呀/又蹦又跳"（在一个地方的反复运动）。

（5）移动事件的反方向事件（Reverse Motion Event），如"突然，雄鹿停了下来"。

（6）潜在的或计划中的移动事件，例如：

"想离开这个地方"。

"淘淘想：我爬到石头上就可以更容易找到青蛙了吧"。

"看看小主人会不会摔下来"。

（7）主体为非有形实体的移动事件，本研究中的运动主体都是有形的实体，像声音这样的主体所在的移动事件没有被计算在内。例如，"There was a familiar sound coming from just over a log"！

下面这个例子是典型的不在本研究考虑在内的自然句：

"小狗把头伸进瓶子，结果卡在里面了，出不来了"。

上述自然句中包含了3个表达移动事件的小句，但是它们都不在本研究范围内：第一个表示的是主体的一部分的运动，第二个表示的是物体处在一个地方的静止情况，第三个表示的是反向的移动事件。

4.6.2 标注单位

标注在每个表达移动事件的小句范围内进行。对小句的确定我们借鉴 Berman & Slobin（1994）的定义，即"小句是指有一个单一的谓词的任何语言单位，所谓的单一，是指该谓词只表达一种情境（行为、事件或状态）（We define a clause as any unit that contains a unified predicate. By unified, we mean a predicate that expresses a single situation (activity, event, state)".

根据 Berman & Slobin (1994: 660) 的定义，这些谓词包括限定性动词、非限定性动词和谓词性形容词。换句话说，一个移动事件小句不一定是一个完整的句子，短语中的非限定性动词和谓词性形容词也是移动事件小句。下面的短语中的动词短语和谓词性形容词都被标注为移动事件：

(1) 从洞里飞 [M] 出来 [P] 的猫头鹰。

"猫头鹰"前面限制性短语中的"飞出来"就是一个移动事件。

(2) They noticed the frog was gone [P].

该句中的 gone 是一个谓词性形容词，也表达一个移动事件。

(3) The bees continued to chase [M] the dog [G].

此例中的 chase the dog 是不定式的补语，但仍然被标注为一个移动事件小句。Pourcel & Kopecka (2003) 认为像 chase the dog 这样的小句应该算是"运动行为 (Motion Activity)"，而不是"移动事件 (Motion Event)"，因为小句中没有明确的路径成分。但是，本研究不做这样的区分，仍然把它看作一个移动事件小句，理由是根据分布空间语义学 (Distributed Spatial Semantics) 该句中应该暗含着运动路径。

(4) His dog went [P] tumbling [M] after him.

这个自然句被标注为含有两个移动事件小句，第一个小句中的谓词是限定性动词 go，第二个小句中的谓词为现在分词 tumbling。

4.6.3 词汇层次的标注

本研究要标注如下内容：方式动词、路径动词、同时表达方式和路径意义的动词。

4.6.3.1 词汇层次的标注方法和程序

(一) 标注符号

进行标注之前还要做许多实际操作的准备。文本标注的第一步是首先设定标注符号。这些符号包括：

(1) 方式动词 [M]。

本研究不区分方式 (Manner) 和致使 (Cause) 意义成分。在一些致使性移动事件中 (Caused Motion Event)，主要动词可能同时包含运动的方式和致使原因，本研究只标注方式成分，示例如下。

小青蛙爬 [M] 出了罐子 [LELC07]；他被抬 [M] 了起来 [LELC07]

He rushed [M] out to help the poor puppy. [LEL08]

Une colonne d'abeilles vole [M] vers la ruche. [NF02]

(2) 路径动词 [P]，用来指表达路径成分的动词。

un rongeur est sorti [P] du trou [NF02]

Mr. Frog left [P] his home.

(3) 同时表达方式和路径的动词 [M] [P]，有些动词会同时包含方式和路径两个成分。

la grenouille en profite pour s'échapper ［P］［M］　（NF03）
il grimpe ［M］［P］ dans l'arbre　　　　　　（NF03）
He decided to escape ［M］［P］ from the jar.　（EN02）
dropped ［P］［M］ Peter from the edge of a cliff　（EN02）
偷偷地逃 ［M］［P］ 出了小男孩的房间　　　　（HELC03）
他又爬 ［M］［P］ 上一棵大树。　　　　　　　（HELC03）

（二）标注程序

通过先导研究我们发现，尽管有了以上对路径动词和方式动词的定义，但是在实际标注过程中还是有不少词难以认定其为方式动词还是路径动词。因此，标注之前根据文献上提供的信息，我们先给研究中所涉及的每种语言建一个小型标注词典作为自己标注时的参考。步骤是：首先把各个研究中列出的方式动词和路径动词收集起来，进行比较和对照。通过比较和对照把各个词表中认定一致的方式动词或路径动词先选出来作为自己将来标注的重要参考，同时记录下各个词表中有争议的词。通过查验相关研究的标注方法，查阅相关词典上的词义解释，对照我们综合出来的路径动词和方式动词的定义，最终确定出有争议的词的类型归属。在标注的过程中发现词典中没有的新词，待其类型归属确定之后，再把它加进标注词典中去。

本研究与以往研究的一个不同之处是，把同时包含路径和方式意义的动词作为单独的一类移动动词加以考查。这类动词在汉、英、法3种语言当中都存在，对于这些词，我们把他们标注为方式动词和路径动词。

为了保证标注信度，本研究还采用了标注检查的办法。标注完成后，请另外一位了解本研究标注方法的应用语言学专业博士生进行了两遍检查。对照以上标准把所有标注过的材料重新检查一遍，订正错误的，统一不一致的，补上漏掉的信息。当复查者与研究者出现意见分歧时，两者进行讨论，直至两者达成一致意见。标注检查采用的是集中订正一种语言办法，比如先检查英语语料的标注，从本族语者的语料查到初级学习者的语料，再到高级学习者的语料，这样就可能尽量避免出现太多不一致的地方。

4.6.3.2　三类语言的具体标注方法

（一）汉语的标注方法

（1）汉语的结构特点。

虽然汉语里也有单个使用的方式动词和路径动词，但是更多的是连动结构，这是汉语移动事件表达结构的一个显著特点。在连动结构里，一个移动事件表达当中有几个动词连在一起使用，这些词在形式上没有区别，但是有不同的功能。这里介绍三类连动结构：

第一类为动趋结构。在此结构中有两个动词V1（方式动词或路径动词）和V2（趋向动词），有时还会有一个表示指示路径的V3（这类路径指示词只有两个：来、去），但是通常只把V2和V3算作一个路径动词组合，统一标注为［P］，其中V1通常包含运动的方式，V2包含运动的路径，比如"跑（V1）出去（V2）"。

另一类连动结构为，V1-着V2，比如"跑着进来"。"着"之前的V1通常标注为方式动词［M］，V2标注为路径动词［P］；只要"着"之前的动词是移动动词，就不会把这部分标注为非动词的方式成分，另外一例是"一路赶着［M］仓皇逃窜［M］的陶德"。

第三类连动结构为两个平行的动词，它们都能带有自己的宾语，如，"骑车回家"，通常把"骑车"标为方式［A］，因为"骑"是一个非移动动词，"骑车"可以表示移动动词"回"使用的工具；"回"标为路径，"家"标为背景。

还有一种需要提及的结构是，现代汉语中用成语表达的移动事件的标注，这类成语通常是前半部分表示非动词的方式成分，后半部分是方式动词或路径动词。比如，蜂拥［A］而出［P］；仓皇［A］逃窜［M］；四处［A］逃窜［M］。

（2）汉语路径的标注。

汉语当中表达路径成分的词类有这样 3 个类别：属于开放类的路径动词；属于封闭类的补语动词（Complement Verbs）或称作趋向动词（Directional Verbs）以及同样属于封闭类的介词。这里需要交代的是我们如何处理汉语中的封闭类词、同时包含路径和方式意义成分的词。汉语表达方式成分的有 2 个类别：有属于开放类的方式动词和非动词的方式成分。

开放类的路径动词标注比较简单，在文本中相应的词后面加上符号［P］即可，这里不再赘述。

本部分的介绍重点是趋向动词。汉语中的趋向动词其实有两个功能，单独使用时，就把它们标注为路径动词；作为趋向动词时它们通常会跟在一个方式动词后面，或以几种组合的形式出现在方式动词后面，这时仍把它们视为路径动词。趋向动词包括以下几类：

a. 指示类路径动词："来、去"，它们表达的运动以讲话人为参照，朝讲话人的方向运动称作"来"，离开讲话人的方向称作"去"。它们作为独立的路径动词使用时被标注为［P］；当它们与其他路径动词一起出现在方式动词之后时就不再单独标注了。

b. 非指示类趋向动词：到、出、进、过、上、下、回、起、开、入、倒、走、掉、拢、散（Talmy 2000b：109）。这些词作为趋向动词时一般不能一起使用，但是最多能与两个指示类趋向动词一起出现在方式动词后面。

（3）汉语方式成分的标注。

方式动词的标注比较容易，只要参照汉语的详细标注词典（参考附录四）就行，那里有具体的方式动词和路径动词的列表。

（4）汉语特殊动词的标注。

这里的特殊动词指的是那些既包含方式又包含路径成分的词的标注。这些特殊词包括：升、举、沉、摔、追、逃等，标注的符号为［M］［P］。另外还有一类动词在语境下不能明确它们是单独表达方式或路径时，本研究也将它们同时标注为方式动词和路径动词。

（二）英语的标注方法

（1）包含双重语义成分的词的标注。

英语的标注原则与方法和前面所述的汉语标注一样。但是，相对于汉语标注要容易一些，标注的主要任务就是识别那些既表达方式又表达路径成分的词，这些词的数量不大，但是要辨别出来还需耗费一定精力。这些词包括：chase, climb, drop, escape, flee, scoop, tumble, sink, dive, drip, slip, fetch, rise 等。辨别这些词主要看它们的意思，如果发现某个词既像路径动词又像方式动词，这时就要查看它们的英文释义。我们以 climb 为例来说明这类词的标注过程。Climb 在以往的文献里通常被认为是方式动词，但是在某些句子里，比如在 The boy climbed the big tree. 中，climb 就应该同时是路径动词和方式动词。因为在该句中，没有其他表示路径的成分，而一个移动事件表达中路径是最基本的成分，没有路径就没有移动事件。这时我们需要去查英文词典得到它的词义解释:"to move up, down, or across something using your feet and hands, especially when this is difficult to do"。这个解释义里"up, down, across"表达的是路径成分里的方向，而"using your feet and hands, especially when this is difficult to do"表达的却是方式意义，因此我们便能确定 climb 这个词同时包含方式和路径意义。

（2）依据语境的标注。

英语标注中还要处理一个现象，也就是说有时得根据情景确定相关的词是方式动词还是同时表达方式和路径的动词。当然这个原则也适用于汉语和法语。

这里仍以 climb 为例，climb 通常就表示"向上爬"的意思，应该标注为同时包含方式和路径，如 Thomas climbed [P] [M] another tree。但下面一句当中的 climb 被认为只包含了方式成分，没有包含路径成分，因为该词的默认意义是"向上爬"，而不是"向下爬"，本句的意思恰好是"向下爬", Before he could climb [M] down [PP]。在另一个小句 the frog climbed [M] out [PP] of [Pre] the jar [G] 中，climb 也被认为只包含方式成分，因为从实际情形看，青蛙爬出瓶子不涉及明确的上、下问题。

（三）法语的标注方法

法语的标注同样遵从汉语和英语的标注原则、方法和程序，这里不再一一重复，仅作一点必要的补充。

法语当中也存在一些同时包含方式和路径成分的动词，在本研究中出现的词包括但不限于如下这些词：s'évader（逃走，溜掉），s'échapper（逃走，走开），fuir（逃走），s'enfuir（逃走），se précipiter（猛然落下），dégringoler（摔下，冲下），grimper（攀爬）。

4.6.4 小句层次的标注

在这个层次上要做两件事，一是要在小句的层次上标注语义密度（Semantic Density）；二是要把小句的结构描述出来。对这个层次的标注我们不再单独介绍每个语种的情况，因为 3 种语言在这个层次上的共性居多。

所谓的语义密度是指一个小句中所包含的所有与移动事件表达有关的语义成分，包括移动动词中所含的方式成分、路径成分，名词和代词所表达的背景成分，依附于动词的小品词和介词表达的路径成分，还有起引出背景成分作用的介词，以及由介词短语、副词及副词短语等表达的非动词性方式成分。另外，有时一些名词也表达方式或/和路径成分。

一个移动事件表达中的语义成分总数可能是 1 个，2 个，3 个及 3 个以上，分别用 [SD1] [SD2] [SD3] [SD3+] 表示。例如：

SD1 的结构：Elle est sorti [P]

SD2 的结构：他们在峡谷中急速 [A] 下坠 [P]

SD3 的结构：冲 [M] 向 [Pre] 悬崖边 [G]

SD3+的结构：Jerry climbed [M] out [PP] of [Pre] the mug [G]

如果一个动词同时包含方式和路径意义，那么在计算语义密度时会给它算两个语义：比如，逃 [M] [P] 了出去 [P]。如果一个表达中的动词不包含任何方式或路径意义，而只是表达一个普通的移动意义，那么在计算语义密度时，就不将该词计算在内，因为所有的移动事件中移动本身的意义都没有计入。例如，他们悄悄地［A］移［GV］过去［P］［P］。

语义密度这个维度是 Hichman 和 Hendriks（2005）等首先使用的，他们在研究中分析了 SD1，SD2，SD3 三个层次，超过 3 个语义成分的小句也包括在 SD3 中。本研究将采用这样的分类，并且将 SD1 句和 SD2 句统一称为低语义密度句，将 SD3 句称为高语义密度句。

Hendriks 等的研究在分析移动事件表达意义密度时，以话语（Utterance）而不是小句（Clause）作为基本的分析单位。本研究认为这样的分析不够妥当，因为一个话语往往包括不只一个小句，而一个话语中往往包含不只一个移动事件。

在这个维度上，本研究在标注上与 Hendriks 等的研究有多处不同：他们的研究在计算语义密度时没有把背景成分计算在内，这样做有其不足之处，因为文献显示：汉语和英语的移动事件表达中通常带有至少一个背景成分，而法语移动事件表达中不带背景成分却很普遍，因此是否带有背景成分是三种语言移动事件表达的区别性特征之一，而语义密度这个维度要更好地区分三种语言的移动事件表达，有必要把背景成分加入进去。

本研究参照 Croft（2003）的观点，把所有的移动事件表达方式都看成一种结构，考查语言类型，考查某种类型语言的习得都以结构作为出发点。在小句层次上的标注，我们还做了一个工作，那就是标注出小句的结构，即一个小句通常由哪些成分构成。这样做的目的是想勾勒出一种语言当中移动事件表达结构的丰富程度以及每种结构内部的复杂程度。下面是一些小句结构标注的例子：

（1）动词框架语言结构。

1）（A）+Path（source：prep）+ G + Path（non-deictic verb）+ Path（complementary verb）

这时小狗脚一滑［A］从［Pre］窗沿上［G］掉［P］下来［PP］

2）（A）+ Path（V：Compound V）

他们在峡谷中急速［A］下坠［P］，

3）Path（V）+ G

他们决定继续去［P］房子后面的小树林［G］

4）Path（V）+ Path（Pre）+ G

felt［P］to［PP］the ground［G］

5）Path（go, come）+ Path（Satellite）+ Path（Pre）+ G

They went［P］up［PP］to［Pre］a dead trunk［G］nearby.

6）Path（V）+ Path（Pre）+（G）

la grenouille est monté［P］sur［Pre］la bouteille［G］

elle a échappé［P］

（2）平衡框架语言结构。

7）（A）+［Manner（V）+ Path（complementary V）］$_{RVC}$+G

杰瑞趁着他们睡觉的时候偷偷［A］爬［M］出［PP］［RVC］罐子［G］

（3）卫星框架语言结构。

8）（A）+ Manner（V：compound verb）

马利没了命地［A］狂奔［M］
9)（A）+ Manner（V）+ Path（pre.）+ G
冲［M2］［M］［T］向［Pp］悬崖边［G］
10) Manner（V）+ Path（Satellite + Pre）+ G
Jerry climbed［M］out［PP］of［Pre］the mug［G］
11) Manner（V）+（PP）+（G）+（A）
le cerf est couris［M］rapidement［A］
courir［M］vers［PP］l'extérieur de la forêt［G］
qui le transport［M］jusqu'au［PP］bord d'un ravin［G］

4.6.5 语篇层次的标注

在语篇层次上，我们将标注两个特征，一个是针对一个目标移动事件，有多少个移动事件小句来描写它，每个小句标注为一个［Seg］，它表示一个大的事件的分支场景。

对一个移动事件的表达往往由不只一个话语（Utterance）来表达，Hendriks 等的研究只选择一个语义信息密度最大的话语（Utterance）来标注，而不考虑表达同一移动事件的其他话语。本研究认为这样的做法在我们进行语篇层次的标注时不够严密，确定目标小句时应该考虑所有表达目标移动事件的小句。因为对一个移动事件有多少小句来表达也是不同语言类型的语言在语篇层次上的区别性特征，比如 Berman & Slobin（1994）的研究中就专门以一个场景为例，考查不同语言用多少个片段（Segment）来表达，每个片段至少就有一个小句。因此对一个运动场景的表达的各个话语不是可有可无的，它们的多少反映出不同语言在移动事件表达的颗粒度（Granularity）上的不同。为了更好地、更全面地反映出移动事件的表达情况，我们在标注的时候把所有表达目标移动事件的小句全部考虑进去了。

语篇层次上另一个标注是各语言中的静态描写部分［Static］，法语和汉语中都存在这样的描写，其作用是补充说明移动事件发生的场景，以弥补或补充方式成分不足的缺憾。如：

(1) Ils sont tombé［P2］［P］par［Pre］la précipice［G］à cause du cerf. <u>Ils ont de la chance parce qu'il y avait un lac au pied de la précipice［Static］</u>.

(2) 他就任凭鹿把他驼［M2］［M］［T］到［Pp］一个小悬崖边［G］，<u>下面是池塘［Static］</u>。淘淘被鹿扔［M2］［M］［T］到了［Pp］池塘里［G］

以往的研究（Slobin 及后来者）都集中在从小男孩被鹿托起直至男孩和小狗落水这一大的场景上，本研究将从所有的场景出发，来研究一个移动事件到底有多少表达形式，多少是静态的，多少是动态的，在动态的表达中又有多少是融合了多个事件的，以及融合事件中对路径的描述是否详细，这些可以考虑用语义密度来测量、一个移动事件中一个动词后连带多个路径以及背景成分的表达［Pack］（这个特征将由语义密度来表达及测量）、［Seg］一个复杂移动事件中的分支场景。

4.6.6 数据分析程序

4.6.6.1 总体分析程序

本研究使用的检索统计工具是 Powergrep。Powergrep 软件的一个突出优点是能同时进行单个文件和文件夹的数据载入,还能将不属于同一个文件夹里的文件同时载入;在统计数据当中的特征时,既能统计单个文件中的特征数,同时还能显示出所有文件中的特征总数。同时该软件还能直接处理 Word 文件,而不用将它们转成纯文本格式。

各种标注完成后,我们首先把各种文本分类载入 Powergrep,进行各种特征的自然频数统计。最后我们把各个特征的原始频数输入社会科学统计软件包 SPSS17.0,以便进行各种检验,对比汉、英、法三种语言之间;英语学习者和英语本族语者;英语学习者之间;法语学习者与法语本族语者;法语学习者之间在语言产出任务上所反映出来的异同。

4.6.6.2 移动事件分类分析程序

我们力图从不同类型的移动事件中去考查移动动词的使用,发现不同语言的异同。通过分析,我们发现《青蛙,你在哪里?》故事的 24 幅图片可以分为几个类型:出、上、下以及各类水平运动。这里的分类不是完全根据图片本身,而是根据移动事件的路径类型。一幅图中可能包括不只一种移动事件,比如,在第 11 幅图中就有男孩爬树和小狗将蜂窝弄下来两个移动事件。

"出"的移动事件包括:青蛙从罐子里出来;老鼠从地洞里出来;蜜蜂从蜂窝里出来;猫头鹰从树洞里出来;男孩和小狗从水里出来;一群小青蛙从草丛里出来。

"上"的移动事件包括:小狗上窗台;男孩上树;男孩上石头;小狗上男孩头;小狗和男孩爬上大圆木。

"下"的移动事件包括:小狗和男孩下床;小狗和男孩下窗台;蜂窝从树上下来;男孩从树上下来;男孩和小狗从悬崖上下来。

"水平运动"包括的移动事件又可以分为两小类。一类是走(跑、游)向,包括:男孩和小狗走向森林,走向一个地洞口;蜜蜂追小狗;猫头鹰追小男孩;鹿向悬崖边跑;小狗跟着小鹿跑;小狗和男孩游向岸边,走向一根大圆木;另一类是回:狗回到男孩身边;男孩回家。

为了更具体地对比不同语言使用者对同一个移动事件的表达,我们挑选那些在整个故事中比较明显的移动事件,明显的移动事件增加了让更多的受试产出移动事件表达的可能性。比如,小狗上窗台就比小狗爬上男孩的头更能体现"上"这个运动路径,更多的受试产出了小狗上窗台,而不是爬上男孩的头。

根据这个方法,最后从四类移动事件中,每类选取 3 个,共 12 个移动事件表达中移动动词的用法来做分类分析。

表达"出"的有:青蛙从罐子里出;老鼠从地洞中出;猫头鹰从树洞中出。

表达"上"的有:小狗上窗台;男孩上树;男孩上石头。

表达"下"的有:小狗下窗台;蜂窝从树上下来;男孩下悬崖。

表达"水平运动"的有:蜜蜂追小狗;小鹿向悬崖边跑;男孩回家。

我们以每个移动事件为单位,统计每组受试使用的方式动词和路径动词量,计算每个移动事件中各组受试使用方式动词和路径动词的百分比,然后在汉、英、法三组本族语者之间、英语学习者与英语本族语者之间、法语学习者与法语本族语者之间进行比较①。

---

① 由于不是每个受试对于每个移动事件都产出了表达,所以各组之间在一个移动事件上使用的方式动词和路径动词的数量不好比较,但是方式动词和路径动词各自在某一移动事件所用的动词总量中所占的比例在各组之间是可比的。

4.7 小结

本章首先提出了语言产出部分的研究问题，然后依次介绍了研究对象的基本信息及挑选过程、语言产出研究工具、语言产出数据的收集步骤、数据整理（包括移动事件的识别、标注单位、标注内容）及分析程序（包括总体分析程序和分类分析程序）。

第五章　动词使用倾向调查研究设计

5.1　引言

本章将介绍移动动词使用倾向研究的问题。首先，将重点介绍动词使用倾向研究工具的设计、先导研究以及根据先导研究结果对该工具的改进。其次，介绍了语言学习背景调查问卷。最后，介绍了动词使用倾向调查工具的数据处理。

5.2　研究问题

中国不同水平的学习者之间以及学习者与本族语者之间在动词使用倾向方面是否存在差异？

（1）对各类句子的认可度，中国的英语和法语学习者与本族语者之间以及两种语言的两个水平的学习者之间是否有差异？

（2）各组受试对各类句子的认可度依据是什么？

5.3　动词使用倾向研究工具

5.3.1　理论根据和基本假设

本工具为研究者自行设计，其理论根据是 Slobin 的"为言而思假说（Thinking-for-speaking Hypothesis）"（Slobin 1996b，2003）。该假说认为，说不同类型语言的人，由于受其所讲语言的影响，对移动事件中的意义成分关注程度是不同的，对各种意义成分在语言表达中的必要性的认知也是不同的。因此，面对同一幅图片，对该图片中的不同内容的重视程度会有所不同，对该图片的语言描述会有不同的预期。为了从移动动词使用的角度来测试受试对相关语言中移动事件表达的接受程度，我们设计了图片句子判断题。它的作用是为了进一步证实故事写作当中的分析结果，比如，学习者由于语言水平的问题，写不出与本族语者相同的句子，但是在对同样的句子进行判断的时候，他们就有可能和本族语者更加接近，毕竟判断句子比写句子对学习者的要求要低得多。

本研究工具共有 8 幅图，每幅图配 4 个句子。要求受试对每幅图片所配的 4 个句子分别进行适合度（即，受试本人使用该句子表达图片内容的可能性）判断，所给的选择是一个 5 级量表，"1"表示适合度最低，"5"表示适合度最高，"2""3""4"的适合度依次提高。这些句子原则上都是合乎语法的句子，所不同的是它们反映了一种语言当中移动事件不同的表达方式。这些表达方式在一种语言中虽然都是可能的，但是本族语者对他们的使用偏好是不同的。因此，本族语者对于他们比较常用的表达方式会给一个较高的分数，对于不太常用，甚至感觉怪异的表达方式会给一个低分。学习者如果掌握了某种语言中的移动动词使用倾向，那么他们对相应句子的判断会和本族语者相近。反之，则被认为对该语言中的移动事件表达模式的掌握尚未达到本族语者的程度。如果发现学习者对句子适合度的判断不是根据其所学的外语，而是主要依据他们的一语，那么我们就能推断出，他们对所学外语中的移动事件表达还受其一语的影响。

5.3.2　动词使用倾向工具的设计

为了使该工具尽可能有效，在设计过程中，我们进行了两次试测，两次修改。动词使用倾向调查工具只涉及学习者所学的外语，没有涉及汉语。英语和法语版本的工具设计原则相同，图片内容一致，所不同的只是语言。所以，我们只在英语版本的基础上进行试测，发现问题后，同时修改英语版本和法语版本工具。

5.3.2.1　第一次试测

（1）工具的设计。

下面是动词使用倾向调查工具第一版的样例：

Please rate the appropriateness of the following sentences for the situations in the pictures, please tick the corresponding number on the right side of each sentence according to your judgment. Note，"1" represents the least appropriate，"5" represents the most appropriate，and "2" "3" "4" lie between 1 and 5.

续表

1. The dog is going down.	1	2	3	4	5
2. The dog is going down from the bed.	1	2	3	4	5
3. The dog is jumping down from the bed.	1	2	3	4	5
4. The dog is jumping from the bed down to the floor.	1	2	3	4	5
5. The dog is descending the bed swiftly.	1	2	3	4	5

为了让动词使用倾向调查工具所测出的结果与产出工具获得的结果进行对照，第一版动词使用倾向研究工具选取的图片和产出工具中的青蛙故事图片相近，但不是直接选取，而是重新制作的。图片选自中国台湾成功大学庄郁醇（2009）的硕士论文中的研究工具，在她的论文中，这些图片的功能和本研究不同。本版共包括 8 幅图，代表 4 类路径，其中进、出、上、下每类路径各 2 幅图，因为这些运动路径是人类最常体验到的运动路径。

我们给每幅图配上 5 个句子，这 5 个句子要分别体现下面 4 个维度：

第一，方式动词与路径动词的使用；

第二，普通动词还是移动动词的使用；

第三，所用方式动词的颗粒度（分为：表达基本运动方式范畴的动词，如 jump, walk；表达细分运动方式范畴的动词，如 leap, limp）；

第四，句子中是否使用背景成分。

这里的示例中的句子是这样体现这些维度的：go 和 descend 是路径动词，jump 是方式动词；第 1 个句子 The dog is going down. 没有加背景成分，第 2 个句子 The dog is going down from the bed. 和第 3 个句子 The dog is jumping down from the bed. 当中各有一个背景成分："from the bed"，而第 4 个句子 The dog is jumping from the bed down to the floor. 当中包含了 2 个背景成分，由于句子包含的背景成分的多少不同，所以它们的长短也就不同；相对于 jump 和 descend 来说，go 就是一个普通移动动词（come 同样属于普通移动动词，come, go 与法语中的 aller, venir 这两组词原本为表达相对于讲话人做靠近或远离运动的路径动词，大概由于使用频率太高，因而发生了语法化，从而变成了路径意义较弱的普通移动动词），前两者是移动动词；本幅图所配的 5 个句子中只出现了一个方式动词 jump。而第 3 幅图中同时出现了 leap 和 jump 两个方式动词，其中 jump 属于表达基本运动方式范畴的动词，leap 表达细分运动方式范畴的动词，表达细分运动方式范畴的动词包含的意义更丰富，表达的效果更具体生动，因此应该是英语本族语者移动事件表达中更受青睐的词。

在给图配句子时，多数句子是研究者自己编写的，少数句子直接选自参考文献或语言产出先导研究中的例句。所有的句子都符合文献中英语和法语移动事件词汇化的特点。

（2）第一次试测过程。

参加第一版试测的受试为美国某大学的 7 位在校本科生，他们中 1 人为大学一年级学生，另外 6 人为大学二年级学生。他们所学的专业不同，在自己的学校里都正在学习汉语课程。作为 2011 年一项暑期实习内容，他们在汉语教师的带领下来到北京，在短期英语培训班上讲授英语。经他们的汉语教师介绍，这几位同学都对研究者的研究很感兴趣，愿意参加测试。研究者也事先答应测试完成后，给他们每人 100 元的现金报酬。

测试是在上午一个安静的环境下完成。由于事先语言产出工具和语言学习背景问卷已经准备好了,所以先让他们用英语在45分钟内写出一篇英语青蛙故事,然后用15分钟做动词使用倾向调查试题,最后再用10分钟填写语言学习背景问卷。利用他们完成这些任务的间隙,研究者针对受试打1、2分和4、5分的句子,向他们当中的3位当面询问给分的原因,研究者做了简要的记录。

(3) 试测结果。

整理结果的时候,研究者将每个句子7位受试的打分加在一起算出平均分。我们还以上面的样例为例,研究受试给每个句子的打分情况。5个句子的平均分如下。

1. The dog is going down.	1.57
2. The dog is going down from the bed.	2.71
3. The dog is jumping down from the bed.	4.57
4. The dog is jumping from the bed down to the floor.	4.29
5. The dog is descending the bed swiftly.	1.57

我们认为该结果基本上反映了以往文献对英语移动事件表达特点的表述:

第一,英语本族语者更倾向于用同时包含运动和方式的方式动词作为移动事件表达中的主要动词,所以本例中的第3、4句得到的平均分最高。

第二,英语中虽然有少量的同时包含运动和路径的路径动词,但是这些动词的表达意义都不具体,特别是缺乏方式成分,因此第1、2、5句的平均得分全部低于第3、4句。

第三,英语中一般都会在移动事件表达中带上背景成分(如,the bed),第1句中没有背景成分,因而它的平均得分也是最低的。

第四,由于"go"是一个普通的动词,因而第1句的得分低。

第五,英语本族语者可能并不倾向使用双背景句,因而第四句的平均得分低于第3句。

从研究者与3位受试的当面交流中获得的一些信息印证了以上结果,虽然他们并不知道以上句子中的动词为移动动词,也不知道所谓的英语移动事件表达特点。他们给句子打分的根据有两点:①首先,他们认为在英语中 ascend, descend, leave, enter 这些词都不是太常用,因为这些动词都是在比较正式的场合才用的;其次,他们都认为这些词属于"big words",表达的意义比较空泛;最后,这些词的适用范围都相对较窄,比如 ascend 多用在无生命的主语身上,而 enter, leave 的主语一般是由人来充当的。②表意越具体、越丰富,越能在读者头脑中形成生动形象的动词表达的句子,得分会越高。

从以上句子的平均得分和受试提供的信息,我们可以得出结论:该动词使用倾向调查工具基本上是可用的,它们能够测出英语本族语者的移动事件表达偏好。总的来看,符合英语移动事件表达倾向的句子得分高,英语移动事件表达中不常用的句子得分低。我们预计通过英语学习者与英语本族语者对相同的句子所给分数的对比,便能发现他们是否像本族语者那样感知移动事件的表达。

当然,受试对于有些句子的判断并非完全根据它们是否为地道的表达英语移动事件的句子。受试也会根据句子是否全面反映图片的内容来打分,这种情况是本研究工具所要努力排除的。以后的内容还会涉及这个问题。

（4）第一次试测的启发。

结合研究者与部分受试的交流结果，我们发现动词使用倾向调查工具仍然存在一些应该改进的地方。如前面所述，本工具中的句子多为研究者本人设计，由于受研究者英语水平的限制，有些句子中的成分不够地道，有些句子反映的事实与图片有出入。比如，研究者知道，在英语的移动事件表达中，除更倾向于使用方式动词外，还经常在句子中加上一些由副词、副词短语以及介词短语充当的表达方式的成分。因此，研究者就在一些句子中加上，诸如 angrily，in a hurry，with big stride，with effort 等。但是，受试告诉研究者，由于缺乏具体的语境，他们看不出运动的主体的 anger，hurriedness；高个子才会 run 或 walk with big stride。为了验证英语本族语者是否倾向于使用事件叠加（Event Integration）的方式来表达移动事件，研究者特意在句子 The dog is jumping from the bed. 的后面加上 down to the floor，成为 the dog is jumping from the bed down to the floor.。这样，该句就成为同时包含运动的起点和目标的句子。但是，英语本族语者告诉研究者，从图片上可以清楚地看到，从床上跳下来，自然是落在地板上，因此 down to the floor 是多余的部分。

受试给研究者提供的另一个信息是：有些句子所表达的内容根据图片来看有争议。比如，第 2 幅图中 The dog is jumping up 这个句子被一位受试评为 5 分，尽管其他 4 个句子中都有背景成分。他告诉我的原因是，从图片中判断，那只狗并不一定要上窗台。

总之，研究者从与受试的交流中得到了很多有用的信息，也很受启发，这些都有助于研究者进一步改进该工具。未来的研究使用动画或许能够消除对图片解读的歧义。

5.3.2.2　第二次试测

（1）工具的改进。

根据第一次试测的启发和受试的建议，研究者在第二次试测前对研究工具进行了改进。具体做法是：

为了避免图片信息不明，对有些句子进行判断缺乏足够情境的问题，我们这次的 8 幅图片全部直接选自语言产出工具中的《青蛙，你在哪里？》这本书。同时明确告诉受试，他们做句子适合度判断的时候对图片的理解可以参照他们写故事时对图片的理解。这样得出的结果可以更好地与语言产出研究中的结果进行对比。同时，受试对这些图片的内容是熟悉的，因此对图片内容的理解不会产生太多的歧义。根据第一次试测，如果受试图片内容的理解歧义太大的话，那么受试判断的依据就会偏离本研究的考查点，从而降低本工具的效度。

8幅图片当中表达上、下、出以及水平运动4类运动路径的图片各2个，之所以这么选择是因为青蛙故事中能选出表达同一路径的两个图片只能是这几个路径，这几个路径也是比较典型的运动路径。

为了使句子的对比度更强，这一版的工具中，给每幅图片配上4个句子，这样的话，我们就能在2个句子中使用方式动词，2个句子中使用路径动词，同时还能让使用不同类型移动动词的句子的长短得到控制。这样做的另一个好处是可以避免让受试误认为让他们用5级量表来给5个句子排序。

为了使每幅图中所配的句子更加接近受试的产出实际，这一次所有句子都来自先导研究中本族语者和学习者受试所写的青蛙故事。这样做的目的是想看看本族语者和学习者如何给本族语者的和学习者的句子打分。根据图片的实际内容和本工具的测试需要，对部分先导研究中的句子稍微做些改动。

本研究的最初设想是待所有的项目完成之后，再从受试中选取若干人来进行当面访谈，考查他们在写作和句子判断时的依据，以期发现他们在理解和写作移动事件表达背后的语言类型因素的影响，即他们的语言行为在线思维。但是，动词使用倾向调查工具的第一次试测后，研究者通过与本族语者的当面交流，受到启发。认识到通过让受试讲述他们给句子某一个分数的依据，就能发现他们判断句子适合度背后的深层原因。因此，在第二版动词使用倾向调查工具中新加入一项内容，即要求受试在每句话下面的空白处，简要写下他们给每个句子打分的依据。这样做的优势很明显：第一，通过一项活动可以同时收到量化和质性的两种数据；第二，避免了重新找受试做访谈的种种不便；第三，收取的受试的质性数据的量要大许多，因为每个受试都被要求写下判断句子的依据。

（2）第二次试测过程。

参加第二次测试的有15名受试，他们大都是大学英语教师，当时有7位在北京的一所英语类高校攻读博士学位，另外8位在该高校做为期一年的国内访问学者。这些访问学者都获得过英语专业硕士学位，个别的还拥有副高及以上职称。所以，从英语水平看，应将本测试的参加者全部视为高级英语学习者。他们和研究者本人比较熟悉，愿意无偿帮忙，研究者同时希望他们在完成测试的同时提出一些改进该工具的意见和建议，因此他们非常认真地完成了任务。测试是在一个课堂上完成的，要求在30分钟内完成。这些受试对本研究有大概的了解，但不是很清楚，这个判断可以从他们所写的判断依据中看出来，有关这方面的详细情况在结果部分会再次涉及。

（3）第二次试测结果。

1）量化分析结果。

通过对每位受试给每一个句子的打分进行平均，然后再把这32个句子进行归类得到如下结果：

14个使用路径动词的句子平均得分为2.78，而18个使用方式动词的句子平均得分为

3.72 分；8 个使用细分移动动词的句子平均得分为 3.92 分，而 24 个使用基本移动动词的句子平均得分为 2.97 分。

从以上的结果可以看出，第二次试测的结果和第一次试测的结果基本相符。这表明对于符合文献中所述的英语移动事件表达特点的句子，中国高级英语学习者的判断与英语本族语者极其相近，即从动词使用倾向角度讲，他们较好地掌握了英语的移动事件表达的特点。由于参加两次试测的受试所做的句子判断任务并非完全一致，因此我们非常有必要在正式测试的时候对中国英语学习者和英语本族语者进行对比，更有必要找一些初级和高级水平的英语学习者参加测试，以便考查在不同的水平层次上，中国的外语学习者对所学外语中的移动事件表达特点的习得。

以下是工具第二版的示例：

The pictures are from the *Frog Story*, some of them are slightly modified. Please rate the **appropriateness** (**the probability you will use it**) of the following sentences for the situations in the pictures, please tick the corresponding number on the right side of each sentence according to your previous understanding of the story. **Note**, "1" represent the least appropriate, "5" represents the most appropriate, and "2" "3" "4" lie between 1 and 5. Then, **briefly write your reasons for the ratings using the blanks under each sentence**. （原因可以用汉语回答）

The dog hopped onto the window sill.	1	2	3	4	5
The dog came to the window sill.	1	2	3	4	5
The dog jumped up.	1	2	3	4	5
The dog climbed the window sill.	1	2	3	4	5

2)质性分析结果。

我们以第一幅图片的第一句为例,来看质性数据的分析。

1. The frog climbed out of the mug.
2. The frog got out of the mug.
3. The frog hopped out of the mug.
4. The frog quietly escaped.

1. The frog climbed out of the mug.   3.6
1) 5 本来青蛙应该是 hop,可看图总像是 climb,前 3 个是直接对于动作的描写,第 4 个包含对故事内容的推测,不知怎么算最合适?【方式】
2) 4 描述出了画面动作,但未完成故事情节【方式、结果】
3) 5 第 1~3 句只描写动作,第 4 句有隐喻成分在里面,不仅是动作本身了【方式、结果】。
4) 2
5) 4
6) 4 路径+方式【方式、结果】
7) 4 据 climb 和 out 判断此句中有:方式、路径【方式、结果】
8) 4 creep 会不会更好?【方式】
9) 4 青蛙会爬出坛子,形象具体【方式】
10) 3
11) 3
12) 4 似乎也能爬【方式】
13) 3 对动作的描绘不够形象【方式】
14) 3 用 climb 能体现出水罐对青蛙较高【方式】
15) 2

这个句子是一个使用方式动词的句子,每个序号代表一个受试,序号后的数字是该受试给这个句子的适合度的分数,中括号及其里面文字为研究者所加。15 名受试的平均得分为 3.6 分,其中 10 名受试给了打分的依据,另 5 名受试没有写下评分的理由。研究者对所有的文字进行仔细阅读,然后发现可以用两个编码来概括这些文字。这两个编码就是[方式]和[结果],在英语中结果其实就是路径。有些受试的文字里包含两个编码成分,有的只包含一个编码成分。通过对编码的数量进行统计，我们发现［方式］［结果］这两个编码出现的次数分别是 10 次和 4 次。

利用同样的方式对其他句子进行标注，最后我们得出如下结论：中国高级英语学习者首先最强调的是方式，同时也强调路径（结果），注重对情景的完整体现，具体来说：

1）重视移动动词表达的意义是否"具体、生动、形象"；
2）不认可意义宽泛的动词；
3）对方式动词词义进行深入探讨，甚至给出建议词，表明他们十分重视方式动词；
4）对只表达了一个意义成分的句子给分较低；
5）对句子中的结果意义也比较重视。

第二次试测的质性结果与第一次试测后的结果十分相似，这进一步表明中国的高级英语学习者对移动事件表达特点的理解和英语本族语者很接近。

（4）第二次试测反映出来的问题。

第二次试测后，受试也为研究者提供了一些关于提高动词使用倾向调查工具效度的反馈意见。试测过程中发现的问题如下：

a. 要测试的维度在各个图片上分布不均匀，比如有些图片无法配上使用方式动词的句子。

b. "适合度"包括完整表达图片的内容吗？有些图片上的内容太多，比如第 7 幅图中，有鹿、小狗还有小男孩，他们正往一个小悬崖方向跑去。内容太多使受试认为只有全部反映了图片内容的句子才是适合度最高的句子，从而降低了他们对句子当中各种特征的关注程度，自然也降低了本测试工具的有效性。

c. 一些未控制的因素：比如用词问题，在第 6 幅图中，其中有两个句子对大石头的称呼分别为 rock 和 huge rock；在第 7 幅图中，4 个句子对鹿的说法，有 2 个用 deer，2 个用 buck。一幅图当中用词的不一致也干扰了受试对句子的适合度判断。

（5）第二次试测后的改进。

第二次分析完毕之后，研究者结合受试的意见和专家的建议，对动词使用倾向调查工具的设计和运用做如下调整。

第一，为了不使受试误认为完全表达了图片内容的句子就是最适合的句子，研究者对这 8 幅图片做了不同程度的加工，主要是简化图片内容，比如把第 2 幅图和第 3 幅图上小狗头上的瓶子去掉，第 2 幅图上隐去小男孩，第 5 幅图上隐去猫头鹰，第 7 幅图上隐去原来骑在小鹿头上的小男孩等。这样做的目的就是让受试的注意力集中到待判断的图片信息上。

第二，尽量控制同一幅图中 4 个句子当中的时态、用词，使它们保持一致；修正可能存在的语法错误或怪异的表达；为了照顾中国学习者，把一些中国学生不太常用的词去掉，同时为了鼓励更多的中国学习者写出他们给句子评分的依据，我们还在指导语中明确写出判断依据部分可以用汉语来写；使每个句子表达的内容既要与图片内容做到相符，也与人们的现实经验相符。总之就是要尽可能地降低干扰因素，使受试的注意力集中于动词使用倾向调查工具想要检测的因素上去。

第三，从整个研究的可操作性出发，减少正式研究中的考查维度，只考查所有受试对方式动词句与路径动词句的评分。只将方式动词和路径动词的使用倾向在不同受试组之间进行比较，特别是学习者与其所学外语的本族语者之间的对比。

第四，正式研究中，将打乱句子和图画的配套，从 32 个句子中选取 6 个使用方式动词的句子，6 个使用路径动词的句子。使每组 6 个句子又分为包含 2 个、3 个和 3 个以上的语义成分的句子各两个，这样做的目的是从语义和语言形式两方面来控制两组句子，使其移动动词的使用倾向成为句子的突出特点。为何要从 32 个句子中选取 12 个句子呢？因为上面提到，在设计句子时，受图片内容的影响，使用方式动词和路径动词的句子比例不相等，造成句子包含的语义成分数量也不相等，通过选取能使各类维度达到相对的平衡。在句子选取的时候，尽量照顾不同的图片、不同的动词。通过仔细筛查全部 32 个句子，发现能同时满足 2 个设计要求的句子有 2 组，共 12 个。

下面是英语和法语动词使用倾向工具中最终选取的句子。

英语方式动词句（6 个）：
The frog was climbing out of the mug.
An owl flew out from the hole.
The deer was heading for the cliff.
The bees were chasing after the dog.
The dog was running away.
The frog was hopping out.
英语路径动词句（6 个）：
The boy fell down from the cliff.
An owl came out from the hole.
The dog rose to the window sill.
The dog was dropping from the window.
The deer was approaching the cliff.
The dog was falling down.
法语方式动词句（6 个）：
Le chien a grimpé sur le rebord de la fenêtre.
Le garçon a grimpé sur une grande pierre.
Le cerf galope vers une petite falaise.
Le cerf a jeté le garçon dans le précipice.
Les abeilles poursuivent le chien.
Les abeilles sont en train de chasser le chien.
法语路径动词句（6 个）：
La grenouille sort de son vase secrètement.
Le cerf arrive à une falaise en courant.
Le garçon est tombé dans l'étang.
Un hibou est sorti rapidement.
Le garçon a escaladé une grande pierre.
Le chien est monté sur le rebord de la fenêtre.

经过上述两次试测和两次修改，完成了最终的动词使用倾向调查工具，见附录二。由于研究者的法语水平有限，所以法语版的动词使用倾向调查工具经过了一位法语专业教师的审查和修改才最终成型。

5.4　语言学习背景问卷

为了解受试的个人信息，特别是他们的语言学习背景，本研究参照以往研究，设计了一个语言学习背景问卷。这个问卷收集到的信息有助于我们确定受试的语言水平、考查他们对不同语言之间的差别如何影响语言学习的认知，同时在将来的结果讨论中，我们还可能根据问卷中得来的信息分析、推测一些结果背后的原因。该问卷内容包括受试的姓名、性别、年龄、年级、文化程度、所学专业、自评母语水平、学过几种外语、每种外语的学习时间、自评每种外语的水平等，其中的语言水平自评部分采用 10 级量表请受试选择的办法。这些内容也是以往研究同类问卷中的主要内容，本研究为了给质性分析收集更多的语料，新加入了一个他们对母语因素影响外语学习的看法的开放式问答题。最后是受试的签名，明确同意他们所产出的信息可以用于研究者的个人研究。最后几乎所有的受试都提供了这方面的信息数据。具体语言学习背景问卷见附录三。

5.5　动词使用倾向调查工具数据处理

适合度判断中，受试把一个句子的适合度判为 1，我们就把该受试在该句子上的得分记为 1，以此类推。这些得分被输入社会科学统计软件包（SPSS），统计时句子被分为两类：方式动词句和路径动词句，分别指使用方式动词和使用路径动词的句子。

因为各组受试数据收集的难度不同，本研究中的各组受试人数不一致，其中：英语本族语者 13 人；初级英语学习者 31 人；高级英语学习者 27 人；法语本族语者 17 人；初级法语学习者 31 人；高级法语学习者 23 人。鉴于受试的人数不多，而且在各组受试之间不均衡，本部分量化统计使用的是非参数检验的方法。

提供详细质性数据的受试每组最低有 12 人，因此，本部分的质性分析在每组 12 人的数据基础上进行。

5.6　小结

本章首先介绍移动动词使用倾向研究的问题。其次重点介绍了动词使用倾向研究工具的设计、先导研究以及根据先导研究结果对该工具的改进。再次介绍了语言学习背景调查问卷。最后介绍了动词使用倾向调查工具的数据处理。

第六章 汉语、英语、法语移动事件词汇化对比研究

6.1 引言

本章将报告汉语、英语、法语本族语者移动事件词汇化的对比结果,包括全部移动事件的词汇层面、分类移动事件词汇层面、小句层面和语篇层面。词汇层面对比结果包括:方式动词和路径动词的频数、类型数以及它们之间的比例;分类对比结果将包括"出""上""下"以及"水平方向"四类移动事件中三种语言的本族语者所使用的方式动词和路径动词比例。小句层面将比较三种语言中四类语义密度小句的数量。语篇层面将考查三种语言中的小句总量和静态描写的数量。

6.2 研究问题回顾

本章要回答的是整体研究中的第一个研究问题:汉、英、法三种语言的移动事件词汇化特征有何异同?具体问题包括:

a. 在词汇层面,三种语言的方式动词和路径动词使用形符数是否存在差异?三种语言方式动词和路径动词的类符数是否存在差异?三种语言方式动词和路径动词的比例是否存在差异?三种语言表达不同类型的移动事件时所使用的移动动词有何异同?

b. 在小句层面,三种语言中各种语义密度小句的使用量是否存在差异?

c. 在语篇层面,三种语言的故事产出中,小句总量是否存在差异?静态描写的总量是否存在差异?

根据以往文献,因为英语被认为是典型的卫星框架语言,我们假设英语母语者产出的方式动词的形符和类符均高于汉语和法语本族语者;因为法语被认为是典型的动词框架语言,我们假设法语本族语者产出的路径动词形符和类符均高于英语本族语者,而法语本族语者和汉语本族语者产出的路径动词的形符与类符在以往文献中鲜有提及,需要数据分析确定;因为汉语表达移动事件的主要结构为动趋式,我们预计汉语的方式动词形符与类符低于英语而高于法语,路径动词形符与类符高于英语。

6.3 词汇层面的结果

6.3.1 方式动词和路径动词的频数对比

本节将 88 名[①]英语、法语学习者产出的汉语作为一个整体,统计其中方式动词和路径动词的形符,并与 22 名英语和 22 名法语本族语者产出的英语和法语方式动词和路径动词的形符数进行对比,以验证以往研究中这三种语言类型特征的对比结论,同时便于本研究对第二个大问题进行假设。

表 6-1 表明,从单因素方差分析结果看汉、英、法三种语言方式动词和路径动词的形符数均存在显著性差异,显著性水平均达到了 .000。汉、英、法三组研究对象使用的方式动词均值分别为:11.90、11.64、5.86;路径动词的均值分别为:20.77、9.41、13.73。汉语的方式动词使用量同时高于英语和法语,显著性水平均达到了 .000;路径动词使用量同时高于英语和法语,显著性水平均达到了 .000;英语的方式动词使用量高于法语,显著性水平均达到 .000;路径动词使用量低于法语,显著性水平达到了 .031。

表 6-1 汉、英、法方式动词和路径动词形符对比结果

特征	组别	均值	标准差	单因素方差分析				
				F 值	Sig.	两两对比(Bonferroni)		
						对比组	均值差	标准误	P 值
方式动词 (M)	汉语 (88)	11.90	4.06	30.64	.000	汉语-英语	.26**	.86	.000
	英语 (22)	11.64	5.30			汉语-法语	7.05**	.86	.000
	法语 (22)	5.86	3.09			英语-法语	5.77**	1.09	.000
路径动词 (P)	汉语 (88)	20.77	5.43	68.74	.000	汉语-英语	11.36**	1.06	.000
	英语 (22)	9.41	3.02			汉语-法语	7.05**	1.06	.000
	法语 (22)	13.73	5.65			英语-法语	-4.32*	1.34	.031

* $p<0.05$;** $p<0.01$

[①] 经测试无论将四组学习者产出的中文作为一个整体,还是将学习者分为四组,他们产出的方式动词与路径动词形符与英语本族语者和法语本族语者对比的结果不变,因此这里将他们视作一个整体,下面对比两类动词的类符时,只取一组 22 人为代表。

6.3.2 方式动词和路径动词类符数对比

表6-2表明，从单因素方差分析结果看汉、英、法三种语言方式动词和路径动词类符数都存在显著性差异，P值均达到了.000的水平。汉、英、法三组被试使用的方式动词类符均值分别为：11.86、8.50、5.55；路径动词类符的均值分别为：13.86、6.95、9.09。汉语的方式动词和路径动词的类符同时高于英语和法语；英语的方式动词类符数高于法语，路径动词类符数低于法语。

表6-2 汉、英、法本族语者方式、路径动词类符对比

特征	组别	均值	标准差	单因素方差分析				
				F值	Sig.	两两对比（Bonferroni）		
						对比组	均值差	标准误	P值
方式动词（M）	汉语(22)	11.86	3.36	32.56	.000	汉语-英语	3.36**	.70	.000
	英语(22)	8.50	3.10			汉语-法语	6.32**	.70	.000
	法语(22)	5.55	2.02			英语-法语	2.95**	.70	.001
路径动词（P）	汉语(22)	13.86	2.80	44.88	.000	汉语-英语	6.91**	.64	.000
	英语(22)	6.95	2.28			汉语-法语	4.77**	.64	.000
	法语(22)	9.09	2.65			英语-法语	-2.14*	.64	.022

* $p<0.05$；** $p<0.01$

两两对比结果显示汉语的方式动词和路径动词的类符数均显著地高于英语，显著性水平都达到了.000。汉语的方式动词和路径动词类符数均显著高于法语，显著性水平均达到了.000。英语方式动词类符数显著高于法语，显著性水平均达到.001；英语的路径动词类符数量显著低于法语，显著性水平达到了.022。

6.3.2.1 汉语本族语者的移动动词类型

通过文本检索，我们发现四组88名受试产出的汉语故事中共有方式动词79个类型，路径动词60个类型（详见附录八）。在方式动词中，"爬、跑、跳、飞、摔、走、抱、钻、顶、奔"十个词的频数最高；在路径动词中，"掉、落、离、跌、翻、爬、栽、摔、脱、冒"十个词的频数最高；其余方式动词和路径动词按照它们的频数多少在列表中依次排序。

其中"爬、摔、倒、逃、举、提、赶"以及其他各种表达"逃"的词同时可以作为方式动词和路径动词。我们在研究方法部分已经明确表示本研究与以往研究的不同处之一在于

本研究认为各种语言当中除了纯粹包含方式和路径意义的动词外，还有一类动词同时包含方式和路径意义。因此，在计算方式动词和路径动词的频率和类型时，它们都被分别计算一次。

本研究将结果性动词结构中的趋向动词"上、下、来、去、到、回、起、进、出、过"等看成是路径动词，趋向动词在汉语中具有双重语法地位，它们除与方式动词组成结果性动词结构外，也能单独作为路径动词使用，在两种情形下它们都被认定为路径动词。根据以上的认定方法，从类型上看，汉语当中的方式动词数量多于路径动词。

6.3.2.2　英语本族语者的移动动词类型

本研究中的 22 位英语本族语者共产出了 50 个类型的方式动词，27 个类型路径动词（详见附录八）。频数居于前十位的方式动词是：climb, run, chase, jump, escape, follow, knock, fly, throw, pop；频数居于前十位的路径动词是：fall, go, climb, come, escape, take, land, leave, pick, bring。

在英语本族语者产出的移动动词中，fall, climb, escape, tumble, head, hide, flee, scoop, settle 等词同时可以看作是方式动词和路径动词。也就是说，英语本族语者产出的路径动词当中有 2/5 是方式动词和路径动词的兼类。从类型数量看，英语本族语者文本中的方式动词是路径动词的两倍，不过，从频数上看两者的差距并不显著。

6.3.2.3　法语本族语者的移动动词

本研究中 22 位法语本族语者产出方式动词 31 个类型，路径动词 40 个类型，路径动词的类型多于方式动词。方式动词频数排在前十位的是：poursuivre, grimper, s'enfuir, sauter, jeter, courir, suivre, échapper, s'échapper, fuir；路径动词频数排在前十位的是：tomber, sortir, partir, monter, aller, grimper, s'enfuir, arriver, prendre, revenir。

在两种类型的移动动词中，共有 10 个词同时包含方式和路径意义成分：grimper, s'enfuir, jeter, échapper, s'échapper, fuir, dégringoler, emporter, glisser, prendre, repousser。与英语当中方式动词和路径动词的趋势相反，法语方式动词中有 1/3 是和法语的路径动词共享的，即此类动词的认定使法语中的方式动词与路径动词都比文献中所提到的要多，亦即法语中的方式动词和路径动词的数量差别并没有那么大。

6.3.2.4　讨论

从动词类型的绝对数量看，本研究与以往研究一样都发现汉语和英语一样，方式动词类型多于路径动词，但从方式动词类型来看本研究与以往研究结果不太一致。李雪（2010）发现从英语小说中选取的 500 个移动事件描述中有 137 个方式动词类型，而同等数量的汉语小说移动事件描述中方式动词的类型仅有 53 个，李雪（2010）认为英语中方式动词类型数高于汉语。而本研究发现在同样的实验条件下汉语方式动词的类型数（79 个）高于英语（51 个）。同本研究相似，使用相同的刺激材料 Liang Chen（2005）发现 59 名汉语本族语者产出的方式动词类型为 45 个，而 Slobin（1996a）发现 60 个英语本族语者产出的方式动词类型为 35 个。显然，本研究的结果并不支持移动事件词汇化中英语方式动词数量和类型均高于汉语的结论。同理，与普遍的假设不同，移动事件词汇化中汉语的路径动词不论是数量还是类型均显著高于法语。英语和法语方式动词和路径动词的数量与类型的对比结果符合以往研究的结论。

产生这些差异的主要原因可能有两点，一是研究对象，二是方式动词的认定。Liang Chen（2005）和 Slobin（1996a）的研究对象大部分为未成年人，他们的母语水平仍在发展中，因此掌握的词汇量有限，产出的方式动词类型少。本研究的研究对象为成年大学生，李雪的研究对象为专业作家，因此产出的方式动词类型较多。与以往研究不同，本研究将汉语中的两字复合词和四字复合词均计入方式动词，同时将包含方式意义与路径意义的词计算两次，因此本研究中的方式动词与路径动词类型均比 Liang Chen（2005）和 Slobin（1996a）高。我们认为在尚未对汉英两种语言中的方式动词进行大规模统计之前，在动词类型的认定方法尚未统一之前，似乎不宜宣称英语方式动词类型高于汉语（李雪、白解红 2009），不宜将汉语简单地归入任何一个语言类型。同样由于有相当比例的动词被同时认定为方式动词和路径动词，法语中的方式动词类型与路径动词类型差距并不像其他动词框架语言那样大。

6.3.3 汉、英、法方式动词与路径动词对比

6.3.3.1 方式动词和路径动词频数对比

Talmy（2000b）在定义移动事件词汇化类型的时候提到，标志某一语言类型的特征要典型。而何为典型？目前各类文献上没有明确回答，本研究试图从方式动词与路径动词的比例上看汉、英、法三种语言里的方式动词或路径动词的使用量是否为其典型性特征。我们的预设是，如果某一种语言中方式动词使用量显著高于路径动词，我们据此判定该语言具备卫星框架语言特征，反之我们判定该语言具备语动词框架语言特征。

表 6-3 显示，通过成对样本 T 检验，我们发现汉语本族语者所使用的方式动词形符数少于路径动词，并且这种差异具有显著性，显著性水平达到 .000。因此我们判定汉语具备动词框架语言特征。

在英语本族语者的文本中，方式动词形符数均值高于路径动词，并且这种差异具有显著性，显著性水平为 .013，这表明英语具备卫星框架语言特征。

与其相反，在法语本族语者的文本中，路径动词使用量显著地高于方式动词，显著性水平达到了 .000，此结果表明法语属于动词框架语言。

表 6-3 汉、英、法本族语者方式动词-路径动词形符均值对比（T-test）

学习者组	动词类型	平均数	标准差	T 值	P 值
汉语本族语者（88 人）	方式动词	11.90	4.06	-20.03^{**}	.000
	路径动词	20.77	5.43		
英语本族语者（22 人）	方式动词	11.64	5.30	2.71^{*}	.013
	路径动词	9.41	3.02		
法语本族语者（22 人）	方式动词	5.86	3.09	-9.05^{**}	.000
	路径动词	13.73	5.65		

* $p<0.05$; ** $p<0.01$

从本节的数据我们可以看出，在方式动词和路径动词使用量的对比结果方面，汉语与法语较为相似，都是路径动词多于方式动词。我们可以说它们都具备动词框架语言的特征。英语的方式动词的使用量显著高于路径动词，因此我们说英语属于典型的卫星框架语言。

6.3.3.2　三类语言方式动词和路径动词类型比例对比

下面的一个简表能比较清晰地描述汉、英、法三种语言当中方式动词与路径动词的类型对比：

表6-4表明从方式动词与路径动词类型的比例来看，汉语居于英语和法语中间，它们的数值分别是1.32、2.04、0.78。汉语与英语更为相像，都是方式动词多于路径动词，比值都大于1；法语方式动词与路径动词的比值小于1。但是反过来看，法语路径动词与方式动词的比例为1.29。从动词类型的比值看，汉语和英语共同具备卫星框架语言的特征，法语为动词框架语言。

表6-4　汉、英、法方式动词与路径动词类型比例对比

项目	汉语	英语	法语
方式动词	79	50	31
路径动词	60	27	40
方式与路径比	1.32	1.85	0.78

此结果再次显示汉语类型归属的复杂性，从整体上定义语言类型的风险性。从动词使用数量上考查汉语与法语类似，而从动词类型考查，汉语与英语相似。

6.3.4　移动事件总体动词对比研究小结

以上的结果表明，从形符看，汉语方式动词使用量最大，英语居中，法语最小；汉语路径动词使用量最大，法语居中，英语最少。汉语方式动词和路径动词数量和类型均显著地多于英语和法语；英语方式动词显著地多于法语；法语路径动词显著地多于英语。

汉语的路径动词形符显著高于方式动词，英语方式动词形符显著高于路径动词，法语路径动词形符显著高于方式动词。

从类符比例看，英语方式动词与路径动词的比值最高、汉语次之、法语最低。

6.4　移动事件分类词汇使用分析结果

从上一节我们发现，在移动事件词汇化中，汉语和英语本族语者一样，在移动事件词汇化中偏向于使用方式动词，法语本族语者则更倾向于使用路径动词。本节考查在不同类型的移动事件中，三种语言的本族语者如何使用方式动词和路径动词。我们的研究假设是：三种语言在不同类型的移动事件词汇化上表现不同。

根据移动事件的空间特征，我们将《青蛙，你在哪里？》故事中的主要移动事件分为"出、上、下以及水平方向"四类，每个类型包含三个移动事件（表6-5）。在此基础上，

我们统计四种不同类型的移动事件词汇化中所使用的方式动词和路径动词比例，考查汉、英、法三种语言本族语者不同类型的移动事件词汇化的特征。

表 6-5 汉、英、法移动事件分类动词使用对比

项目		出			上			下			水平方向		
受试组	动词类型	青蛙出罐子	老鼠出洞	猫头鹰出树洞	男孩和狗上窗台	男孩上树	男孩上石头	小狗下窗台	蜂窝掉下	落悬崖	蜂追狗	鹿跑	男孩与狗回家
汉语	方式	62%(20)	85%(18)	100%(17)	67%(11)		10%(2)	11%(3)	30%(6)	73%(16)	59%(16)	100%(19)	12%(2)
汉语	路径	16%(5)	14%(3)		12%(2)			63%(17)	55%(11)	4%(1)	4%(1)		88%(15)
汉语	方+径	22%(7)			19%(3)	100%(20)	90%(19)	26%(7)	15%(3)	23%(5)	37%(10)		
英语	方式	50%(13)	73%(8)	62%(8)	14%(1)	18%(2)	37%(7)		60%(12)	65%(13)	96%(25)	94%(16)	33%(4)
英语	路径	12%(3)	27%(3)	38%(5)	57%(4)		5%(1)	100%(21)	40%(8)	20%(4)	4%(1)	6%(1)	58%(7)
英语	方+径	38%(10)			29%(2)	82%(9)	58%(11)			15%(3)			9%(1)
法语	方式							4%(1)		55%(12)	75%(15)	67%(6)	
法语	路径	38%(11)	100%(9)	100%(13)	100%(7)	43%(6)	57%(8)	92%(21)	100%(17)	45%(10)		33%(3)	100%(16)
法语	方+径	62%(18)				57%(8)	43%(6)	4%(1)			25%(5)		

注：表中百分数下面括号内的数字是各类动词在每个移动事件中的频数；"方式"指"方式动词"，"路径"指"路径动词"，"方+径"指"兼含方式和路径意义的动词"。

6.4.1 表达"出"的移动事件

如表 6-5 所示，从总体上看，表达"出"这类移动事件时，汉语和英语主要使用方式动词，法语主要使用路径动词，这是三种语言的主要区别。在三个表达"出"的移动事件中，汉语共使用 55 个方式动词（75%），8 个路径动词（13%），7 个同时表达方式和路径的动词（12%）；英语本族语者共使用 29 个方式动词（58%），11 个路径动词（22%），10 个同时表达方式和路径的动词（20%）；法语本族语者没有使用任何方式动词，但使用了 33 个路径动词（65%），18 个同时表达方式和路径的动词（35%）。

三种语言的共同之处是：都使用了同时表达方式和路径意义的动词。不过，相比之下，对这类词的使用，法语最多，英语次之，汉语最少。

从不同的移动事件看，在表达"青蛙出罐子"这个移动事件时，汉、英两种语言表现出了较大的相似性：方式动词占50%以上，方式+路径动词占有30%左右的比例，仅有20%以下的路径动词。法语本族语者与汉、英语本族语者的差异较大。在这个移动事件中，法语本族语者没有使用任何单独的方式动词；路径动词和方式+路径动词的使用比例分别是：38%和62%。可见，法语在这个移动事件表达中，路径动词的使用量比汉语和英语大，方式意义的表达主要体现在方式+路径动词当中。

三种语言当中，方式+路径动词都占有一定的比例，可能是因为该移动事件具有两层含义，一是青蛙出罐子，二是青蛙逃离小男孩的房子。因此，我们在三种语言当中都可以找到同时表达这两层意思的词，如"逃""escape""s'enfuir"。

在表达"老鼠从地洞里出来"和"猫头鹰从树洞里出来"这两个移动事件时，三种语言的词汇化明显可以分为两类：汉语和英语表现出鲜明的卫星框架语言的特点，而法语表现出鲜明的动词框架类型语言的特点。汉、英两种语言使用的方式动词比例都在60%以上，汉语的方式动词比例更是分别达到85%和100%。而法语本族语言者在表达这两个移动事件时，100%使用了路径动词。

6.4.2 表达"上"的移动事件

在词汇化"上"这一类移动事件时，三种语言的共同点是：都使用了高比例同时表达方式和路径的动词，汉语42例（73%），英语22例（59%），法语14例（40%），其中的汉语和英语中此类动词的比例远远高于其他类动词。并且，三种语言中此类动词表达的都是"向上爬"的移动事件：汉语用的"爬"、英语用的"climb"、法语用的是"grimper"。

三种语言的不同点是：汉语和英语仍然显示出比法语更重视方式动词的使用，法语则更重视使用路径动词。在三个移动事件中，汉语和英语分别使用了13例（23%）和10例方式动词（27%），法语没有使用方式动词。汉语和英语分别用了2例（4%）和5例路径动词（14%），法语使用了21例路径动词（60%）。

汉、英两种语言在表达"小狗上窗台"这个移动事件时，表现出较高的一致性，但与法语差别较大。汉语、英语同时使用了三类动词，方式动词、路径动词、方式+路径动词。它们在汉语中所占的比例分别是：67%、12%、19%；在英语中所占的比例分别是14%、57%、29%。汉、英的区别是，汉语的方式动词占绝对多数，英语中的路径动词占绝对多数。而法语100%地使用了路径动词，在路径动词的使用上英语与法语的相似度更高。

在表达"男孩上树"和"男孩上石头"这两个移动事件时，汉、英、法三种语言表现出了较高的一致性。它们都使用了相当高比例的方式+路径动词，三种语言、两个移动事件中此类动词所占的比例分别为：100%、90%、82%、58%、57%、43%。此类词所占的比例在汉、英、法三种语言中呈递减的趋势。除方式+路径动词之外，在其他动词的使用上，汉语、英语与法语表现出较大的差异，汉语和英语多使用方式动词；法语只使用路径动词。

三种语言在"男孩上树"和"男孩上石头"这两个事件中呈现相似性的可能原因是：这种表示"上"的运动都具有相当的难度，这个难度是移动事件中的凸显语义之一，必须加以关注，难度语义通常体现为方式。相反，"小狗上窗台"这个动作就容易得多，不用强调方式成分，也就是说，方式成分是选择性成分。此种情形下，法语中这样的路径动词不必表达运动的方式，因而表现出了与汉语和英语不同的词汇化特征。

6.4.3 表达"下"的移动事件

三种语言表达"下"的概念时体现出更多的是共同点：路径动词的使用都比方式动词多；在表达致使运动时，都使用了同时表达致使的原因和方式的动词。汉、英、法在三个移动事件中使用的路径动词数量分别为：29个、33个、48个；方式动词分别为25个、25个、13个。

"小狗下窗台"是一个非致使的向下移动事件，当三种语言表达这个移动事件时，都主要使用路径动词。汉、英、法使用路径动词的比例分别为：63%、100%和92%。所不同的是，汉语里还有11%的方式动词和26%的方式+路径动词的使用，法语中这两类动词也各有4%，英语当中没有这两类动词。

"蜂窝从树上掉下"和"男孩掉下悬崖"都是致使性移动事件，但前者没有后者的致使性明显。

表达"蜂窝掉下树"时，汉、英、法使用动词类型的多样程度差异比较大，但是都使用了高比例的路径动词。汉语同时使用了方式动词、路径动词、方式+路径动词，其比例为：30%、55%、15%。英语同时使用了方式动词和路径动词，其比例为60%和40%。法语表达"使蜂窝掉下"的时候，只使用了faire+tomber，没有使用其他表达方法，因此全部是路径动词。

法语在表达"鹿将男孩扔下悬崖"时，其致使方式动词和汉语、英语一样，比较丰富，比如汉语有抛、扔、甩、摔等；英语有toss, throw, dump等；法语有jeter, projeter, pousser等。三种语言使用的方式动词比例都很高，分别为：73%、65%和55%。所不同的是其余动词的使用比例：汉语有23%的方式+路径动词、4%的路径动词；英语有20%路径动词、15%的方式+路径动词；法语有40%的路径动词。从动词类型的使用看，可以说汉语与英语比较多样化，而法语比较单一。

6.4.4 表达"水平方向"的移动事件

水平方向的三个移动事件可以分为两类，"蜜蜂追小狗"和"小鹿向悬崖边跑"属于一类，都凸显运动的方式；"男孩回家"属于另一类，凸显的是运动的路径。第一类中，三种语言均以使用方式动词为主；第二类中，都以使用路径动词为主。

表达"蜜蜂追小狗"时，汉、英、法三种语言使用方式动词的比例分别是：59%、96%和75%。汉语另有4%的路径动词，37%的方式+路径动词；英语另有4%的路径动词；法语有25%的方式+路径动词。法语只在这个移动事件中没有使用路径动词，可能的原因是图片中没有显示"蜜蜂追小狗"这个移动事件的起点和终点，法语的路径动词派不上用场。

表达"小鹿向悬崖边跑"时，汉、英、法三种语言中仍然是方式动词居于主导地位，其比例分别是：100%，94%，67%。英语中另有6%的路径动词，法语中另有33%的路径动词。

表达"男孩回家"这个移动事件时，三种语言都以使用路径动词为主：其比例分别是：88%，58%，100%。汉语另有12%的方式动词，英语另有33%的方式动词、9%的方式+路径动词。法语在这个移动事件表达中再次呈现出不同的词汇化模式，即完全不使用方式动词。

导致三种语言在本组移动事件中动词使用特点的可能原因是：第一类中的两个移动事件中的"跑""追"都是凸显运动方式的事件，三种语言中都有相应的表达手段，所以都较多地使用到了方式动词。而在"回"这个概念上，三种语言的动词词汇化模式都比较单一，没有丰富的动词来表达。

6.4.5 移动事件分类分析小结

从12个移动事件反映的总体特点看，汉语和英语在移动事件词汇化方面的相似处更多，它们都表现出较强的卫星框架语言的特点，方式动词出现比例较高。同时，汉、英两种语言也使用了较高比例的路径动词和方式+路径动词。

法语呈现出很强的动词框架语言的特点，路径动词的比例居于绝对的优势地位，方式动词和方式+路径动词使用比例不太高，在各个移动事件中分布的范围也不大。

汉语在12个移动事件中，只有1例未使用方式动词，方式动词的使用比例在11%~100%，平均比例为50.75%。只有4例未使用路径动词，比例在4%~88%，均值为21.33%。只有4例未使用方式+路径动词，比例在15%~100%，均值为27.67%。

英语在12个移动事件中，只有1例未使用方式动词，方式动词使用比例在14%~96%，均值为50.17%。只有1例未使用路径动词，比例在4%~100%，均值为30.58%。6例没有使用方式+路径动词，比例在9%~82%，平均比例为19.25%。

法语12个移动事件表现出了很强的重视使用路径动词的倾向。在12个移动事件中，只有1例未使用路径动词。在11个移动事件中路径动词使用的比例在33%~100%，在12个移动事件中的平均比例为73.45%。法语使用的方式动词的移动事件只有4例，最高的比例为67%，最低的为4%，在12个移动事件中的平均比例为18.42%。使用方式+路径动词的移动事件有5例，比例在4%~62%，在12个移动事件中的平均比例为15.92%。

从不同的移动事件类别看，汉、英、法三种语言的异同有不同的体现。

当表达"回""非致使的'下'"两类移动事件时，三种语言都以使用路径动词为主，我们推测此类移动事件中路径是凸显的意义成分；当表达"追、跑、扔"等移动事件时，三种语言都以使用方式动词为主，我们推测此类移动事件中方式意义比较突出。当表示"费力地向上爬"这类移动事件时，三种语言使用方式+路径动词的比例都比较高，可能因为在此类移动事件中方式和路径意义均凸显。当表达和"出"有关的移动事件时，汉语和英语倾向于多使用方式动词，而法语绝对不使用方式动词，只用路径动词。如果确需表达方式成分，会使用相当比例的方式+路径动词。

总之，从总体上看，汉语和英语在移动事件词汇化中，动词使用倾向体现出卫星框架语言特征，法语动词使用倾向体现出动词框架语言特征。但是，从移动事件的具体类别来看，我们发现汉、英、法三种语言的本族语者移动事件词汇化中移动动词的使用倾向不仅受总体语言类型的影响，而且受移动事件本身类型的影响。当移动事件本身不凸显方式或路径意义成分时，汉、英两种语言更倾向于使用方式动词，体现出卫星框架语言的特征，法语更倾向于使用路径动词，体现出动词框架语言的特征；而当移动事件凸显方式意义时，三种语言均更倾向使用方式动词；当移动事件凸显路径意义时，三种语言均更倾向于使用路径动词；当移动事件同时凸显方式和路径意义时，三种语言均更倾向于使用方式+路径动词。这些分析结果能够帮助我们深化对汉、英、法三种语言之间移动事件词汇化动词使用异同的理解。为更好地预测中国的英、法语学习者对所学外语的移动事件词汇化打下基础。

6.5 汉、英、法三种语言小句层面结果

6.5.1 小句语义密度

前文第四章已经提到所谓的语义密度是指一个小句中所包含的所有与移动事件表达有关的语义成分，它们包括移动动词中所含的方式成分、路径成分，名词和代词所表达的背景成分，依附于动词的小品词和介词表达的路径成分，还有引出背景成分作用的介词，以及由介词短语、副词及副词短语等表达的非动词性方式成分。有时一些名词也表达方式或/和路径成分。

由于词汇化过程中不同语言所重点关注的语义要素不同，表达同样的移动事件小句语义密度随着语言的不同而变化。汉语的结果性动词结构中往往包含 2~3 个移动事件语义成分，因此汉语小句语义密度高；英语由于经常在一个小句中同时使用方式动词和卫星成分路径，因此小句的语义密度也高；法语经常在一个小句中只使用一个光杆动词，因此小句的语义密度低（Hendriks 2009）。本部分的目的是考查三种语言中四类语义密度小句数量上的差异，其中 SD1 代表光杆动词小句，即小句中只使用一个动词，该动词只有一个意义成分，要么是方式，要么是路径；SD2 代表三种类型的句子：只使用一个同时表达方式和路径的移动动词句，或者使用一个方式动词或路径动词再加上背景或非动词性方式成分的句子；SD3 代表一个含有任何三个语义成分及其以上的小句。概括起来说，SD1、SD2 代表低语义密度小句，SD3 代表高语义密度小句。根据以上划分，三种语言的故事中所含各类小句的数量如表 6-6 所示。

表 6-6 汉语、英语和法语故事四种语义密度小句数量

小句类型	汉语	英文	法语
SD1	118	53	76
SD2	456	89	79
SD3	1 243	299	263

从总体上看，88 位中国英语和法语学习者产出的汉语故事形成一个总数为 70 558 词的小型语料库，22 位英语本族语者和 22 位法语本族语者产出的语料库的容量分别为 11 029 和 11 187 词。表 6-7 为利用对数似然性计算程序比较三种语言故事中各类小句数量得出的结果，对数似然性结果和卡方计算结果具有同等解释力。

表 6-7　汉、英、法四类语义密度小句数量对数似然性对比结果

项目	汉 VS 英		汉 VS 法		英 VS 法	
特征	对数似然性值	P 值	对数似然性值	P 值	对数似然性值	P 值
SD1	−34.68	0.000	−77.26	0.000	−3.80	**0.051**
SD2	−3.49	**0.062**	−0.52	**0.472**	0.75	**0.388**
SD3	40.92	0.000	16.96	0.000	2.85	0.091

从表 6-7 可知汉语同英语相比，两个低语义密度的小句数量都低于英语，其中在 SD1 句上差异显著，SD2 句上差异接近显著，而在 SD3 句上汉语显著高于英语。此结果表明汉语的低密度小句少于英语，高语义密度小句的数量均高于英语，因此汉语小句语义密度总体上高于英语。

汉语与法语相比在 SD1、SD2 两个语义密度小句数量上低于法语；在 SD3 句上，汉语数量高于法语；除 SD2 外，在其他两个语义密度句数量差异都达到显著水平。此结果表明汉语低语义密度小句的数量少于法语，而高语义密度小句的数量高于法语。从整体上看，汉语小句语义密度高于法语。

英语与法语相比，SD1、SD2 和 SD3 句数量差异均不显著。其中，英语 SD1 句少于法语，在 SD2、SD3 句上英语多于法语，此结果表明英语小句的语义密度整体上高于法语。

以上结果与 Hendriks 等（2009）的结果不完全一致，即从小句语义密度看，汉语高于英语和法语，英语高于法语。

6.5.2　背景和非动词性方式

以往文献显示，如英语这样的卫星框架语言移动事件词汇化过程中小句平均附带的背景成分数量多于动词框架语言，汉语小句携带的背景成分少于英语。汉语非动词性方式成分高于英语，本研究的结果报告如下：

如表 6-8 所示，虽然英语本族语者产出的背景成分均值最高，法语本族语者产出的均值最低，汉语居中，但是汉、英、法三种语言的本族语者产出的背景成分并无显著差异。此结果与阚哲华（2010）的结果不一致，他的研究发现汉语小句所带背景成分显著少于英语，而与作为动词框架语言的西班牙语更接近。但是本研究结果与曾永红（2017）的结果比较一致，这表明背景成分的产出可能不止受语言类型这一个因素的影响，其他的可能因素包括实验材料、研究对象的语言水平、研究对象的人数等。

非动词的方式成分（替代方式）使用方面，汉语显著高于英语和法语，英语这一成分的均值最低，但英语和法语之间的差异未达到显著性。这一结果表明，对于方式动词不够丰富的法语来说，在移动事件词汇化中有其他表达方式意义的资源，并且这些资源也会被经常使用，英语主要依靠方式动词表达方式成分。对于汉语来说，其不仅方式动词丰富，非动词性方式表达资源同样丰富。

表 6-8　汉、英、法三种小句附加背景与非动词性方式成分

特征	语言	均值	标准差	两两对比			
				语言	均值差	标准误	显著性
背景成分（G）	汉语（88）	12.52.	4.27	汉语-英语	-1.84	.944	.704
	英语（22）	14.36	5.84	汉语-法语	.84	6	.992
	法语（22）	11.68	4.88	英语-法语	2.68	1.195	.540
替代方式（A）	汉语（88）	7.09	3.42	汉语-英语	4.73**	.623	.000
	英语（22）	2.36	1.62	汉语-法语	3.55**	6.23	.000
	法语（22）	3.55	2.77	英语-法语	-1.18	.788	.894

** $p<0.01$

6.5.3　事件复合

统计结果表明，虽然汉、英、法中都允许事件复合句出现，但是英语本族语者产出的复合结构最多，其次是汉语本族语者，法语本族语者未产出复合结构。英语中多是在动词后添加不止一个表达路径的小品词来构成复合结构，而汉语和法语依靠介词来引导出背景而形成事件复合结构。

本研究中的 22 位英语本族语者中的 15 位总共产出 22 例事件复合结构，比例为 68%。事件复合结构涵盖 8 个场景：青蛙出罐子、男孩下床、出窗户、去树林、地鼠从洞里出来、猫头鹰从树洞出来、男孩和狗掉下悬崖、回家，其中男孩和狗掉下悬崖场景产出的事件复合结构最多，占总数的 50%。以下为事件复合结构示例：

a. He gingerly stepped out over the lip of the jar onto the floor of the boy's bedroom.

b. The deer threw the boy off his neck and down into a gulley.

c. …the boy and his dog tumbled downward into a pond…

d. …a cute little squirrel popped up out of the hole…

e. …little dog and little frog went through the woods back home…

f. They hopped out of bed, and over to the jar.

以上 a 句和 b 句最多复合三个路径成分。a 句复合了 out, over, onto 三个卫星成分，其中前两个连续出现，与后一个成分中间有一个中继背景 "the lip of the jar"，最后一个卫星成分接另一个背景成分 "the floor"。b 句复合了三个卫星成分 off, down, into, 其中后两个卫星成分连续出现，与第一个路径用 and 连结，同时附带了两个背景成分。

以上 c～f 句复合两个路径成分。c 句复合两个卫星成分 downward, into, 只带一个背景成分；d 句复合了两个连续的卫星成分 up, out, 还使用介词引出背景成分；e 句两个卫星成分中间有一个中继背景，后接另一个背景；f 句两个卫星成分中间由 and 连接，第二个卫星成分之后由介词 to 引出第二个背景成分。

法语本族语者未产出一例事件复合结构，因为法语里没有小品词，无法用小品词连续表达两个或多个运动路径。

汉语本族语者产出了少量的类似英语的事件复合结构,如下面例子所示。
a. 嘟嘟头上套着青蛙住的玻璃瓶一不小心从窗台上滑落到花园里。(LIFLC03)
b. 小明带着大黄悄悄绕过水潭向声源处靠近。(HIELC19)

分析发现汉语里的事件复合跟英语不同,它们其实是连在一起的若干分句,即连谓句,因为句子中有多个谓语结构。比如 a 句可以分为两个谓语结构,一个是"嘟嘟头上套着青蛙住的玻璃瓶",另一个是"一不小心从窗台上滑落到花园里",前一结构表示后一个结构的方式。b 句有三个谓语结构"带着大黄""悄悄绕过水潭"和"向声源处靠近",前两个谓语结构表达第三个结构的方式。

汉语里没有像英语中一样的小品词,因而不似英语复合结构句,无论有几个路径成分只有一个主谓结构。趋向动词虽然有点像英语中的小品词,但是在这样的句子里,两个趋向动词不能连用:比如,*男孩跳下悬崖进水中。而只能将两个事件处理成两个小句:男孩跳下悬崖,落入水中。

以上结构表明英语和汉语存在表达事件复合结构的条件,但是在句法上两者区别明显。本研究语料显示两种语言移动事件表达对此结构的使用量都不大,只是英语使用比汉语多。法语中没有表达路径意义的小品词,又不能使用连谓结构,因此不具备产生事件复合句的条件。

6.6 语篇层面结果

6.6.1 小句数量

这个层面要考查两个项目,一是整个故事中小句的数量,二是三种语言在语篇上静态描写成分的多少。小句数量标志语言使用者对复杂事件的细分程度,本研究比以往研究中只考查一个复杂场景的细分程度要全面一些。

汉语、英语和法语故事的总字数分别为 70 558 词、11 029 词和 11 187 词,而三种故事中包含的小句总数分别为 1 817 个、441 个和 414 个。利用对数似然性计算,得出如下结果。

表 6-9 表明,汉语的小句总量与英语、法语相比都是显著地少,显著性值都达到 .000,而英语故事中的小句数量多于法语故事中的小句数量,但它们之间的差异不显著。

表 6-9 汉、英、法三种语言故事中小句总数对数似然性比较结果

项目	汉 VS 英		汉 VS 法		英 VS 法	
特征	对数似然性值	显著性	对数似然性值	显著性	对数似然性值	显著性
小句总数	-62.68	0.000	-41.02	0.000	1.28	0.258

这样的结果与以往研究不太一致,以往文献显示汉语母语者和英语母语者一样都倾向于将一个复杂的场景细分为若干小的场景。本结果也未证实英语比法语更倾向于使用更多的小句以便详细描述一个移动事件。

6.6.2 动态与静态描写

Berman & Slobin（1994）发现卫星框架语言和动词框架语言的使用者在语篇层面移动事件词汇化中呈现不同的特点，即卫星框架语言习惯用动词后附加若干表达路径的卫星成分的结构去表达移动事件的动态特点（Dynamics）。动词框架语言表达移动事件时不能在一个动词后附加多个路径成分，而是习惯在移动事件表达时加入一些场景描写，通过这些静态场景的描写，读者可以推断出移动事件的路径，以此来弥补路径成分表达的不足。

Berman & Slobin（1994）在得出上述结论的时候所依据的是不同语言的使用者在描述青蛙故事中的鹿使男孩掉下悬崖、落入水中这样一个情节的描述。事实上，青蛙故事的其他情节都不太容易出现这样两种不同类型语言的明显不同的表达方式。

本研究的数据显示其他移动事件场景中未出现静态描写，因此这里沿用以往研究的方法，也只考查男孩掉下悬崖这一个场景。我们的发现是：作为比较典型的动词框架语言，法语本族语者只有两位产出了静态场景的描写，这个结果与 Berman & Slobin（1994）的结论很不一致。与 Berman & Slobin（1994）的结果一致的是，英语本族语者中没有产出一例静态场景描写。母语为汉语的英语和法语学习者的母语表达中 36%~54.5% 的被试产出了静态描写。两组英语学习者中分别有三位和四位在其故事中使用了静态描写，在各自组中所占的比例分别为 13.6% 和 18.2%。两组法语学习者中只有三位高级法语学习者在其故事中使用了静态描写，在 22 名被试中所占的比例为 13.6%。具体如表 6-10 所示。

表 6-10　六组被试故事中的静态描写数量

被试	NES	JELC	JELE	SELC	SELE	NFS	JFLC	JFLF	SFLC	SFLF
静态	0	12	3	11	4	2	8	0	11	3
比例	0	54.5%	13.6%	50%	18.2%	9%	36.4%	0	50%	13.6%

注：NES 代表英语本族语者；JELC 代表初级英语学习者汉语；JELE 代表初级英语学习者英文；SELC 代表高级英语学习者汉语；SELE 代表高级英语学习者英文；NFS 代表法语本族语者；JFLC 代表初级法语学习者汉语；JFLF 代表初级法语学习者法语；SFLC 代表高级法语学习者汉语；SFLF 代表高级法语学习者法语。"静态"代表产出静态描写的人数，"比例"代表产出静态描写的被试占该组总人数的比例，每组都是 22 人。

以上结果表明英语移动事件词汇化更强调移动事件的动态性，因此英语本族语者的故事中没有静态描写的例子，此结果与以往研究结果一致。法语本族语者确实产出了一定的静态描写，但是被试产出此类描写的人数比例和绝对数量都很低，此结果只是部分印证了以往研究结果。中国较高比例的英语和法语学习者在其汉语故事中产出了静态描写，此比例远远高于法语本族语者，这表明汉语或许比法语更重视静态描写。同时，两组英语学习者的英文故事里和一组法语学习者的法语故事里也分别产出了高于法语本族语者的静态描写比例，此结果表明中国的英语学习者在静态描写方面可能产生了负迁移，而高级法语学习者组在静态描写方面产生了正迁移，而初级法语学习者组未能产出静态描写的原因可能为总体语言能力不足。目前，静态描写与动态描写的特征均建立在少量的语料基础上，未来需要更多的研究来验证此特征。

6.7 讨论

6.7.1 词汇层面

从总体上看，汉语的方式动词和路径动词无论在形符上还是在类符上都显著地多于英语和法语；从形符和类符看，英语路径动词显著地低于法语，方式动词显著地高于法语。

第一，从形符上看，英语方式动词显著地多于路径动词，此结果符合卫星框架语言特征；而汉语和法语路径动词显著地多于方式动词，符合动词框架语言特征。从方式动词与路径动词类符使用比例上看，汉语和英语都表现出卫星框架语言的特征，都是方式动词多于路径动词；法语表现出典型的动词框架语言特征，路径动词多于方式动词。汉语的形符数与类符数呈现出不同的语言类型特征，即便是方式动词类符数高于路径动词，但是汉语母语者更倾向于使用路径动词。

以上这些结果与 Berman & Slobin（1994）、Hendriks（2005）、李雪（2009，2011）等研究结果有一致的地方又有不同的地方。即从形符数量看，汉语和法语一样符合动词框架语言的特征，英语符合卫星框架语言特征；从方式动词与路径动词的类符看，汉语与英语一样符合卫星框架语言特征，法语符合动词框架语言的特征。

与李雪（2010）不同，本研究发现汉语的方式动词不论形符与类符数均显著高于英语，李雪（2010）发现英语方式动词形符数与汉语几乎相同，但类符数远远高于汉语。我们推测可能因为两个研究的语料来源不同所致，李雪（2010）的语料来源于 20 部汉英小说，本研究语料全部来自研究者本人收集的青蛙故事。李雪（2010）的语料范围较宽，同时英语小说多为 19 世纪和 20 世纪的经典小说，文学性强，用词讲究、多元，因此英语母语者产出的方式动词类型较多，本研究所涉及的运动场景相对较少，故事作者为当代美国大学本科生，因此英语本族语者所产出的方式动词类型相对较少。另一个致使结果差异的原因可能是不同的计算方法，本研究采用的是均值比较，李雪（2011）的研究中采用的是绝对值。

本研究还发现汉语方式动词呈现三种形式，有单个的动词如"跑，跳，冲"；有双字复合词如"奔跑""飞驰"，还有四字成语，如"逃之夭夭""落荒而逃"。复合方式动词可能在很大程度上扩大了汉语方式动词的范围。本研究中汉语路径动词形符高于方式动词的结果与阚哲华（2010）观点相似，该研究发现以方式动词为结构核心的动趋结构加上单独作谓语的方式动词的数量（258个）低于以趋向动词为结构核心的动趋结构加上单独作谓语的路径动词的数量（290个），虽然两者的数据并无显著差异。

汉语的路径动词类型多于英语，这个结果与李雪（2009，2011）的研究结果一致，该研究同样发现汉语的路径动词类型多于英语，其原因可能是汉语移动事件结构以"方式动词+趋向动词"为主，这些趋向动词还可以单独或与其他趋向动词一起（主要是"来""去"两个词）作为路径动词使用。同时，本研究还认定一些通常被认为是方式动词的词同时包含路径意义（如"逃"），汉语中此类动词数量高于英语。英语中的路径概念一般由卫星成分实现，路径动词多来自法语或拉丁语，在日常表达中出现频率不高（Talmy，2000）。

本研究语料基于同样的无字故事书，作者基本上同为当代大学生，相对而言数据之间的可比性可能更强一些。但是，我们相信无论本研究还是李雪（2010）的研究对汉英两种语言中的方式动词与路径动词的收集都不是完全的，需要今后有更多的研究来丰富与完善，在此基础上我们才能得到对两种语言中的方式动词与路径动词更清晰、更全面的认知。

第二，法语的方式和路径动词形符和类符数均低于汉语，这个结果只是部分符合 Talmy（2000b）的判断和 Slobin（2004）的研究结果。根据 Talmy（2000）和 Slobin（2004），汉语的方式动词的形符和类符数量高于法语，符合逻辑。法语的路径动词形符与类符数均低于汉语，不符合一般期待，出现这样的结果可能还是因为上文提到的汉语中趋向动词以单独或组合形式的大量使用。

本研究认定一些法语动词同时包含方式和路径意义，以往的研究中没有采用这样的做法，此结果表明认定存在兼含方式和路径语义的移动动词对语言类型的认定具有较大影响。

第三，从频率上看，英语方式动词与路径动词的差异不显著；法语方式动词与路径动词的类型差别同样不显著。这些结果需要将来更多的研究来验证，原因也有待将来的研究来揭示。

从移动事件分类分析看，结果支持了研究假设。三种语言移动事件词汇化有不同点，也有共同点。

当移动事件特别凸显运动路径时，三种语言都会以使用路径动词为主，比如在"小狗掉下窗台"和"男孩回家"这两个移动事件中。可能的原因是：没有致使原因的"下"和"回"是人类体验相似性比较高的移动事件，在这样的移动事件中不需要突出运动的方式。

当移动事件特别凸显方式时，三种语言都会以使用方式动词为主。在其他情况下，汉语和英语本族语者倾向于更多地使用方式动词，法语本族语者更偏向于使用路径动词。

汉语、英语与法语的最大区别体现在表达"出"的移动事件上，通常情况下，汉语和英语多用方式动词，而法语几乎全部使用路径动词。即便该类移动事件中方式成分也比较突出，法语本族语者至多使用"方式+路径"动词，绝少使用单纯的方式动词。

这样的结果印证了 Aske（1989）、Slobin & Hoiting（1994）的研究，在表达跨界的移动事件时，像法语这样的动词框架语言不允许使用方式动词，而汉语和英语对方式动词的使用不受跨界移动事件的限制。

综上所述，对于相同的移动事件，汉、英、法三种语言的词汇化特点显现出不同层次的差异。对于特别强调方式的移动事件，三种语言都以使用方式动词为主；对于特别强调路径的移动事件，三种语言都倾向于使用路径动词；对于普通的移动事件表达，汉语和英语更多地使用方式动词，法语更多地使用路径动词。表达跨界概念时，法语绝对不使用方式动词。

6.7.2 小句层面

由于汉语移动事件表达多用结果性动词结构，单独使用动词的机会少，因此在 SD1 和 SD2 上比英语少；英语中的 SD3 句少于汉语的可能原因在于汉语高频率使用趋向动词，同时较多使用非动词表达的方式成分。

汉语在 SD1 和 SD2 上比法语少，原因也是汉语很少单独使用一个动词；而汉语 SD3 多于法语可能也得益于汉语多使用结果性动词结构，这一结构只要加上一个成分就有可能成为超过3个语义成分的小句。

英语 SD1 句少于法语的符合文献中的结果，即动词框架语言比卫星框架语言多用光杆动词句；英语 SD2 句多于法语的可能原因是英语常用方式动词加卫星路径成分句；英语 SD3 句多于法语的是因为英语中常常可以在路径成分后加介词引出背景成分，英语还可以有"事件复合"句，而法语中不允许。但是，为何英语和法语三个语义密度小句之间的数量差异均不显著需要进一步深究。

6.7.3 语篇层面

本研究的发现与以往的研究既有相似之处，也有不同之处。

作为比较典型的动词框架语言，本研究中的法语本族语者只有两位产出了静态场景的描写，这个结果与 Berman & Slobin（1994）的结论很不一致。与 Berman & Slobin（1994）的结果一致的是英语本族语者中没有产出一例静态场景描写。

Chen（2005）的研究发现汉语母语者使用静态描写的被试只有两例，占所有被试的比例只有17%。而本研究发现汉语母语者的故事中有36%~54.5%的被试产出了静态描写。这表明静态和动态描写这两个特征在两类语言中的使用特征还需要更多的实证研究来证实，另一种可能是这两个特征不是区分动词框架语言和卫星框架语言的稳定特征。

6.8 小结

本章报告了汉、英、法三种语言在总体词汇层面、分类移动事件词汇层面、小句层面以及语篇层面的结果。

从总体词汇层面看，汉语方式动词和路径动词产出的数量和类型均显著高于英语和法语，英语的方式动词的数量和类型均显著高于法语，而路径动词数量和类型显著低于法语。从数量上看汉语和法语一样，都是路径动词显著高于方式动词，英语方式动词数量显著高于路径动词。从类型比例看，汉、英、法三种语言方式动词与路径动词的比值分别为 1.32、2.04、0.78。此结果表明英语和法语的语言类型特征分别符合卫星框架语言和动词框架语言，而汉语的语言类型特征比较复杂。

移动事件分类研究结果表明三种语言的移动事件词汇化特征不是截然不同的，而是可能随着移动事件所凸显的语义成分呈现一些共性特征。在表达方式凸显的移动事件时都倾向于更多地使用方式动词；在表达路径意义凸显的移动事件时都更多地使用路径动词；在表达方式和路径均凸显的移动事件时，更多地使用兼含方式和路径意义的动词；在表达方式和路径意义都不是特别凸显的移动事件时，汉语和英语更多地倾向于使用方式动词，而法语倾向于更多地使用路径动词。另外，作为动词框架语言，法语在表达"出"这类移动事件时未使用一例方式动词，此为典型的动词框架语言特征，因为动词框架语言中的方式动词不表达跨界的移动事件。

小句层面的结果显示，汉语总体小句语义密度高于英语和法语，英语高于法语。语篇层面的结果表明，汉语的小句总量显著地少于英语与法语；英语的小句数量多于法语，但它们之间的差异不显著。英语本族语者没有产出静态描写，法语本族语者产出的静态描写较少，而汉语本族语者产出的静态描写相对较多。

从词汇、小句和语篇层面汉、英、法三种语言的对比结果我们可以得出这样的结论：我们只可以从各种特征入手，而不是从语言整体上来做类型划分。

各种语言虽然在文献上都有明确的类型归属，但是每种语言也都有与其所属类型不一致的特征，数据显示有些特征与文献中的结论还不相符合。比如，法语本族语者在法语故事中产出的静态描写也仅有两例等。

鉴于以上语言类型的复杂性，我们若以语言类型为理论基础从事实证研究也必须从语言特征的类型出发，而不能从语言的整体类型出发，否则就可能得出不太可靠的结论。

第七章 学习者语言产出研究

7.1 引言

本章将全面报告英语和法语学习者的移动事件表达，通过对比学习者与本族语者在词汇层面、小句层面、语篇层面的表达，回答学习者在多大程度上能够习得所学外语的移动事件表达特征。

词汇层面的结果分为总体对比与分类对比。总体对比结果将包括方式动词和路径动词的使用频数、类型以及方式动词与路径动词的使用比例；分类对比结果将包括"出""上""下""水平方向"四类移动事件中英语和法语学习者与英语、法语本族语者所使用的方式动词和路径动词比例。

小句层面将对比各种语义密度小句的数量差异、不同语义密度小句的数量分布以及事件复合结构数量的差异。

语篇层面将对比小句的数量和静态描写的数量差异，静态描写被认为是语言类型在语篇上的反映。

本章还将报告对比学习者与本族语者产出语料的质性分析结果。

7.2 研究问题回顾

本章要回答的研究问题是：在语言产出方面，中国的英语和法语学习者对两种语言的移动事件词汇化特征习得如何？

（1）从词汇层面看，中国学习者与本族语者之间，以及学习同一种外语，属于不同水平的学习者之间是否存在差异？

　　a. 英语学习者与英语本族语者在方式动词和路径动词的使用量上以及它们的比例上是否存在差异？

　　b. 法语学习者与法语本族语者在方式动词和路径动词的使用量上以及它们的比例上是否存在差异？

（2）从移动事件分类角度看，英语和法语学习者与英语、法语本族语者在方式动词和路径动词的使用上是否存在差异？

（3）从小句层面看，英语和法语学习者与英语、法语本族语者产出的不同语义密度的小句数量是否存在差异？学习者与本族语者产出的不同结构的小句的数量分布是否存在差异？学习者和本族语者产出的事件复合结构数量是否存在差异？

（4）从语篇层面看，英语和法语学习者与英语、法语本族语者产出的小句数量是否存在差异？学习者与本族语者产出的静态描写句数量是否存在差异？

（5）从质性数据分析看，学习者与本族语者对移动事件的词汇化是否存在差异？

7.3 词汇层面结果

要回答英语和法语学习者在词汇层面是否能像英语和法语本族语者那样去表达移动事件，我们在两组英语学习者与英语本族语者、两组法语学习者与法语本族语者所产出的文本中去比较方式动词和路径动词的使用量。比较分两个步骤进行，首先从学习者总体产出的方式动词和路径动词与本族语者产出的相应动词进行对比，然后将两种语言的两组学习者与英、法语本族语者进行两两对比。

7.3.1 英语学习者方式动词和路径动词使用形符

本小节的目的是检验两组英语学习者与英语本族语者产出的方式动词和路径动词的形符相比是否存在差异，检验方法为单因素方差分析。

表 7-1 显示，两组英语学习者与英语本族语者三组研究对象之间产出的方式动词和路径动词的形符均不存在显著差异。

表 7-1　英语本族语者与英语学习者动词形符比较（ANOVA）

动词类型	组别	人数	均值	标准差	F 值	P 值
方式动词	英本	22	11.64	5.30	1.89	.16
	英高	22	10.32	3.15		
	英初	22	9.36	2.72		
路径动词	英本	22	9.41	3.02	1.19	.31
	英初	22	8.59	3.02		
	英高	22	8.09	2.51		

注："英本"指英语本族语者，"英初"指初级英语学习者，"英高"指高级英语学习者。

从均值看，英语本族语者、高级英语学习者和初级英语学习者产出的方式动词和路径动词呈现递减的趋势，符合一般预期。三组研究对象产出的方式动词形符均值分别为 11.64、10.32 和 9.36；路径动词形符分别为 9.41、8.59 和 8.09。

三组研究对象产出的方式动词和路径动词形符均不存在显著性差异，只是均值呈现高低不同。这样的结果可以解释为中国英语学习者可能已经基本上掌握了英语移动事件词汇化在两类动词使用上的主要特征，但是由于总体语言水平所限，所产出的方式动词和路径动词形符均值均低于英语本族语者，初级英语学习者低于高级英语学习者。可能因为汉语和英语对移动事件的概念化相似，对移动事件的词汇化模式相似，中国英语学习者在掌握英语的移动事件词汇化的主要特征上不存在太大困难。

从第六章我们可知，汉语的方式动词与路径动词的形符均显著高于英语，汉语本族语者移动事件词汇化类型多于英语移动事件词汇化类型。汉语中出现频率最高的"动趋式结构"与英语中的"方式动词+路径小品词"高度相似，并且动趋式结构中的趋向动词还能单独作谓语表达路径概念；同英语一样，汉语中存在非趋向路径动词；汉语移动事件词汇化中同时包含方式与路径成分的移动动词总量高于英语。

7.3.2 法语学习者方式动词和路径动词使用类符

本部分将通过单因素方差分析检验两组法语学习者与法语本族语者产出的方式动词与路径动词形符之间的差距是否显著。

表7-2显示从总体上看，法语学习者与法语本族语者产出的方式动词与路径动词形符均存在显著性差异，P值分别达到.005和.000，法语学习者的产出量低于法语本族语者。法语本族语者、初级法语学习者、高级法语学习者的方式动词平均值分别为5.86、3.50、3.57；路径动词的均值分别为：13.73、7.73、5.95。

两两对比结果显示法语本族语者产出的方式动词形符显著高于初级法语学习者和高级法语学习者，显著性值分别达到.010和.023，而两组法语学者之间不存在显著性差异。法语本族语者产出的路径动词形符显著高于初级法语学习者和高级法语学习者，显著性值均达到.000，而两组法语学者之间的差异未达到显著性。

鉴于此前发现汉语本族语者产出的方式动词和路径动词的形符均显著高于法语本族语者，根据以往研究结果（Cadierno 2006），我们推测中国法语学习者应该比法语本族语者使用更多的方式动词和路径动词，但是这一结果并没有出现。因此，我们不能判断法语学习者与法语本族语者的差异源自语言类型差异。本研究中的两组法语学习者学习法语的时间相对较短，我们推断他们与法语本族语者之间的差异的主因是总体语言水平。

表7-2 两组法语学习者与法语本族语者动词形符对比

特征	组别	均值	标准差	单因素方差分析		两两对比			
				F值	P值	对比组	均值差	标准误	P值
方式动词	法本（22）	5.86	3.09	5.66	.005	法本-法初	2.36*	.78	.010
	法初（22）	3.50	2.09			法本-法高	2.14*	.78	.023
	法高（22）	3.57	2.43			法初-法高	-.23	.78	1.000
路径动词	法本（22）	13.73	5.63	20.08	.000	法本-法初	6.00**	1.27	.000
	法初（22）	7.73	3.61			法本-法高	12.45**	1.27	.000
	法高（22）	5.95	2.94			法初-法高	7.22	1.27	.575

注："法本"指法语本族语者，"法初"指初级法语学习者，"法高"指高级法语学习者。** $p<0.01$

中国的大学法语专业学生基本上都是在大学从零起点开始学习法语,到本研究开始时初级学习者学习法语的时间只有一年多到两年多,高级水平的学习者也只有三年多到四年多的学习时间。本研究要求所有法语受试在45分钟内完成故事写作任务。而这个时间可能不足以让法语学习者产出他们所掌握的移动动词,因此,有相当一部分法语学习者没有能够把故事写完整,这可能是造成他们在方式动词、路径动词的使用量上都比本族语者少的原因。不排除限于学习者的总体语言水平,学习者即便有足够的时间也无法产出与法语本族语者同样多的移动动词。

虽然两组法语学习者之间的方式动词与路径动词的形符均无显著差异,高级法语学习者的方式动词高于初级法语学习者符合预期,但高级法语学习者的路径动词低于初级法语学习者的有些意外。我们推测此结果的原因可能包括:第一,高级法语学习者由于更重视语言质量,把更多的注意力分配给了语言形式,对法语路径动词的重视程度不够;而初级法语学习者的首要目标是实现交际目的,以表达出语意为主要任务,不重视语言形式的准确性,因而在路径动词的使用上反倒高于高级法语学习者;第二,本研究的产出材料属于叙述性文体,高级法语学习者接触该类体裁的机会比初级法语学习者减少了,因而对法语移动事件词汇化特点有所生疏;第三,从他们产出的文本看,高级学习者由于总体法语水平较高,他们对青蛙故事第一幅图的描写较多,而第一幅图上没有很明显的移动事件。初级法语学习者由于没有能力在一幅图上花太多笔墨,他们的描述反而涉及了更多的图片,后面的图片中含有较多移动事件。

7.3.3 英、法语学习者使用的方式动词和路径动词类符

本小节要考查不同受试组产出的方式动词和路径动词的类符(Type)数,以期发现学习者与本族语者在动词使用类型上的异同。

表7-3显示,虽然英语本族语者、高级英语学习者和初级英语学习者产出的方式动词类符呈现一个递减趋势,他们的均值分别为8.50、7.41和6.95,两组英语学习者产出的方式动词类符仍然少于英语本族语者,但是三组研究对象之间的差异并未达到显著性水平(p=.099)。同时,高级英语学习者产出的方式动词类符数高于初级英语学习者,此结果表明三组研究对象之间的差异更可能源自他们的总体英语水平而非语言类型因素,因为此前我们已经获知汉语方式动词类符显著高于英语。

表7-3 英语学习者方式、路径动词类符与英语本族语者对比

特征	组别	均值	标准差	单因素方差分析				
				F值	Sig.	两两对比(Bonferroni)		
						对比组	均值差	标准误	P值
方式动词(M)	英本(22)	8.50	3.10	2.40	.099	英本-初英	1.55	.72	.110
	初英(22)	7.41	2.22			英本-高英	1.09	.72	.411
	高英(22)	6.95	1.68			初英-高英	-.45	.72	1.000

续表

特征	组别	均值	标准差	单因素方差分析					
				F 值	Sig.	两两对比（Bonferroni）			
						对比组	均值差	标准误	P 值
路径动词（P）	英本（22）	6.95	2.78	5.78	.005	英本-初英	1.82*	.589	.009
	初英（22）	5.14	1.55			英本-高英	1.64*	.589	.022
	高英（22）	5.32	1.96			初英-高英	-1.82	.589	1.000

* $p<0.05$

注："英本"指英语本族语者，"初英"指初级英语学习者，"高英"指高级英语学习者。

表7-3同时显示，英语本族语者、高级英语学习者和初级英语学习者产出的路径动词类符同样呈现一个递减趋势，他们的均值分别为6.95、5.32和5.14，而且三组研究对象之间的差异达到.005的显著性水平。两两对比结果显示英语本族语者与初级英语学习，英语本族语者与高级英语学习者之间的差异均达到了显著性，显著性值分别达到了.009和.022，而初级英语学习者与高级英语学习者之间的差异不显著。此前汉英对比结果显示汉语路径动词类符显著高于英语，因此此结果很可能与语言类型没有关系，这种显著性差异的原因可能在于英语的路径动词多来自拉丁语或法语，这些词在英语中出现频率较低且比较正式，英语学习者接触的机会较少，因而对英语学习者构成挑战。输入的目标语中相关概念的凸显度（频率）以及学习者用目标语参与交际的概率都会影响学习者掌握目标语中词汇化或语法化了的概念（Jarvis & Pavlenko 2008：150-151）。另一方面此结果表明本研究中两组英语学习者英文水平的差异对英语路径动词的产出没有决定性影响。

本结果与曾永红（2013）和许子艳（2013）的研究都不太一致，曾的研究发现中国的两组英语学习者产出的移动动词总类符数以及方式动词类符数均显著低于英语本族语者的。此种不一致的可能原因在于曾的研究让被试口头讲述故事，口语表达比本研究中的书面表达难度更大，因而导致学习者产出了较少的方式动词。许子艳（2013）的研究发现两组中国的英语学习者产出的方式动词类符数均显著低于英语本族语者，但是该研究中的差异未必如研究者的判断来自汉、英语言的差异，更有可能是计算差异所致。许的研究采用卡方计算，考查的是三组研究对象产出的方式动词总类型数的差异，本研究考查的是研究对象各组之间产出的方式动词类型的均值。对于小样本研究，从总数上考查得出的数值可能对研究对象产出的语料总字数以及研究对象的人数都会比较敏感，比如许的研究中英语本族语组人数为29人，而两组英语学习者的人数各为15人，并且本族语者产出而学习者未产出的方式动词中绝大多数为频率为1~2次的词，因此该研究中本族语者产出的方式动词数量优势很大一部分由人数优势所致。另一重要的可能原因是本族语者之间可能存在较大差异，或者学习者的总体英语水平还不够高。在许文列出的英语学习者没能产出的方式动词中，有若干词被本研究中的学习者用到了，如，hop, crawl, clamber, creep, flow, slip，与许的研究对象一样，本研究中的被试还产出了若干许文中英语本族语者没有产出的方式动词，如，dash, dart, stagger, spiral，这些都并非英语中的高频词。

曾永红（2013）和许子艳（2013）还指出中国的英语学习者由于受到母语的影响，不能很好地使用英语中颗粒度较细的低频方式动词，而只能依靠颗粒度较粗的高频词。本研究的结果似乎不太支持这样的结论，因为一方面我们不能断定汉语中缺乏表达细颗粒度的方式动词，另一方面我们发现在本研究以及其他学者的研究中本族语者的产出动词并非完全覆盖学习者的产出，学习者产出的方式动词同样可能是低频词，而且这些低频词还可能是本族语者未能产出的。

表7-4显示两组法语学习者与法语本族语者产出的方式动词与路径动词类符均存在显著性差异，显著性值分别为.001和.000。两两对比结果表明法语本族语者与初级法语学习者、法语本族语者与高级法语学习者之间方式动词类符均存在显著性差异，显著性值分别达到了.001和.033，两组法语学习者之间的差异未达到显著性，虽然高级法语学习者的均值（4.18）高于初级法语学习者的均值（3.59）。

两两对比结果表明法语本族语者与初级法语学习者、法语本族语者与高级法语学习者之间路径动词类符存在显著性差异，显著性值分别达到了.000和.001，两组法语学习者之间的差异未达到了显著性，高级法语学习者的均值（6.73）略高于初级法语学习者的均值（6.64）。

表7-4 法语学习者方式、路径动词类符与法语本族语者对比

特征	组别	均值	标准差	单因素方差分析					
				F值	Sig.	两两对比（Bonferroni）			
						对比组	均值差	标准误	P值
方式动词（M）	法本（22）	5.55	2.02	7.41	.001	法本-初法	1.95**	.52	.001
	初法（22）	3.59	1.53			法本-高法	1.36*	.52	.033
	高法（22）	4.18	1.59			初法-高法	-.59	.52	.783
路径动词（P）	法本（22）	9.09	2.65	10.60	.000	法本-初法	6.91**	.64	.000
	初法（22）	6.64	1.47			法本-高法	4.77**	.64	.001
	高法（22）	6.73	1.70			初法-高法	-2.14	.64	1.000

*$p<0.05$；**$p<0.01$

注："法本"指法语本族语者，"初法"指初级法语学习者，"高法"指高级法语学习者。

汉语的方式动词与路径动词的类符均显著高于法语本族语者，而法语学习者的方式动词与路径动词的类符均显著低于法语本族语者，此结果表明语言类型因素不是学习者使用移动动词的障碍。同时两组法语学习者产出的路径动词均值都高于方式动词，符合法语移动动词的使用特征，高级学习者的产出多于初级学习者，因此我们可以推测学习者的整体法语水平是他们两类动词类符均低于法语本族语者的主要原因。

7.3.3.1 初级英语学习者的移动动词类型

以下是22位初级英语学习者产出的移动动词，其中方式动词包含39个类型，路径动词包含26个类型。方式动词频数居于前十位的是：climb, jump, escape, chase, fly, run, throw, follow, carry, drop；路径动词居于前十位的是：fall, go, come, climb, escape, take, drop, flee, leave, lift。另外, climb, escape, drop, flee, head, dump, hide 等词为既包含方式成分, 又包含路径成分的动词。

7.3.3.2 高级英语学习者使用的移动动词类型

高级英语学习者产出了 31 个类型的方式动词, 25 个类型的路径动词, 方式动词比路径动词略多一些。频数排在前十位的方式动词有: climb, run, jump, escape, chase, fly, slip, carry, follow, crawl; 频数排在路径动词前十位的是: fall, climb, go, come, threw, escape, take, leave, bring, drop。同时作为方式动词和路径动词的是: climb, escape, flee, hide, head。

本研究发现英语本族语者与初级英语学习者和高级英语学习者产出的频数居于前 10 名的方式动词中分别有 8 个和 7 个是一致的。因此本研究与曾永红（2013）的结论不太一致, 曾发现中国的英语学习者往往过度使用 run, walk, jump 等基本层级词汇, 本研究发现学习者产出的高频词也是本族语者的高频词。

尽管从上文中我们得知英语本族语者与英语学习者产出的方式动词类型数差异不显著, 然而从绝对量上看, 英语本族语者产出了 50 个类型的方式动词, 初级英语学习者和高级英语学习者分别产出了 39 和 31 个类型的方式动词。导致英语本族语者与两组英语学习者产出的方式动词类型数差异的原因更可能是语言水平差异。

7.3.3.3 初级法语学习者使用的移动动词类型

31 位初级法语学习者产出了 22 个类型的方式动词, 35 个类型的路径动词, 路径动词的类型多于方式动词。频数排在前十位的方式动词是: courir, jeter, fuir, s'enfuir, grimper, poursuivre, suivre, sauter, voler, cacher; 频数排在前十位的路径动词是: tomber, sortir, monter, fuir, sauter, grimper, partir, rentrer, jeter, s'enfuir。

同时包含方式和路径意义的移动动词有: jeter, fuir, s'enfuir, grimper, cacher, échapper, s'échapper, enfuir。

7.3.3.4 高级法语学习者使用的移动动词类型

31 位高级法语学习者共产出 24 个类型的方式动词和 39 个类型的路径动词, 路径动词的类型多于方式动词。频数居于前十位的方式动词是: courir, fuir, jeter, grimper, poursuivre, suivre, sauter, voler, s'enfuir, cacher; 频数居于前十位的路径动词是: tomber, sortir, grimper, monter, aller, quitter, s'enfuir, prendre, rentrer, amener。

同时包含方式和路径意义的动词是: fuir, grimper, s'enfuir, cacher, échapper, s'échapper。

经过比较, 我们发现两组法语学习者产出的频数最高的 10 个方式动词中有 8 个与法语本族语者产出的频数最高的 10 个方式动词一致, 而初级法语学习者与高级法语学习者产出的频数最高的路径动词分别有 6 个和 7 个与法语本族语者产出的频数最高的路径动词一致。此结果表明对于法语学习者来说方式动词因数量不大, 且多数同时充当路径动词, 容易与法语本族语者呈现相似的频率; 而法语中多路径动词, 学习者与本族语者对多样动词的使用频率呈现较多差异性。但是, 我们并不能因此得出学习者受母语影响而呈现与本族语者路径使用频率差异的结论, 因为法语本族语者的部分路径动词同样为高频词, 如 aller, partir, arriver，monter 等，而高级法语学习者产出的部分低频路径动词未能出现在法语本族语者的高频词范围内，如 rentrer，amener，quitter 等。

7.3.4 英、法语学习者使用的方式和路径动词比例

在这一部分我们将对各组内受试所产出的方式动词与路径动词的比例和比值进行统计分析，对各组之间的数据进行对比分析，以发现学习者与本族语者之间的异同。

7.3.4.1 学习者产出的方式动词和路径动词频数比较

这里的频数来源于受试产出的文本，方式动词与路径动词的比例被视为判断某一语言类型归属的特征之一。学习者产出的方式动词与路径动词的数量关系接近本族语者代表学习者掌握目标语词汇化特点的程度。

从表 7-5 我们发现四组学习者所产出的文本在方式动词和路径动词的比例上都具备他们所学外语的特征，也就是说学习者产出的方式动词与路径动词与本族语者产出的两类动词比例非常相像。

两组英语学习者产出的方式动词数量显著地高于路径动词，显著性水平分别达到 .041 和 .025。从上文可知英语本族语者产出的方式动词数量同样显著高于路径动词，显著性值为 .013。因此根据这个方面的数值我们判断英语学习者已经掌握了英语移动事件表达中两类动词的使用比例，没有受母语中路径动词高于方式动词均值的影响。

两组法语学习者的方式动词均显著少于路径动词，并且显著性水平都达到了 .000，这和法语本族语者的显著性水平完全一致。

表 7-5 英、法语学习者方式动词-路径动词对比（T-test）

学习者组	动词类型	平均数	标准差	MD	P 值
初级英语学习者（22人）	方式动词	9.36	2.72	1.27	.041
	路径动词	8.09	3.02		
高级英语学习者（22人）	方式动词	10.32	3.15	1.73	.025
	路径动词	8.59	2.51		
初级法语学习者（22人）	方式动词	3.50	2.09	-4.23	.000
	路径动词	7.73	3.61		
高级法语学习者（22人）	方式动词	3.57	2.43	-2.38	.000
	路径动词	5.95	2.94		

虽然高级法语学习者在路径动词的总量上显著地少于法语本族语者，但是在方式动词与路径动词的相对比例上，我们得出的结论却是两组法语学习者与本族语者完全一样。

从这样的结果看，我们倾向于认为中国学习者在使用外语表达移动事件时，掌握总体上的模式并不是太难的事情，他们的主要难点在于更好更全面地掌握语言知识。

7.3.4.2 移动动词类型比值比较

本节从中国的英、法语学习者的动词类型使用比率上考查学习者与本族语者的差异。这

里将方式动词与路径动词类型的比值视为各种语言移动事件词汇化的特征之一，学习者使用动词类型的比值被视为判断学习者是否掌握目标语移动事件词汇化的指标之一。

表 7-6 显示，从类型的比值看，两组英语学习者使用的方式动词与路径动词的类型比值均更接近他们的母语汉语中的比值，与英语本族语者有一定的差距（英语本族语者、初级英语学习者、高级英语学习者、汉语中两类动词类型比值分别为：1.85、1.46、1.24、1.32）；而两组法语学习者方式动词和路径动词的比值都很接近法语本族语者（法语本族语者、初级法语学习者、高级法语学习者两类动词之间的比率分别为：0.78、0.63、0.62）。

表 7-6 英语、法语学习者与汉、英、法本族语者移动动词类型比率

项目	英语本族	英语初学	英语高学	法语本族	法语初学	法语高学	汉语
方式动词	50	38	31	31	22	24	79
路径动词	27	26	25	40	35	39	60
方式与路径比	1.85	1.46	1.24	0.78	0.63	0.62	1.32

注："英语本族"指英语本族语者，"英语初学"指初级英语学习者，"英语高学"指高级英语学习者；"法语初学"指初级法语学习者，"法语高学"指高级法语学习者，"汉语"指中国学生写的汉语。

英语学习者使用的两类动词类型比值与汉语较接近，而与英语本族语者差距较大的可能原因是英语学习者掌握的英语方式动词尚未达到其母语和英语本族语者的多样化程度。但是学习者与英语本族语者产出的方式动词数同样高于路径动词数，学习者与英语本族语者之间的差距为量的差距，主要体现在方式动词的丰富程度上，对于数量不多的路径动词学习者产出的类型与本族语者基本持平。

同理，法语学习者的动词类型比值接近法语本族语者的可能原因是法语学习者的母语中兼具丰富的方式动词和路径动词，学习法语中的两类动词以及体会到两类动词之间的比例均比较容易，他们产出的路径动词与法语本族语者差距不太明显，只是产出的方式动词相对较少。这些可能的原因都只是初步的推测，具体的原因有待将来更多的研究揭示。

7.4 移动事件分类研究结果

从汉、英、法分类移动事件的动词使用对比我们知道，从总体上看汉语和英语在四类移动事件中的动词使用倾向符合卫星框架语言特征，法语动词使用倾向符合动词框架语言特征；汉语、英语与法语在表达"方式或/和路径意义成分凸显的移动事件"时动词使用倾向呈现出明显的一致性，在其他移动事件中动词使用特征不一致。

在这里我们假设，学习者与本族语者在这四类移动事件中动词的使用特征会体现出其母语与目标语对比所呈现的异同。我们将分别报告英语学习者和法语学习者的表现。

7.4.1 英语学习者与英语本族语者对比

7.4.1.1 表达"出"的移动事件

表 7-7 显示，三个表达"出"的移动事件中，中国两组学习者和英语本族语者有 2

个移动事件很相似。在"青蛙出罐子"这个事件中，英语本族语者、初级英语学习者与高级英语学习者都较多地使用了方式动词和同时表达方式和路径的动词，而很少使用路径动词。方式动词、路径动词和同时表达方式和路径的动词在三组受试中的使用比例分别为：50%：12%：38%；44%：6%：50%；50%：11%：39%，高级英语学习者与英语本族语者三类动词的使用比例几乎完全相同，初级英语学习者的路径动词略少，方式+路径动词略多。

在表达"老鼠出地洞"这个移动事件中，2组学习者与英语本族语者存在较大差异。英语本族语者使用的方式动词比路径动词多，而学习者使用的路径动词比方式动词多。方式动词的比例在英语本族语者、初级英语学习者、高级英语学习者中依次为：73%、33%、8%；路径动词的使用比例依次为 27%、67%、92%，其中高级英语学习者使用的路径动词比例最高。

在"猫头鹰出树洞"这个移动事件中，两组学习者与英语本族语者一样都以使用方式动词为主，本族语者的比例是62%；初级学习者是70%，高级学习者是100%。初级英语学习者路径动词的使用量为10%，低于本族语者的38%，高级英语学习者没有产出路径动词。初级英语学习者还产出了20%的方式+路径动词。

究其原因，可能是"青蛙"与"猫头鹰"这两个运动主体的运动方式，对所有人来说都更为熟悉（"青蛙"会跳，"猫头鹰"会飞），学习者比较容易注意到它们的表达方式，表达方式的动词也多。而"老鼠"这一运动主体的运动方式不为大家所熟悉，因而没有更多的动词来表达它，连英语本族语者也使用了不少 come out 这一常用短语。对学习者来说，如果没有掌握足够的方式动词，使用 come out 这一普通的表达是最便利的办法。本研究把 come 看成路径动词，所以学习者的表达中路径动词就居于多数。

表达"青蛙出罐子"时，汉、英对各类动词的使用比例接近，两组英语学习者的表现与英语本族语者很相近。这证实了我们的假设，这类事件的词汇化比较容易掌握。汉语表达"老鼠出地洞"时以方式动词为主，而学习者却以路径动词为主，我们猜测可能是因为学习者没有掌握更多表达这类移动事件的方式动词。

表 7-7　英语学习者与英语本族语者移动事件分类动词使用对比

项目		出			上		下			水平方向		
受试组	动词类型	蛙出	鼠出	鹰出	窗台	大树	大石	窗台	蜂窝	悬崖	蜂追狗	鹿跑	回家
英语本族语者	方式	50%(13)	73%(8)	62%(8)	14%(1)	18%(2)	37%(7)		60%(12)	65%(13)	96%(25)	94%(16)	33%(4)
	路径	12%(3)	27%(3)	38%(5)	57%(4)		5%(1)	100%(21)	40%(8)	20%(4)	4%(1)	6%(1)	58%(7)
	方+径	38%(10)			29%(2)	82%(9)	58%(11)			15%(3)			9%(1)

续表

受试组	动词类型	出			上			下			水平方向		
		蛙出	鼠出	鹰出	窗台	大树	大石	窗台	蜂窝	悬崖	蜂追狗	鹿跑	回家
初级英语学生	方式	44%(14)	33%(4)	70%(7)	73%(8)		18%(3)	5%(1)	55%(6)	78%(14)	84%(16)	92%12	
	路径	6%(2)	67%(8)	10%(1)	27%(3)	18%(2)	6%(1)	95%(19)	45%(5)	22%(4)			100%(12)
	方+径	50%(16)		20%(2)		82%(9)	76%(13)				16%(3)	8%(1)	
高级英语学生	方式	50%(14)	8%(1)	100%(5)	67%(4)	6%(1)	16%(3)	5%(1)	8%(1)	76%(16)	90%(19)	100%(10)	
	路径	11%(3)	92%(11)		16.5%(1)	6%(1)	10%(2)	95%(19)	92%(12)	19%(4)	10%(2)		100%(13)
	方+径	39%(11)			16.5%(1)	88%(14)	74%(14)			5%(1)			

注：表中百分数下面括号内的数字是各类动词在每个移动事件中出现的频数。"方+径"表示"方式+路径"动词。

7.4.1.2 表达"上"的移动事件

两组学习者与英语本族语者表达"上"这一移动事件使用的词汇比例十分相似。英语本族语者、初级英语学习者、高级英语学习者使用方式动词、路径动词、方式+路径动词的比例依次为：10∶5∶22，11∶6∶22，8∶4∶29，方式+路径动词的比例显著高于方式动词和路径动词。这种结果和汉语与英语的对比结果是一致的。原因可能是中英文词汇化"向上爬"的概念是一致的，即此移动事件同时凸显运动的方式和路径。

从不同的移动事件看，结果有所不同。

表达"上窗台"时，英语本族语者以路径动词为主，而两组学习者都以方式动词为主。英语本族语者、初级英语学习者、高级英语学习者产出的方式动词比例分别为14%、73%、67%；三组被试产出的路径动词比例分别为：57%、27%、16.5%。英语学习者的比例与其母语中的比例比较接近。说明在这个移动事件上，可能存在母语的影响，在具体的移动事件上，英语本族语者可能表现出不同的词汇化模式。

表达"男孩爬树"和"男孩爬上大石头"这两个移动事件时，2组英语学习者与英语本族语者都以使用"方式+路径"动词为主。在表达"男孩爬树"时，本族语者、初级学习者、高级学习者使用"方式+路径"动词的比例分别为：82%、82%、88%；表达"男孩爬上大石头"时，"方式+路径"动词的使用比例分别为：58%、76%、74%。此结果证实了我们的假设，因为汉语表达这两个移动事件时，同样以"方式+路径"动词为主。

7.4.1.3 表达"下"的移动事件

表达"小狗掉下窗台"时，英语学习者与本族语者一样，路径动词的使用量占绝对多数。三类受试使用的路径动词比例分别是：100%，95%，95%。可能因为小狗下落是一个非自发的意外事件，在这种情况下，路径是最凸显的语义成分，这个结果和李福印（2017）一致，他通过分析火灾、矿难、火山爆发三类事件发现它们的词汇化模式中路径动词居于优势地位。汉语也是如此，英语学习者因此不难掌握这样的词汇化模式。同时汉语的"掉下"与英语中的 fall 一样都是频率比较高的动词，学习者容易掌握。

表达"蜂窝从树上掉下"时，两组学习者与英语本族语者一样都使用了方式动词和路径动词。但是，本族语者和初级英语学习者的方式动词比例高，而高级学习者的路径动词比例高。方式动词和路径动词在本族语者、初级学习者、高级学习者中的比例分别是：60%：40%；55%：45%；8%：92%。

英语学习者与英语本族语者一样，在表达"男孩掉下悬崖"这个移动事件时，都较多地使用方式动词，三组当中方式动词和路径动词的使用比例如下：65%：20%；78%：22%；76%：19%。

高级英语学习者在表达"男孩掉下悬崖"这一移动事件时和英语本族语者一样，主要使用方式动词，少量使用路径动词，方式动词主要表达致使的方式。但是，在表达"蜂窝从树上掉下"这个移动事件时，高级英语学习者却没有把它处理成一个"致使"的移动事件，没有表达致使的方式，因此主要使用路径动词。

英语学习者还表现出了用普通的非移动动词来代替"致使"动词的倾向，如使用 make, get, put 等。这表明汉语的"致使"运动标志性动词"使"的意义可能迁移到了英语中。另外，在表达"掉下"的时候，英语本族语者多用 fall out，表达出了"某物从另一物上脱落之义"。学习者多用 fall down，可能和汉语中的"掉下来"比较接近，这是语义迁移的可能证据或者表明学习者未能掌握 fall out 这一动词短语的意义。

7.4.1.4 表达"水平方向"的移动事件

两组英语学习者较好地掌握了"水平方向"的移动事件。他们和英语本族语者一样，在表达凸显方式的移动事件时，主要使用方式动词。各组中表达"蜜蜂追小狗"和"小鹿向悬崖边跑"这两个移动事件所用的方式动词比例分别是：96%、94%；84%、92%；90%、100%。

表达"小男孩回家"这样的移动事件时，英语学习者与本族语者都主要使用路径动词。英语本族语者、初级英语学习者、高级英语学习者使用的路径动词比例分别为：58%，100%，100%。

以上四类移动事件中，英语学习者的动词使用类型分布表明英语学习者能够较好地掌握英语移动事件词汇化特征。在多数移动事件上，学习者方式动词和路径动词使用比例与英语本族语者相似。这应该归于汉语和英语在多数移动事件上相同的词汇化特征。只是在个别移动事件上、在零星的文本上，学习者还保留一些母语词汇化特征的痕迹。

7.4.2 法语学习者与法语本族语者对比

由于汉语和法语在移动事件词汇化特征上差异较多，我们推测法语学习者在分类移动事件上可能表现出与法语本族语者更多的差异性。我们的分析数据均来自表 7-8。

7.4.2.1 表达"出"的移动事件

在表达"青蛙出罐子"这一移动事件时,两组法语学习者都明显地迁移了汉语的动词使用特点。法语本族语者在表达"出"概念时,主要使用路径动词和同时表达方式和路径意义的动词,两者的比例为38%:62%,未使用单纯的方式动词。两组法语学习者虽然同样使用了较高比例的路径动词以及方式+路径动词,但是初级法语学习者和高级法语学习者均使用了一定比例的方式动词。他们的方式动词、路径动词、方式+路径动词的使用比例分别为:15%:31%:54%;17%:33%:50%。

在表达"老鼠出地洞"和"猫头鹰出树洞"时,法语本族语者100%地使用路径动词。两组法语学习者虽然也使用了较高比例的路径动词,但都使用了相当比例的方式动词,如表达青蛙跳出罐子的"sauter(跳)"、表达猫头鹰飞出树洞的"s'envoler(飞起,起飞)"。初级法语学习者在两个移动事件中使用的方式动词和路径动词比例分别为:30%:70%和40%:60%;高级法语学习者使用的两类动词比例是54%:46%和33%:58%。

像法语这样的动词框架语言,表达"进、出"等跨界概念时不能使用单纯的方式动词,而汉语却没有这样的限制。这类语言间词汇化模式的差异由于牵涉概念迁移,学习者很难完全掌握,加之表达跨界(Boundary Crossing)路径对本族语儿童同样构成更大的认知挑战(Ji et al. 2011b),因此即使是较高水平学习者使用外语表达此类移动事件也会带有母语的特点。

另外,一例受母语影响的表达是初级法语学习者产出的 voler en sortant(飞着出来),同样的意思,法语本族语者会写成 sortir en volant。这个错误表达表明,法语学习者仍然重视方式动词,所以把方式动词处理成主要动词,而把路径动词处理成分词形式。法语本族语者的做法刚好相反。

表7-8 法语学习者与法语本族语者移动事件分类动词使用对比

受试组	动词类型	出			上			下			水平方向		
		蛙出	鼠出	鹰出	窗台	大树	大石	窗台	蜂窝	悬崖	蜂追狗	鹿跑	回家
法语本族语者	方式							4%(1)		55%(12)	75%(15)	67%(6)	
	路径	38%(11)	100%(9)	100%(13)	100%(7)	43%(6)	57%(8)	92%(21)	100%(17)	45%(10)		33%(3)	100%(16)
	方+径	62%(18)				57%(8)	43%(6)	4%(1)			25%(5)		
初级法语学生	方式	15%(4)	30%(3)	40%(4)	40%(2)			21%(4)		93%(13)	100%(15)	100%(6)	
	路径	31%(8)	70%(7)	60%(6)	60%(3)	56%(5)	70%(7)	79%(15)	100%(6)	7%(1)			100%(7)
	方+径	54%(14)				44%(4)	30%(3)						

续表

受试组	动词类型	出			上			下			水平方向		
		蛙出	鼠出	鹰出	窗台	大树	大石	窗台	蜂窝	悬崖	蜂追狗	鹿跑	回家
高级法语学生	方式	17%(4)	54%(7)	33%(4)	100%(4)	7%(1)		20%(4)		53%(8)	100%(14)	100%(13)	
	路径	33%(8)	46%(6)	58%(7)		21%(3)	64%(9)	80%(16)	100%(10)	47%(7)			100%(11)
	方+径	50%(12)		9%(1)		72%(10)	36%(5)						

注：表中百分数下面括号内的数字是各类动词在每个移动事件中的频数，"方+径"表示"方式+路径"动词。

7.4.2.2 表达"上"的移动事件

学习者在"男孩上树"和"男孩上大石头"这两个移动事件中，表现出的动词使用倾向与本族语者一致：主要使用路径动词和同时表达方式与路径的动词。表达"男孩上树"时，法语本族语者、初级法语学习者、高级法语学习者使用的这两类动词的比例分别为：43%∶57%；56%∶44%；21%∶72%；表达"男孩上大石头"时，两类动词的使用比例分别是：57%∶43%；70%∶30%；64%∶36%。

在表达"上窗台"这一移动事件时，两组学习者都使用了方式动词 sauter（跳）。初级法语学习者使用的方式动词和路径动词的比例是：40%∶60%，而法语本族语未使用一例方式动词。高级法语学习者表现出的母语特征更明显，在这个移动事件中出现的四个动词全部是方式动词。

学习者使用 sauter 这个方式动词的原因可能是它和汉语里的"跳"意思相近。高级学习者在"男孩上树"这个移动事件中也使用了一次 sauter。

在移动事件表达的某些方面，高级法语学习者而不是初级学习者的表现与法语本族语者的差异更大。可能的原因有两个：一是高级法语学习者更重视全面的语言质量，而忽视了去适应法语移动事件的词汇化特点；二是高级法语学习者可能在初级学习阶段以后所接触的语言材料中叙述性文体比例较小，因而对法语移动事件的表达特点有所生疏。同时，因为我们并没有测试学习者的法语总体水平，不能确保本研究中的"高级法语学习者"的法语水平普遍高于"初级法语学习者"。

7.4.2.3 表达"下"的移动事件

在三个表达"下"这个概念的移动事件中，两组法语学习者与法语本族语者既有一致的地方，也有不一致的地方。

在"小狗掉下窗台"这个事件中，两组学习者的动词使用倾向与本族语者一样，都是以路径动词为主。但是，法语本族语者只使用一例方式动词 sauter，而初级法语学习者和高级法语学习者都使用四例方式动词，他们使用的方式动词都是：sauter, se jeter。本族语者和两组学习者使用的方式动词和路径动词的比例分别为：4%∶92%；21%∶79%；20%∶80%。

在"蜂窝从树上掉下"这个移动事件中,两组法语学习者和法语本族语者高度一致,全部使用路径动词。

在"男孩掉下悬崖"这个移动事件中,高级法语学习者的动词使用倾向与法语本族语者高度一致,都是方式动词和路径动词的使用比例接近。初级法语学习者几乎全部使用了方式动词。法语本族语者和两组法语学习者使用的两类动词的比例分别为:55%:45%;93%:7%;53%:47%。

其原因可能是:这是一个表达致使意义的移动事件,法语本族语者和高级法语学习者掌握更多的表达方法。法语本族语者除使用致使动词 jeter,projeter,还会使用(faire)tomber。高级法语学习者掌握了致使移动事件可以用主动的方法来表达。法语初级学习者主要使用了一个动词 jeter。

7.4.2.4 表达"水平方向"的移动事件

从表面看,两组法语学习者表达"水平方向"移动事件的动词使用特点与本族语者相似。在"蜜蜂追小狗"和"小鹿向悬崖边跑"这两个移动事件中,学习者与本族语者均主要使用方式动词。法语本族语者在两个移动事件中使用方式动词的比例分别为75%和67%,两组学习者在这两个移动事件中都是100%地使用方式动词。在"小男孩回家"这个移动事件中,学习者与本族语者一样都是100%地使用路径动词。

通过语境考查动词使用,我们发现学习者实际使用的动词虽然在形式上是方式动词,但是这些词的意义却不一定准确。在"蜜蜂追小狗"这一事件中,初级法语学习者使用的15例方式动词中,只有7例和法语本族语者的用法一致,8例用 courir(跑),suivre(跟随),chasser(驱赶)代替本族语者常用的 poursuivre(追逐,追击)。高级法语学习者在这一事件中使用了14例方式动词,其中5例用的 poursuivre,courir,与法语本族语者一致,其余用 parcourir,s'envoler,repousser,chasser,courir(après),suivre,pourchasser 等来代替 poursuivre。

7.5 小句层面结果

本节将报告英语和法语学习者在小句层面对英语和法语移动事件词汇化特征的习得,内容包括:小句语义密度和小句结构。我们将对比分析英语和法语学习者与两种语言的本族语者产出的四类语义密度小句的数量,同时对比分析不同水平学习者产出的小句结构类型及其分布。

7.5.1 小句语义密度对比

鉴于以往研究发现汉语小句语义密度高于英语(Ji et al. 2011b),在汉、英、法三种语言中,在小句层面汉语的语义密度最高,英语的其次,而法语的最低(Hendriks et al. 2009)。本部分要考查的是中国的英语和法语学习者在多大程度上能产出与英语和法语本族语者相似的语义密度的小句,意在从小句语义密度的角度揭示中国的学习者在学习英、法两种外语的时候,其母语的类型特征有多少影响,同时考查不同语言水平的学习者产出的小句语义密度是否存在差异。

7.5.1.1 英语被试之间的对比

本部分是本研究的核心部分之一,因为从学习者在小句的语义密度层面与英语本族语者的对比可以看出学习者与本族语者的距离。

表7-9显示两组英语学习者在四类语义密度的小句上与英语本族语者通过单因素方差对比,全部不存在显著性差异,两组学习者之间四类语义密度小句数量也都没有显著性差异。

表7-9 英语学习者与英语母语者在小句语义密度上单因素方差分析

特征	组别	均值	标准差	单因素方差分析				
				F值	Sig.	两两比较		
						对比组	均值差	标准误	Sig.
语义密度为1的小句	5(22)	5.09	3.73	2.105	.130	5-7	1.68	1.10	.315
	7(22)	3.41	4.32			5-8	2.13	1.10	.159
	8(22)	2.95	2.65			7-8	.45	1.10	.918
语义密度为2的小句	5(22)	8.71	3.18	.785	.460	5-7	-.41	1.25	.948
	7(22)	9.11	4.64			5-8	1.11	1.29	.678
	8(22)	7.60	4.45			7-8	1.51	1.25	.484
语义密度为3的小句	5(22)	14.20	5.85	2.370	.102	5-7	1.16	1.60	.771
	7(22)	13.05	5.10			5-8	3.43	1.60	.110
	8(22)	10.78	4.94			7-8	2.27	1.60	.372
语义密度为3以上的小句	5(22)	14.00	5.64	1.213	.304	5-7	2.51	1.74	.358
	7(22)	11.49	4.92			5-8	2.13	1.74	.476
	8(22)	11.87	6.63			7-8	-.38	1.74	.976

注:"7""8"分别代表初级英语学习者和高级英语学习者,"5"代表英语本族语者。

表7-10显示,通过单因素方差比较,在四类语义密度的小句上两组法语学习者与法语本族语者相比,全部不存在显著性差异,两组法语学习者之间四类语义密度小句数量同样不存在显著性差异。

7.5.1.2 三组法语被试小句语义密度对比

表7-10 两组法语学习者与法语本族语者4类小句单因素方差分析结果

特征	组别	均值	标准差	单因素方差分析				
				F值	Sig.	两两对比		
						对比组	均值差	标准误	Sig.
语义密度为1的小句	6(22)	7.02	5.12	.207	.813	6-9	1.37	2.25	.831
	9(22)	5.65	4.47			6-10	1.09	2.25	.890
	10 22)	5.93	10.98			9-10	-.28	2.25	.992

续表

特征	组别	均值	标准差	单因素方差分析					
				F 值	Sig.	两两对比			
						对比组	均值差	标准误	Sig.
语义密度为2的小句	6（22）	7.74	5.30	1.918	.155	6-9	1.64	1.36	.488
	9（22）	6.10	4.10			6-10	2.63	1.36	.161
	10（22）	5.10	3.99			9-10	.10	1.36	.765
语义密度为3的小句	6（22）	19.10	9.71	.172	.843	6-9	-1.36	2.48	.860
	9（22）	20.46	6.73			6-10	-.25	2.48	.995
	10（22）	19.35	7.93			9-10	1.11	2.48	.904
语义密度3以上的小句	6（22）	6.47	4.41	1.495	.232	6-9	1.75	1.22	.360
	9（22）	4.72	4.72			6-10	1.88	1.22	.308
	10（22）	4.59	2.66			9-10	.13	1.22	.994

注："6""9""10"分别代表法语本族语者、初级法语学习者、高级水平法语学习者。

7.5.1.3 结果讨论

两组英语学习者和两组法语学习者在四类语义密度的小句数量上分别与英语和法语本族语者都不存在显著性差异，两种语言的两组学习者之间在三类小句的数量上也不存在显著性差异。我们据此推断：对中国的英语和法语学习者来说，掌握此两种语言移动事件词汇化中不同语义密度小句的分布特点并非难事。这可能得益于汉语当中存在英语和法语中的大多数结构类型的句子以及相关语义密度的句子。另外，我们推断或许小句的语义密度这个特征对中国的外语学习者来说，还没有达到不改变在线思维（Thinking-for-Speaking）就不能习得这个难度。其他语言类型特征掌握了，小句语义密度的特征自然就习得了。

我们还可以这样推测，由于我们的被试都是在课堂环境下学习外语，而中国的外语课堂对语法的学习比较重视，学习者较好地掌握了所学外语的句式特点，能够产出相关类型的小句。

这样的推测还可以从法语学习者的表现得到证实。本研究中的两组法语学习者在语言水平上可能比他们的英语学习者同伴要低。至少，在目标外语的学习时间上，他们就有较大的差距。在本研究开始时，英语学习者至少都学习了 6 年以上的英语，而法语初级学习者到本研究开始时，平均只学习了一年多的法语，而高级学习者也只学习了 3 年多的法语，个别的可能时间会长些。尽管有以往的研究表明成年学习者在学习某一种外语的初期会占有比较大的优势，因为他们的认知能力已经达到了一定的高度，学习语言的能力也相对较高。同时，在大学里以一种外语为专业来学习，在学习时间和接触该外语的密度上也都具有较大的优势。但是，我们仍然感到我们的法语学习者被试在语言水平上还是居于一定的劣势。

尽管如此，我们的两组法语学习者在小句的语义密度方面与法语本族语者之间不存在显著性差别。我们因而推测在不同语义密度的小句习得方面，语言类型因素对学习者不构成学习困难。

7.5.2　事件复合结构的差异

一个移动动词后附加两个或两个以上的卫星成分（或介词）路径及其相应的背景成分叫作事件复合结构。此结构在英语中比较常见，但是在法语和汉语里均不常见，或者不合语法，因为在汉语和法语两种语言中一个跨界的概念一定要用一个单独的动词来表达。那么中国的英语和法语学习者能够在英语和法语的移动事件词汇化中像英语和法语本族语者那样去处理这类结构吗？

这类结构在标注小句的结构类型时已经做了标注，它们的特征是出现两个表达路径的卫星成分或者出现两个背景成分。虽然在本研究中介词也被看作表达路径成分的词，但是它们不表达跨界（Boundary-crossing）或结果（Result）的意义，而只帮助引出主体运动的起点、中点和最终目标。因此，在一个小句中如果同时出现了一个卫星成分表达的路径和一个介词表达的路径，而背景成分只有一个的话，这样的句子没有被计入事件复合句。

根据检索被标注的文本，我们得到如下表示各组中事件复合小句数量的表格（表7-11）。

根据表7-11中的数据，我们能够清楚地看出中国的英语和法语学习者从总体上都能够掌握相关目标语中有关事件复合的特征，英语学习者产出的此类结构相对较多，而法语学习者很少产出此类结构。

表 7-11　各组被试产出的事件复合句数量

初级英语学习者	高级英语学习者	英语本族语者	初级法语学习者	高级法语学习者	法语本族语者
6	7	22	0	0	0

英语学习者产出的此类结构的数量还是比英语本族语者产出的要明显地少，并且在两种水平的学习者当中体现出了一个上升的趋势。这说明尽管学习者了解英语移动事件表达中事件复合的特点，但是可能由于两种原因，他们产出的此类结构的数量比本族语者还是要少。原因之一可能是学习者的英语水平制约了他们产出此类结构，另一个原因可能是汉语当中没有此类结构，因此当学习者遇到能用这样的结构进行表达的时候，他们可能受母语的影响而没有使用。

鉴于汉语除动趋结构中可以出现一个趋向动词路径和一个指示动词路径外（如，跳出来），无法复合路径成分，我们假设中国的英语学习者习得英语路径复合结构存在困难，复合多个卫星路径成分的结构尤其困难。研究结果基本支持假设。本研究中的22位初级英语学习者中只有4位共产出了六例事件复合结构，比例为18%，其中五例为只复合了两个路径成分的结构，如 They fell down into the stream；一例复合了三个卫星成分和两个介词短语，The frogs jumped out of the bottle, and then, out of the room through the window.，两部分中间用"and then"连接。另外，初级英语学习者还产出了一例复合了一个卫星成分和两个介词短语的句子 Edward runs out of the house to Joshua. 此类句子不算严格意义上的事件复合结构，在英语本族语者的语料中未计入。

22位高级英语学习者中的7位总共产出了七例事件复合结构，比例为32%，最复杂的结构为复合两个卫星成分和一个介词短语的句子，如 Tommy took Mr. Frog away and back to home，其余皆为复合两个卫星成分的句子。

因此，从产出复合结构的人数、产出的复合结构数量以及复合结构的复杂度来看，英语学习者与英语本族语者的差异都比较大，此结果与曾永红（2017）的发现十分相近，我们同曾一样认为此差异可能为母语思维差异所致，因为英语和汉语在事件复合结构方面的差异较大。因为卫星路径成分多为高频简单小品词，学习者对单个词的拼写、意义和功能的掌握均非难事，它们的复合却不是普通语法经常涉及的项目，因而属于学习者不易察觉的语法范畴，易于受源语影响。同时，我们也发现，中国的英语学习者并非不能习得英语中的事件复合结构，他们能够产出复合三个卫星成分和两个介词短语的复杂结构。本研究中的两组研究对象虽然产出的事件复合结构数量几乎一样，但是随着学习者整体英语水平的提高，高级学习者产出事件复合结构的人数有明显增加。

法语学习者由于母语和所学外语不允许此类结构经常出现，在移动事件表达时未产出事件复合结构。

7.5.3 背景和非动词性方式成分

下面考查英语和法语学习者是否掌握了英语和法语中背景成分和非动词性方式成分的适当比例。

表7-12显示两组英语学习者产出的背景成分数量低于英语本族语者，其中初级学习者产出的背景成分显著低于英语本族语者；高级英语学习者产出的背景成分同样高于初级学习者，但他们之间的差异均未达到显著水平。两组英语学习者产出的替代方式成分（非动词性方式成分）数量均高于英语本族语者，高级英语学习者产出的替代方式成分数量高于初级水平英语学习者，但他们的差异均未达到显著性水平。

表7-13显示两组法语学习者产出的背景成分数量和替代方式成分（非动词的方式成分）数量均显著低于法语本族语者。高级法语学习者产出的两类数据均高于初级法语学习者，但两组法语学习者之间的差异均未达到显著性水平。

前一章结果显示汉语与英语和法语本族语者产出的背景成分数量不存在显著差异，汉语本族语者产出的非动词性方式成分数量高于英语和法语本族语者的。

因此，可以推断英语和法语学习者不能像本族语者一样掌握所学语言移动事件词汇化中的背景成分和非动词性方式成分的原因很可能是总体语言水平，因为只有初级学习者和语言水平不高的法语学习者与本族语者存在差异。

表7-12 英语被试产出的背景成分和替代方式成分

特征	研究对象	均值（标准差）	显著性	两两对比		
				研究对象比较	均值差	标准误	显著性
背景成分（G）	英初（22）	10.77（3.24）	.029	英初-英本	-3.56	1.37	.035
	英本（22）	14.33（5.99）		英高-英本	2.83	1.37	.129
	英高（22）	11.50（3.89）		英初-英高	-.73	1.36	1.000

续表

特征	研究对象	均值（标准差）	显著性	两两对比		
				研究对象比较	均值差	标准误	显著性
替代方式（A）	英初（22）	3.09（1.31）	.173	英初-英本	.73	.788	.990
	英本（22）	2.36（1.62）		英高-英本	.95	.788	.961
	英高（22）	3.32（2.33）		英初-英高	-.23	.788	1.000

表 7-13　三组法语研究对象产出的背景和替代方式成分

特征	研究对象	均值（标准差）	显著性	两两对比		
				研究对象比较	均值差	标准误	显著性
背景成分（G）	法初（22）	8.55（3.00）	.008	法初-法本	-3.14	1.11	.019
	法本（22）	11.68（4.88）		法高-法本	-3.05	1.11	.024
	法高（22）	8.50（2.80）		法初-法高	-.09	1.11	1.000
替代方式（A）	法初（22）	1.50（1.54）	.001	法初-法本	-2.05	.59	.003
	法本（22）	3.55（1.62）		法高-法本	-1.91	.59	.006
	法高（22）	1.64（1.26）		法初-法高	-.134	.59	1.000

7.6　语篇层面

7.6.1　小句数量

Berman & Slobin（1994）的研究只是选取青蛙故事中的一部分场景作为研究对象，本研究将全篇故事的场景全部考虑在内。以往的研究由于考查的场景少，因此数据也少，无法进行统计分析。本研究中的数据量要大得多。

从表 7-14 可知，两组英语学习者作为一个整体，在全篇故事的小句数量上显著地少于英语本族语者。

表 7-14　两组英语学习者与英语本族语者小句数量对比

项目	Corp. 1	20 914 词	Corp. 2	11 029 词	对数似然性值	Sig.
特征	Corp. 1 中的频率		Corp. 2 中的频率			
小句总量	721		441		-5.94	0.015

注：表中的 Corp. 1 代表两组英语学习者作为一个整体的数据，Corp. 2 代表的是英语本族语者的数据。

从表 7-15 可知，两组法语学习者作为一个整体，在全篇故事的小句数量上与法语本族语者相比虽然少于法语本族语者，但是没有显著性差异。

表 7-15 两组法语学习者与法语本族语者小句总量对比

项目	Corp. 1	20 914 词	Corp. 2	11 029 词	对数似然性值	Sig.
特征	Corp. 1 中的频率		Corp. 2 中的频率			
小句数量	507		414		-2.04	0.153

注：表中的 Corp. 1 代表两组法语学习者作为一个整体的数据，Corp. 2 代表法语本族语者的数据。

表 7-16 显示高级英语学习者整篇故事的小句数量显著低于英语本族语者，显著性值为 .030。初级水平英语学习者与英语本族语者，两组法语学习者与法语本族语者在小句数量上都不存在显著性差异。

表 7-16 两组英、法语学习者与英、法语本族语者小句数量单因素方差分析

特征	组别	均值	标准差	单因素方差分析		成对比较			
				F 值	Sig.	I/J 组别	均值（I-J）	标准差	Sig.
小句总量	5（22）	44.02	17.75	3.740	.029	5-7	6.09	3.95	.312
	7（22）	37.93	10.21			5-8	10.78	3.95	.030
	8（22）	33.24	9.78			7-8	4.69	3.95	.499
	6（22）	39.92	12.75	2.282	.110	6-9	1.51	3.92	.929
	9（22）	38.41	15.85			6-10	7.89	3.92	.141
	10（22）	32.02	9.70			9-10	6.39	3.92	.273

注：上表中的 5、7、8 分别代表英语本族语者、初级水平英语学习者、高级水平英语学习者；6、9、10 分别代表法语本族语者、初级水平法语学习者、高级水平法语学习者。

7.6.2 讨论

从表 7-16 中可见，在小句的总量上，英语初级学习者与英语本族语者相比，没有显著性差异；而高级英语学习者与英语本族语者相比却存在显著性差异。这表明在语篇层面高级英语学习者适应目标语的表达特点的能力还没有初级水平的英语学习者好。学习者的外语水平在掌握英语的篇章层面的表达特点中所起作用不大。我们据此推测在掌握目标语篇章特点方面也可能存在一个 U 形轨迹，即在某个学习阶段，学习者对目标语的掌握会有反复。但是，两组不同水平的英语学习者之间却不存在显著性差异，这说明两组英语学习者之间的差距并不是很大。虽然从总量上看，他们所产出的小句都比英语本族语者少，但是他们最终还是能够掌握英语移动事件的篇章层面的表达特点。

法语初级水平和高级水平的学习者与法语本族语者相比都不存在显著性差异，两种水平的法语学习者之间也不存在显著性差异。这表明两组法语学习者都已经掌握法语移动事件在语篇层面的表达特点，虽然他们的法语水平还不是很高，也能达到这一特点的要求。

虽然一组英语学习者和两组法语学习者在全篇故事的小句总量上与本族语者都没有显著

性差异，但是四组学习者产出的小句总量都比本族语者低。其背后的原因可能很复杂，我们当然不能排除学习者总体语言水平的影响，但是初级水平的英语学习者与英语本族语者之间的差异不显著，而高级水平英语学习者却与英语本族语者存在显著性差异。总体来说，本研究中的法语学习者的法语水平应该比英语学习者的英语水平低，但是两组法语学习者的故事中的小句数量与法语本族语者相比都不存在显著性差异。

7.6.3 动态与静态描写

以往的研究者 Berman & Slobin（1994），Liang Chen（2005），Hendriks（2005），在研究中都涉及了卫星框架语言和动词框架语言的使用者在语篇层面移动事件的不同表达的特点，即卫星框架语言习惯用动词后附加若干表达路径的卫星成分的结构去表达移动事件的动态特点（Dynamics）。而动词框架语言表达移动事件时不能在一个动词后附加多个路径成分，而是习惯在移动事件表达时加入一些场景描写，通过这些静态场景的描写，读者可以推断出移动事件的路径，以此来弥补路径成分表达的不足。

Berman & Slobin（1994）在得出上述结论的时候所依据的是不同语言的使用者在描述青蛙故事中的鹿使男孩掉下悬崖、落入水中这样一个情节的描述。事实上，青蛙故事的其他情节都不太容易出现这样的两种不同类型语言的明显不同的表达方式。

从前文预研究中的汉、英、法故事在这个维度上的结果与以往的研究既有相似之处，也有不同之处。

法语虽为比较典型的动词框架语言，本研究中的法语本族语者却只有两位产出了静态场景的描写。英语作为比较典型的卫星框架语言，英语本族语者中没有产出一例静态场景描写。四组学习者用汉语写的故事中却有相当数量的静态描写。

两组法语学习者中仅有少量的此类场景描写产出，初中级学习者没有产出静态场景描写，中高级学习者产出了 2 例。英语学习者产出了较多的静态场景描写。

或许英语和法语学习者都在一定程度上受母语的影响，所以在本研究中虽然英语本族语者没有产出静态描写，法语本族语的静态描写数量少，但是学习者都产出了一些静态描写。表 7-17 为各组被试产出的静态描写。

表 7-17　各组被试产出的静态描写

NE	LELC	LELE	HELC	HELE	NF	LFLC	LFLF	HFLC	HFLF
0	12	3	11	4	2	8	0	11	3

注：NE 指英语本族语者，LELC 指初级英语学习者产出的中文，LELE 指初级英语学习者产出的英语，HELC 指高级英语学习者产出的中文，HELE 指高级英语学习者产出的英语，NF 指法语本族语者，LFLC 指初级法语学习者产出的中文，LFLF 指初级法语学习者产出的法语，HFLC 指高级法语学习者产出的中文，HFLF 指高级法语学习者产出的法语。

这样的结果解释起来确实有一定的难度，法语本族语者并没有像以往研究中所说的那样有较多的静态描述，英语中的描述较少的情况与以往研究比较一致。母语为汉语的英语和法语学习者的母语表达中 36%~54.5% 的被试产出了静态描写，而两组英语学习者和高级法语学习者中都有 2~3 名被试产出了静态描写。

7.7 质性研究结果

呈现本部分质性研究结果的目的是对以上量化研究结果进行补充,我们以法语初级学习者产出的文本分析为例。由于法语学习者的总体语言水平相对低一些,而他们在量上的各个特点与法语本族语者相比显著性差异不似预期的那么多,因此我们有必要从质性细节上来考查他们的产出与法语本族语者的表现异同,尤其是初级水平的法语学习者。

初级水平法语学习者的方式动词和路径动词虽然在数量上与本族语者没有显著差别,但是他们所产出的法语移动事件表达在语言质量上却存在许多问题和错误。这些错误表明了法语初级学习者尽管了解法语的移动事件表达特点的趋势,但是要达到本族语者的水平还要继续学习,他们不仅要努力摆脱母语汉语移动事件表达的影响,而且还要在目标语的语言形式学习上下功夫。法语学习者常犯的错误如下。

7.7.1 介词误用、漏用

介词误用和漏用是法语学习者表达移动事件时主要出现的错误之一,我们选取学习者语料中的典型例句加以说明。

a. Un souris est sorti chez le trou. 一只老鼠从洞里出来了。(LIFL05)

b. Igor, a fui chez la vase. Igor 从瓶子里逃出来了。(LIFL05)

以上两句中的动词使用无误,动词后面加一个介词用来引导运动的背景成分的结构也是正确的。但是,两个句子中所用的介词都是错误的,本来应该用"de(自,从)"表示运动的起点,却用了"chez(在……家里)"表示运动的目的。如果用 chez le trou,则其前应该加介词 de。

c. Il a grimpé sur l'arbre. (LIFL05) 他爬上了树。

上面这个句子中的介词"sur"表示"在……上面"时,其后面所接的背景成分一般是一个平面的物体,而法语本族语者在如上的句子中常将"树"这个背景成分看成一个点,因此会用介词"à"。

d. Dodo est tombé la fenêtre 多多掉下了窗户。(LIFL05)

上面这一句子的错误既是介词的错误也是动词的错误。因为动词 tomber 表示"掉下,摔到"时是个不及物动词,其后面应该有一个介词"de"来表示运动的起点,而漏掉介词后,tomber 就成了一个及物动词,意思是"(在摔跤中)把(对手)摔倒,击败"。一个介词之差,全句意思全改。

以上这些介词使用错误给我们两点启发:一是学习者掌握了一种外语的移动事件表达的结构特点,还不算完全掌握了一种语言的思维方式(Thinking-For-Speaking),因为上面两句的意思都表达错了;二是根据认知语言学家的观点,任何语法成分都是有意义的,因此介词在法语移动事件表达中的作用不是可有可无的,以往研究中只关注了法语中的移动动词所表达的路径,而忽略了介词表达的路径,是不全面的。

7.7.2 动词错误

动词使用错误是法语学习者移动事件表达中的另一多发错误，以下例证可以阐明其出错的动词及其特点。

a. Elles commençaient à *zuigan* A' huang à toute viterre. (LIFL01)
她们开始快速追赶阿黄。

上面这个句子中的动词是使用汉语拼音代替的，说明被试还没有掌握 poursuivre 这个方式动词。

b. Mais quand il *jette* par la fenêtre. (LIFL22)
然后，当他跳下窗户时。

本句中的 jeter 单用时意思是"投，掷"，而表示"跳向，冲向"时，是个自反动词，其前要有自反代词"se"。法语本族语者表达"掉下窗户"这个情景时，常用动词"tomber"。

7.7.3 动词使用的母语倾向

7.7.3.1 方式动词替代路径动词

法语学习者在表达"青蛙从罐子里出来"等场景时表现出了比较明显的母语依赖倾向。法语本族语者多用一个路径动词后面加上介词短语表示运动的起点；或者用一个非及物的路径动词，后面省略背景成分；或者用一个及物动词后直接加上背景成分。总之，法语本族语者多倾向于突出路径成分，如果要突出方式成分，他们会使用兼具方式和路径成分的动词，而法语学习者多用一个方式动词加上一个介词引导出背景成分。

a. La grenouille est en train de *quitter* le bocal. 青蛙正在离开瓶子。(NF02)

b. La grenouille en profite pour *s'échapper* du bocal.
青蛙利用这个机会逃出了瓶子。(NF03)

c. La grenouille *sort* discrètement *de* son bocal. 青蛙悄悄地出了瓶子。(NF04)

d. La grenouille *s'échapper*. 青蛙逃走了。(NF08)

f. Elle a*sauté* de la vase. 她跳出了瓶子。(LIFL04)

g. Charles *palpite* de la vase. Charles 从瓶子里跳出来。(LIFL 07)

h. Loulou *saute* de la fenêtre. Loulou 从窗户上跳下来。(LIFL 10)

i. François *saute* du lit. François 从床上跳下来。(LIFL 19)

以上 a~d 例为法语本族语者产出的句子，所用的动词为路径动词 quitter，sortir 和兼含路径和方式成分的 s'échapper；f~i 例为初级法语学习者产出的句子，使用的动词 sauter 和 palpiter 均为方式动词，期望路径成分由表达运动起点的介词"de"承担。

7.7.3.2 多用方式动词+卫星成分结构

a. Nicolas se*précipite* vers le chien. Nocolas 冲向小狗。(LIFL16)

b. Nicolas *se dirige vers* un arbre. Nocolas 向树走去。(LIFL16)

c. Un hibou*vole* du trou. 一只猫头鹰从洞里飞出来。(LIFL10)

法语本族语者虽然也使用这样的句子结构，但是他们的使用频率远没有法语学习者高，有些用法很可能是错误的，比如第三句（c 句）。这样的结构在汉语里倒是很常见。

7.7.3.3 路径成分冗余

法语本族语者使用路径动词之后，一般不会再附加表达路径的卫星成分，而法语学习者却有这样的倾向。法语学习者无论使用方式动词还是路径动词都习惯性地在其后加上诸如：dehors（外面），haut（高处），en basse（下面）等卫星成分，这些卫星成分表达的意义在汉语里通常由那些表示结果的趋向动词表达，这说明法语学习者的法语表达带有母语表达的痕迹。

  a. Un rat bondit *dehors*. 一只老鼠蹦出来了。（LIFL16）
  b. Milou se jetait*haut*. Milou 往上跳。（LIFL17）
  c. Luc tombe *dehors* la fenêtre. Luc 掉到窗户外面去了。（LIFL19）
  d. Je tombe *en basse* avec Loulou. 我和 Loulou 一起掉下去了。（LIFL03）
  e. Louis quitte *dehors* de la maison. Louis 到房子外面去了。（LIFL07）

7.7.3.4 多用常用动词

在表达男孩和小狗去树林这一场景时，法语本族语者多用 partir，quitter 等路径动词，而法语学习者则多用 aller，venir 等最常用的路径动词。

  a. Ils vont à une forêt. 他们到了树林。（LIFL02）
  b. Dodo et Jacque est allé aux champs. Dodo 和 Jacques 到了田野。（LIFL05）
  c. Ils venu au bord de la forêt. 他们来到了树林边。（LIFL12）

7.7.3.5 词义使用错误

  a. Des abeilles suivent Françoit. 蜜蜂跟随 Françoit。（LIFL18）
  b. Dodo était suivi par une grande masse d'abeille.
Dodo 被一大群蜜蜂跟着。（LIFL10）

在上面两个句子中动词 suivre（跟随）其实应该是 poursuivre（追赶），学习者还有错用动词 chasser（驱逐）的，这样的结果是虽然学习者在方式动词的使用量上与法语本族语者没有区别，事实上在准确性上会有很大差别。

7.7.3.6 把路径动词处理成分词

  Un hibou a volé［M］en sortant. 一只猫头鹰飞出来。（LIFL20）

通常法语本族语者会把路径动词 sortir（出来）处理成主要动词，而把 voler（飞）处理成分词形式，学习者的处理结果刚好相反。

我们推测以上的法语学习者产出的句子具有母语依赖倾向，是因为汉语在表达移动事件的时候多用以方式动词开头的结果性动词结构，以上学习者的句子用的都是方式动词，法语本族语者在表达同样的意思时多用路径动词。法语本族语者也会偶尔使用方式动词，即学习者的表达方式不能算是语法错误，但是从总体趋势上看，是不地道的表达，显示出他们的法语表达受到了母语的影响。

7.7.4 讨论

虽然法语初级水平的学习者能够如法语本族语者那样掌握许多法语移动事件的词汇化特

点，但是从以上的法语初级学习者产出的语料分析中我们发现，初级水平的法语学习者的移动事件表达在许多方面仍然带有母语的特点，比如倾向于使用法语本族语者很少使用的表达结构；过量使用与母语表达相似的结构；产出的小句中有路径意义冗余等。同时初级法语学习者产出的语料也表明了他们在产出法语移动事件表达时的语言能力的不足，比如错误使用动词、不会使用动词以及介词使用错误等。

结合量化和质性分析结果，我们似乎可以得出这样的结论，就我们所考查的法语移动事件词汇化的诸多特征来看，法语学习者从总体上能够掌握法语移动事件表达特点。但是他们的掌握是不稳定的，表达中还经常会带有母语思维的痕迹，会经常出现错误和语言能力的不足等。究其原因，可能是我们所考查的这些外语的词汇化特征在我们的母语汉语里都是存在的。因此，学习一种外语，学习者不是全部地重新构建概念，而是做部分地改变与调适，这种改变与调适不是不能实现的，但是个渐进的过程，要经历一个从形似到神似的过程。

7.8 小结

词汇层面的考查结果显示：两组英语学习者方式动词和路径动词的使用频数与英语本族语者均不存在显著性差异，两组英语学者之间的差异同样不显著；两组英语学习者产出的路径动词均显著低于英语本族语者，两组学习者之间的路径动词差异不显著。两组法语学习者使用的方式动词和路径动词频率均显著低于法语本族语者。

从类型上看，两类英语学习者产出的方式动词与英语本族语者无显著差异，但他们产出的路径动词数量显著低于英语本族语者，学习者之间的差异不显著；两组法语学习者产出的方式动词和路径动词类型数均显著低于法语本族语者，两组学习者之间差异不显著。

四组学习者所产出的文本在方式动词与路径动词的频数均值差上全部像汉语、英语和法语本族语者一样达到显著水平。和英语本族语者一样，两组英语学习者产出的方式动词均值显著高于路径动词；和法语本族语者一样，法语学习者产出的路径动词频数显著高于方式动词。

四组学习者产出的方式动词和路径动词类型的比值同样接近英语和法语本族语者，两组法语被试与法语本族语者之间尤其接近。

移动事件分类分析结果表明，凡是汉、英、法三种语言词汇化方式一致的移动事件，英语和法语学习者都能较好地掌握，比如"水平方向"的移动事件和"致使性"移动事件。汉语和英语在绝大多数移动事件上词汇化特点一致，英语学习者在大多数移动事件词汇化上的表现与英语本族语者一致。汉语和法语词汇化特点不一致的移动事件也是法语学习者保留汉语词汇化特点的地方，比如在表达"出"的移动事件中，法语学习者总会使用一定比例的方式动词，而法语本族语者完全不使用方式动词。

小句层面的结果显示：英语和法语学习者产出的四类语义密度的小句数量与英语和法语本族语者均不存在显著差异，两种语言的两个水平的学习者之间同样不存在显著差异。从小句结构类型的数量及其相对均匀分布特征上看，英语和法语学习者均已掌握他们所学目标语的移动事件表达趋势。从每组被试产出的占有较高比例的小句类型看，学习者与英语本族语者之间存在差距，此种差距随着学习者英语水平的提高呈现变小的趋势。对于比较典型的法语小句结构，比如光杆路径动词句，法语学习者产出的数量少于法语本族语者；法语学习者还过量产出汉语中较多而法语中较少的 MPrG 结构；法语学习者和法语本族语者产出的同时包含方式和路径成分的句子所占比例均较高，而且三者之间没有差异。

英语学习者能够产出较多的事件复合结构，虽然他们产出的此类结构数量明显低于英语本族语者，但是英语水平越高的学习者产出此类结构的数量越多。法语学习者和法语本族语者一样没有产出或很少产出事件复合结构。这表明中国的英语和法语学习者都能够掌握所学外语中事件复合结构的特征。

从语篇角度看，英语学习者总体产出的小句数量显著地少于英语本族语者，这个差异主要由高级英语学习者产出的小句数量所致。两组法语学习者产出的小句数量与法语本族语者产出的小句数量无显著差异。和英语本族语者产出零例静态描写不同，两类英语学习者分别产出了三例和四例静态描写。高级法语学习者产出了三例静态描写，接近法语本族语者的两例，初级法语学习者没有产出静态描写。英语学习者似乎受到了母语影响，因为四组外语学习者产出的汉语语料中分别出现 8~12 例静态描写。

以法语学习者产出的材料进行的质性分析结果显示，虽然法语初级水平的学习者能像法语本族语者那样掌握许多法语移动事件的词汇化特点，但是从法语初级学习者产出的语料分析中我们发现，初级水平的法语学习者的移动事件表达还是在许多方面带有母语的特点，比如倾向于使用法语本族语者很少使用的表达结构；过量使用与母语表达相似的结构；产出的小句中有路径意义冗余等。同时初级法语学习者产出的语料也表明了他们在产出法语移动事件表达时的语言能力的不足，比如错误动词、不会使用动词以及介词使用错误等。

结合量化和质性分析结果，我们似乎可以得出这样的结论，就我们所考查的法语移动事件词汇化的诸多特征来看，法语的学习者从总体上能够掌握法语移动事件表达特点。但是他们的掌握是不稳定的，表达中还经常会带有母语思维的痕迹，会经常出现错误和语言能力的不足等。究其原因，可能是对于我们所考查的这些外语的特征的概念在我们的母语汉语里都是存在的。因此学习一种外语，学习者不是全部地重新构建概念，而是做部分的改变与调适，这种改变与调适是可能实现的，但是个渐进的过程，要经历一个从形似到神似的过程。

第八章 动词使用倾向研究结果与讨论

8.1 引言

本章将主要报告移动动词使用倾向调查部分的研究结果。移动动词使用倾向部分采用了八幅图,每幅图各配有四个带有移动动词的句子,受试需要就图片与句子搭配的适合度作出评分选择,同时写下评分依据。本部分涉及的研究对象包括:英语本族语者 13 人;初级英语学习者 31 人;高级英语学习者 27 人;法语本族语者 17 人;初级法语学习者 31 人;高级法语学习者 23 人。鉴于各组受试的人数不多,且不均衡,本部分量化统计使用的是非参数检验的方法;提供详细质性数据的受试每组最低有 12 人,因此,本部分的质性分析在每组 12 人的数据上进行。

8.2 研究问题回顾

本章要回答的问题如下:

中国不同水平的外语学习者之间以及学习者与外语本族语者之间在动词使用倾向方面是否存在差异?

(1)对各类句子的认可度,中国的英语和法语学习者与本族语者之间以及两种语言的两个水平的学习者之间是否存在差异?

(2)各组受试对各类句子的认可度依据是什么?

8.3 英语学习者与英语本族语者比较

8.3.1 英语学习者与英语本族语者总体比较

本节将考查初级英语学习者、高级英语学习者与英语本族语者受试总体在方式动词和路径动词的使用倾向上是否存在差异。

动词使用倾向由受试给 6 个方式动词句和 6 个路径动词句的评分来体现；评分为 1~5 个等级，"1"表示适合度最低，"5"表示适合度最高。本部分使用的方法是非参数检验中的 Kruskal-Wallis 检验。它能在各组受试人数不多，并且人数不均的情况下检验多组受试在某一特征上是否存在显著差异。三组英语受试移动动词句评分的对比结果见表 8-1。

表 8-1　英语学习者与本族语者动词使用倾向比较

句子类型	平均值	标准差	组别	人数	平均秩次	P 值
方式动词句	3.50	0.52	英语本族语者	13	37.62	.889
			初级英语学习者	31	36.56	
			高级英语学习者	27	34.57	
			总数	71		
路径动词句	2.89	0.50	英语本族语者	13	45.12	.130
			初级英语学习者	31	36.37	
			高级英语学习者	27	31.19	
			总数	71		

表 8-1 表明，无论在方式动词句还是路径动词句的评分上，两组英语学习者与英语本族语者之间均不存在显著性差异。

这一结果与语言产出部分的结果相吻合；前面语言产出部分的研究结果显示，无论在方式动词还是路径动词的使用量上，两组英语学习者与英语本族语者之间均不存在显著性差异。这再次表明英语学习者已较好掌握了英语移动事件表达的主要特征，而这可能是因为汉语和英语同属于卫星框架语言，在移动事件表达的主要特征上相似度比较高。

8.3.2　英语被试路径动词句评分依据分析

上一节的结果显示，对于路径动词句的给分，英语学习者与英语本族语者之间存在差异，学习者所给路径动词句的分数低于英语本族语者。为了进一步考查该结果背后的原因，我们从两组受试中各挑选 12 位，以他们的量化和质性数据为依据进行考查。他们的量化数据就是他们给每个句子的打分，质性数据是他们提供的评分依据。为了更细致地进行考查，本节对 6 个路径动词句的得分分别进行分析。经过统计，6 个路径动词句在高级英语学习者和英语本族语者当中的得分的平均值如表 8-2 所示。

表 8-2 清楚地显示，高级英语学习者与英语本族语者给第 1、2 句的评分比较接近，两组 12 人的平均分都只相差 0.17，说明高级英语学习者与英语本族语者对路径动词句的评分差距不在这两个句子上。高级英语学习者与本族语者评分差距较大的句子应该能够帮助我们考查差距存在的原因。

第 5 句"An owl came out from the hole."或许能帮助我们说明为什么对路径动词句的评分差异不是出现在初级英语学习者与英语本族语者之间，而是出现在高级英语学习者与本族语者之间。高级英语学习者、初级英语学习者和英语本族语者为该句打分的平均值分别是：

2.58、3.25、3.17。初级英语学习者与英语本族语者更相近,两组学习者之间相距较远。

表 8-2 三组英语受试对路径动词句的评分

路径动词句	高级英语学习者	初级英语学习者	英语本族语者
1. The dog rose to the window sill. (P22)	2	2.33	2.17
2. The boy fell down from the cliff. (P84)	2.67	2	2.5
3. The dog was falling down. (P33)	2.33	2.67	3.92
4. The dog was dropping from the window. (P34)	4.17	3.17	3.58
5. An owl came out from the hole. (P42)	2.58	3.25	3.17
6. The deer was approaching the cliff. (74)	2.25	2.5	3.42

注:"(P22)"表示该句子出自动词使用倾向研究工具第 2 幅图第 2 个句子,以此类推。

第 5 句在第 4 幅图的四个句子中得分不是最高的,得分最高的是一个方式动词句"An owl popped out."。初级英语学习者对该句的给分基本上和另一个方式动词句"An owl flew out from the hole."相当。这表明,在初级英语学习者看来,"come out"这个短语中的"come"不是一个严格意义上的路径动词,它是一个出现频率很高,很便利的表达(the majority of its body comes out (LEL11),这位学习者给该句评为 5 分;"pop out"described the owl came out abruptly, better than "come out."(LEL12),这位学习者给该句评为 4 分,仅低于使用"pop out"的句子)。初级英语学习者在给该句打分的时候,多数是通过肯定方式动词句来说明"come out"意义上具有缺憾,而直接指出这个问题的只有一位受试(没有说出是怎么出来的(LEL04),该受试给该句 3 分)。

虽然英语本族语者也认为,come 表达的意义不像方式动词那样引人注目,但是具有描述性,即有一定的细节描写(It's very descriptive, but the action word doesn't catch my attention.(NE03); Is good but not very interesting (NE06); Not very exciting way to describe. (NE08))。在本族语者看来,这个句子虽然使用的是一个偏向一般意义的路径动词,但它还是相对可以接受的。前文中,我们在讨论英语本族语者在表达"猫头鹰从树洞里出来"这一移动事件的时候,就发现"come out"有一定的使用比例。

从上文对初级英语学习者和英语本族语者数据的分析我们可以认为,虽然这两组受试对使用"come"这个路径动词句认可度没有方式动词句高,但还是有一定认可度的。因此,这个句子在这两组受试当中的得分比较接近。我们推测,英语本族语者在对其语言中合乎语法的用法进行判断的时候,具有包容性。而初级英语学习者掌握的动词资源还比较有限,在动词的使用方面会优先考虑把意义表达出来的交际需要,可能对于词义的丰富性、生动性没有太高的要求。

高级英语学习者对词义的要求则比较高。有些受试即使给了该句 4 分,也指出了其表达意义的不足(比如,没有很好地强调鹰怒气冲冲地出来的过程(HEL06);较准确,但未写出"飞出"(HEL03))。给该句打低分的受试更是明确指出使用"come"的句子意义表达的不足(比如,过于普通(HEL02);直面描述,不够生动(HEL05); too normal (HEL08);太慢了(HEL09);太平淡(HEL10);2、4 动作均太平淡(HEL12))。

综合以上分析，我们推测，中国英语学习者与英语本族语者一样，都很重视用方式动词来表达移动事件。他们对路径动词的接受程度受方式动词使用偏好的影响。初级英语学习者对方式动词的使用偏好相对较低，优先考虑基本意义表达的需要；英语本族语者对路径动词有一定的接受度，特别是像 come 这样接近常用词的路径动词接受度更高。高级英语学习者由于掌握了更多的语言知识，包括词汇知识，对方式动词的使用倾向表现更强。因此，高级英语学习者对兼具普通动词特征的路径动词接受度较低。以上可能是高级英语学习者与英语本族语者对路径动词句的评分差异显著的原因。

8.4 法语学习者与法语本族语者比较

8.4.1 法语学习者与法语本族语者总体比较

本节将从总体上考查两组法语学习者与法语本族语者对法语方式动词和路径动词句的评分是否存在显著性差异。本部分使用的方法是非参数检验中的 Kruskal-Wallis 检验。

表 8-3 表明，对方式动词句的评分，两组法语学习者与法语本族语者之间存在显著性差异，对路径动词句的评分三组之间的差异不显著。要具体查看这一差别存在于哪两组之间，我们还要在三组受试之间进行两两对比。

表 8-3 法语学习者与法语本族语者动词使用倾向比较

句子类型	平均值	标准差	组别	人数	平均秩次	P 值
方式动词句得分	3.77	.57	法语本族语者	17	43.50	.045
			初级法语学习者	31	29.31	
			高级法语学习者	23	39.48	
			总数	71		
路径动词句得分	3.08	.62	法语本族语者	17	28.50	.154
			初级法语学习者	31	36.24	
			高级法语学习者	23	41.22	
			总数	71		

8.4.2 法语学习者与法语本族语者之间相互比较

我们使用 Mann-Whitney 检验，在三组受试之间进行两两对比。

表 8-4 显示，初级法语学习者与法语本族语者对方式动词句的评分存在显著性差异，显著性水平达到 .028，对路径动词句的评分差异没有达到显著性水平。

高级法语学习者与法语本族语者对方式动词句和路径动词句的给分都不存在显著性差异。两组法语学习者对方式动词句和路径动词句判断的差异不显著。但是，初级水平的法语学习者给方式动词句的分数明显地低于高级法语学习者，虽然还没有达到显著性水平。为了探究初级法语学习者与法语本族语者对方式动词句评分的差异，我们尝试分析他们的给分依据。

表 8-4　两组法语学习者与法语本族语者动词使用倾向相互比较

句子类型	组别	人数	平均秩次	秩次总和	P 值
方式动词句得分	法本-法初	17/31	30.47/21.23	518.00/658.00	.028
	法本-法高	17/23	22.03/19.37	374.50/445.50	.481
	法初-法高	31/23	24.08/32.11	746.50/738.50	.062
路径动词句得分	法本-法初	17/31	20.97/26.44	356.50/819.50	.194
	法本-法高	17/23	16.53/23.43	281.00/539.00	.066
	法初-法高	31/23	25.81/29.78	800.00/685.00	.338

注："法本"指法语本族语者；"法初"指初级法语学习者；"法高"指高级法语学习者。

8.4.3　法语受试对方式动词句的评分依据分析

本小节尝试从法语受试的评分依据分析中，探究法语初级学习者对方式动词句的评分与法语本族语者相比有显著性差异的原因。

表 8-5 显示，第 2、5、6 句的给分在初级法语学习者与法语本族语者之间有较大差异，我们下面就来考查初级法语学习者给这三个句子的评分依据。我们以第 2 句为例来考查初级法语学习者倾向于给该方式动词句以低分的原因。

表 8-5　法语受试给方式动词句的评分

方式动词句	高级法语学习者	初级法语学习者	法语本族语者
1. Le chien est grimpé sur le rebord de la fenêtre. (P24)	3.25	3.42	3.17
2. Les abeilles poursuivent le chien. (P51)	3.17	3.25	4.42
3. Les abeilles sont en train de chasser le chien. (P54)	4.08	3.17	3.58
4. Le garçon est grimpé sur une grande pierre. (P61)	4.5	4.5	4
5. Le cerf galope vers une petite falaise. (P71)	3.83	3.67	4.17
6. Le cerf a jeté le garcon dans le précipice. (81)	4.58	3.75	4.25

初级法语学习者给第 2 句评分较低的原因是，在表达同样意思的情况下，大多数人更倾向于给该句所在图片里的被动句（Le chien est poursuivi par les abeilles partout）以更高的分数。他们的理由是：

"用被动态，比较能表现被追赶的紧迫感"（LFL08）；"形象地描写了狗被追逐时的狼狈"（LFL09）；

被动句中的副词"partout"也很受初级法语学习者的青睐："用被动态，比较能表现被追赶的紧迫感，partout 也很好"（LFL08）；"partout 表现形势紧迫，蜜蜂紧追不舍"（LFL03）。

还有的学习者认为："poursuivre，voler 不足以表达'追逐'"。只有两位学习者给了"poursuivre"用作主动语态的第 2 句较高的分数。

从以上分析可知，即使是这样的判断任务，也能发现初级法语学习者与法语本族语者的方式动词使用倾向的差异。其原因可能是法语学习者对方式动词的词义掌握不到位所致。他们青睐副词"partout"反映出他们可能受汉语的影响还比较大，因为汉语移动事件表达里面多用方式副词。

由于法语本族语者和高级法语学习者没有提供此句的给分依据，这里仅以初级法语学习者的给分依据作为判断的依据，得出的结论是尝试性的，真正的原因还需要将来做进一步研究。

8.5 质性分析结果

动词使用倾向调查工具要测试的是学习者对方式动词句和路径动词句的认可度与本族语者相比是否存在差异。我们以动词使用倾向调查工具第一幅图为例，从每组 12 名[①]受试对 4 个句子的评分及其给分依据入手，并联系他们所写的故事对该图片的表达来分析说明。本部分的结果和上节对路径动词句和方式动词句的给分依据分析加在一起力图回答本章的第二个问题，"中国学习者对方式动词句和路径动词句的认可度依据是什么"。

8.5.1 英语动词使用倾向质性分析

英语动词使用倾向调查工具的第一幅图给出了 4 个句子，其中第 1、4 两个句子中使用的动词为 climb，escape，这两个词在本研究中被认为是同时包含方式和路径的移动动词；第 2 句中的动词 exit 是路径动词；第 3 句中的 hop 是个方式动词，后面有个表达路径的卫星成分；第 1、2 句含背景成分；3、4 句没有背景成分。表 8-6 是三组英语受试给各个句子的平均分。

从表 8-6 可知，两组英语学习者与英语本族语者对 4 个句子的评分比较类似，第 1、4 句的平均分都高于 3 分，而 2、3 句的平均分都低于 3 分。

表 8-6 动词使用倾向调查工具第一幅图 4 个句子的平均分

项目	英语本族语者	初级英语学习者	高级英语学习者
1. The frog was climbing out of the mug.	3.92	3.08	3.67
2. The frog was exiting the mug.	2.5	2.33	1.58
3. The frog was hopping out.	1.92	2.67	2.42
4. The frog was escaping.	3.92	4.17	3.25

---

① 因为每组大约只有 12 名受试比较完整地写下了他们的评分依据。

无论是给第1、4句高分还是给第2、3句低分都表明三组受试重视方式的表达。他们给这两个句子高分的理由有：描写生动、准确、有趣：

---

15. This one because it is the most dynamic and descriptive. (EN01)
15. The edge of the mug is higher, therefore he must climb. (EN04)
15. more vivid；(HEL05)
45. The frog is escaping, and it makes the sentence seem more exciting！(EN02)
45. The frog is in a sneaky stance and has a sneaky look on his face (EN05)
45. it can conclude the whole process；(LEL04)

给第2、3句低分的根据是：不准确、不生动、没有趣味，尽管表达可能正确。

---

31. This one was too general and not very accurate. (EN01)
21. too formal (EN09)
21. too generic；(EN08)
32. not hopping；(EN09)
21. 太普通；(LEL06)
31. during the process, the frog can't hop out because of the jar (LEL04)
31. 不是跳出，是爬出；(HEL09)

第2句是研究者编写的句子，所有受试没有一例使用过动词 exit。不过，通过三组受试给该句的评分我们大概可以推断出英语本族语者和英语学习者都不太倾向于使用路径动词来表达移动事件。从受试所给的评分理由我们可以看出，这个词印证了文献中所提到的路径动词的特点：比较正式、使用频率低、表达内容太概括、不生动形象等。

这里要明确指出的是，第3句中用了动词 hop，该词本来是一个比 jump 更加具体生动的词，但是英语本族语者和英语学习者都没有给第3句高分。原因是，他们都发现青蛙不是从瓶子里跳出来的（hop，指人是"单足跳"，指蛙、鸟等动物是"双足跳"），而是爬出来的。由此可见，英语本族语者和两组英语学习者都注意到了方式的精细表达。

英语本族语者中个别受试给出的评分与多数人不一致，但都没有给出明确的理由。只有一位本族语者认为青蛙从瓶子里出来时只用了腿（他可能认为青蛙的四肢是区分手脚的），所以不能算是 climb。不过，这只是个别现象。而学习者中给出偏高或偏低分数的人要略多一些。初级英语学习者中有两位分别给了第3句5分和4分，他们认为青蛙天生（Nature）就是要 hop，用 hop 能使句子更生动形象（More Vivid）。高级学习者中也有两位分别给第3句评了4分和5分，他们认为 hop 更生动（Lively），hop 的意思是"单足跳"更符合图片的意思，其中一位受试在自己写的故事中用的就是 hop。另外，高级学习者中还有两位分别给第4句评了2分和1分，他们认为 escape 表达的意思不够具体（General）。这些评分表明英语学习者，甚至是高级学习者在掌握英语具体方式动词的时候，也还存在不够准确的地方，虽然他们从总体上已经掌握了英语移动事件表达中重视方式的特点。

从这些受试所写的故事来看，英语本族语者多用一个方式（+路径）动词，个别受试同时用了副词。他们使用的动词有：run, climb, escape, sneak, step 等。尤其令人感到意外的是，英语本族语者中还有使用静态描写的句子来表达移动事件（如下面的例句2），这样的情况在两组英语学习者中则没有发现。

　　He ran away. (EN01)
　　Summy and Spot woke up to find an empty jar. (EN02)
　　The frog climbed out of the jar and escaped. (EN04)
　　Prince snuck out of the jar. (EN08)
　　He gingerly stepped out of over the lip of the jar. (EN11)

对于这个场景两组英语学习者所使用的动词多样性并不比英语本族语者差。而且，他们基本上都用了一个动词再加上一个副词性方式成分。这一点可能反映出汉语的特点，因为汉语移动事件表达里就多用非动词性方式成分。他们所用的动词有：jump, climb, escape, flee, slip, squeeze, crawl, flee, hop。

　　He jumped out of the bottle quietly. (HEL01)
　　The frog secretly climbed up the tank and slipped out of the room. (HEL05)
　　He secretly crawled out of the jar and left. (HEL02)
　　The frog stealthily escaped. (LEL05)
　　The frog slipped out of the jar and went away. (LEL06)
　　The frog squeezed a way out of the jar and fled away. (LEL09)

根据以上的分析我们得出这样的初步结论，虽然两组英语学习者的英语移动事件表达还带有一些他们的母语汉语的影响，特别是在过多使用非动词的方式成分方面。但是，从对方式动词的产出、对方式动词句认可度方面都与英语本族语者非常相近。

8.5.2　法语受试动词使用倾向质性分析

8.5.2.1　第一幅图整体分析

法语材料和英语材料来自同一幅图片，但是四个句子完全不同。不仅表现为所用语言不同，还表现为结构类型上的不同。法语本族语者和两组法语学习者受试的人数也分别为12人，所考查的内容也和英语组相同。表8-8列出了三组法语受试对第一幅图所配四个句子的评分。

四个句子代表四种结构类型，第1句是同时表达方式和路径意义的动词+背景成分；第2句是同时表达方式和路径意义的动词，不加背景成分；第3句是路径动词+背景成分+非动词性方式成分；第4句是方式动词+背景成分，这是一个卫星框架语言句。

从表8-7中可知，三组受试对第4句的认可度都比其他三个句子要低。这表明，无论是法语本族语者还是法语学习者，都不倾向于在移动事件表达中使用卫星框架语言句（另一种可能是，三组法语受试都认为该句没有反映出图片的真实内容，因为青蛙不是在跳"sauter"。）。

表8-7　三组法语工具第一幅图4个句子的评分情况

第一幅图所配法语句子	法语本族语者	初级法语学习者	高级法语学习者
1. La grenouille s'échappe du vase.	4.67	3.58	3.75
2. La grenouille fuit.	3.92	3.58	2.58

续表

第一幅图所配法语句子	法语本族语者	初级法语学习者	高级法语学习者
3. La grenouille sort de son vase secrètement.	3.25	5	4.33
4. Le grenouille sauté du vase.	1.08	2.08	2.25

法语本族语者与两组法语学习者对四种结构类型的句子的认知存在比较明显的不同：法语本族语者对第1、2句的认可程度都比两组法语学习者高；两组法语学习者对第3、4句的认可度都比法语本族语者高。

单从这些数据我们可以推测，两组法语学习者可能还没有很好地掌握法语中同时表达方式和路径意义的动词（s'échapper，fuir）。两组学习者对第3句的认可度最高，很可能是因为这一句不仅使用了一个常用的路径动词（sortir），同时该句后面还有一个方式副词，这样的非动词性方式成分是汉语里很常见的一种用法。学习者对第4句的认可度比本族语者高，很可能是因为该句中的动词（sauter）在汉语中的对应词"跳"是一个比较常用的方式动词，他们把法语里的介词"de"看成汉语里的"从"。当然，这些猜测是否合理，还有待于我们从受试给句子打分的理由以及他们自己所写的句子中找到证据。

8.5.2.2 法语本族语者数据质性分析

在给句子评分时，尽管法语本族语者没有像英语本族语者和英语学习者那样，指出使用什么词准确、生动、形象等，但是他们的言语间却包含了对方式的关注，只不过这种关注是通过对图片中的事实和逻辑推理的重视而实现的。

> La grenouille fuit, s'enfuit, s'échappe (synonymes). On peut dire qu'elle sort de son vase secrètement. Puisqu'elle ne veut pas réveiller l'enfant et son chien. Mais elle ne saute pas pour sortir du vase.
> 说青蛙"逃跑、逃离、逃走"，这三个词都能用，因为它们是同义词。我们也能说青蛙偷偷离开了罐子，因为它不想吵醒熟睡的男孩和小狗，但青蛙不是跳出罐子的。（15；25；35；41）（NF03）

这是一位法语本族语者受试的给分理由，汉语翻译后的第一个括号内的几个数字表示该名受试给第1、2、3句各5分，第4句1分（以下同理）。她给前三个句子都评为5分，因为它们都能表达出图片中的事实，但是从图片来看，青蛙一只腿在罐外，一只在罐内显然不像是在跳。这样的认识在其他受试的判断理由中也出现过。

> Je crois que la grenouille s'échappe du bocal puisque（因为）elle semble y avoir été mise pour y être conservée. La chose la plus importante à considérer est qu'ellene s'y est pas retrouvée de son plein gré（自愿）. On ne peut donc pas dire qu'elle ne fait que sauter hors du bocal.
> 我认为青蛙逃出罐子是因为男孩把它养在罐子里，更重要的是这样的状况并不是青蛙情愿的事。所以我们不能仅仅说青蛙从罐子里出来了。（15；24；33；41）（NF05）

根据图片中的事实和合理的逻辑推理，这位法语本族语者认为青蛙是被迫待在罐子里的，它出罐子一定是逃跑、逃离，而第3、4句的主要意思仅仅说青蛙出了罐子，没有表达出图片的全部真实内容，因此他给了第1、2句高分，第3、4句低分。在另外一位法语本族语者的理由中，罐子更被直接认为是青蛙的牢笼。

> La vase était comme une prison. 罐子就像监狱一样（15）；
> En effect，elle est sous l'emprise de l'enfant.
> 事实上青蛙是在男孩的监禁之下（24）。(NF02)

因为青蛙是被男孩监禁在罐子里，所以它离开罐子就是逃离，因此该本族语者给前两个使用了"s'échapper, fuir"两个表达"逃跑"意义的句子分别评了5分和4分。

法语本族语者的文本中对青蛙离开罐子这个情节的描写多数都用了 s'échapper, fuir, s'enfuir, 还有两位用了 quitter, sortir。有些还用了表达方式成分的副词。

La grenouille s'échappe du bocal. 青蛙从罐子里逃走了。(NF01)

La grenouille s'enfuie. 青蛙逃走了。(NF03)

La grenouille sortit du bocal le plus discrètement et s'enfuie. 青蛙小心翼翼地出了罐子，逃跑了。(NF 06)

Le grenouille s'enfuir discrètement. 青蛙悄悄逃跑了。(NF 10)

La grenouille sort discrètement du vase sans faire du bruit reveiller Lulu et Albert. 青蛙悄悄出了瓶子，没有发出一点响动，以免吵醒卢卢和 Albert。(NF 12)

从以上的材料分析中我们得出的结论是：一方面，在需要表达方式成分的时候，法语中有相应的语言形式可供使用，法语本族语者也能够注意到方式成分，这印证了以往的文献所述（Talmy 2000）；另一方面，至少从本小节可以看出，法语对方式并非不重视。第一，多数法语本族语受试使用的动词就是同时包含方式和路径成分的动词，并且还有不少同时加上了副词表达的方式成分；第二，法语本族语者会将单纯的路径动词小句和另一个同时包含方式和路径成分的动词小句连起来表达一个场景；第三，如果只是用一个路径动词小句，法语本族语者也会加上一个用副词表达的方式成分，很少只使用一个路径动词。这方面的情况和以往研究中对动词框架语言所下的结论不一致（Cadierno 2006）。

8.5.2.3 法语学习者数据质性分析

从给句子评分的依据看，法语学习者似乎很关注移动事件表达中的方式成分。前文提到，法语学习者可能没有仔细推敲第1、2句中两个动词同时包含了方式和路径意义，而他们又大多倾向于要在一个小句里同时表达方式和路径，因此他们对第3句就情有独钟。12名初级法语学习者无一例外地给第3句评为5分，12位高级学习者当中有8位给该句评为5分。我们分析认为该句使用的动词是个常用的路径动词，同时也附加了一个副词来表达方式，因此满足了法语学习者的全部表达需要。由下面的材料可看出法语学习者对方式成分的关注。

> 青蛙表情不似逃跑，3描写更形象。(35)（LFL03）
> 青蛙的动作像是蹑手蹑脚地逃走。(15; 25; 35; 43)（LFL04）
> secretement 很恰当地体现了当时的情况和青蛙的想法与动作。(35)（LFL07）

续表
青蛙在后来又回到小主人身边，可知他不是逃走的，只是悄悄地溜出去的。（14；23；35；41）（LFL10） 从青蛙"踮起脚尖"的动作可以看出，它尽量避免发出声响，所以是悄悄地逃出罐子，而不是"跳"，从后面的图画可知它离开了房间所以是逃走。（14；25；34；42）（HFL01） 青蛙的神态和动作都是悄悄地。（35）（HFL02） 此句更具体生动。（35）（HFL06）

从法语学习者所写的故事看，他们基本上用到了法语本族语者所用的全部动词如，s'échapper, fuir, s'enfuir, quitter, sortir, 另外，他们还使用了 échapper, esqiver, s'en aller 等。法语学习者也使用了法语本族语者所用的句子结构类型。

Le grenouille sort de la cruche et fuit. 青蛙出了罐子逃走了。（LFL08）

Le greouille s'enfuit. 青蛙逃走了。（LFL08）

La grenouille quitté son refuge sans le moindre bruit. 青蛙悄无声息地离开了牢笼。（HFL03）

La grenouille s'en aller furtivement. 青蛙悄悄地离开了。（HFL12）

虽然法语学习者能够掌握法语中基本的移动事件表达方式，但是在使用方式动词方面，与法语本族语者还是显现出了差距。对于第4个句子，三组受试都给了较低的分数，但是在学习者中却出现了3例相似的用法，而在法语本族语者的文本中一例也没有出现。

La grenouille a sauté de la bouteille. 青蛙跳出了罐子。（HFL05, 08）

Le grenouille est sauté du vase. 青蛙跳出了罐子。（LFL03）

严格来讲，这样的句子违反了法语移动事件表达中（也是动词框架语言中）方式动词的使用限制（Aske 1989；Hoiting & Slobin 1994）即法语移动事件表达中若使用方式动词，则该动词表达的概念是不跨界的移动事件。从上面两个句子我们可以看出，这里的移动事件属于跨界的移动事件，而 sauter 是个方式动词，因此这两个句子都违反了动词框架语言中方式动词的使用限制。汉语当中却没有这样的限制，无论移动事件是否跨界，都可以使用方式动词。

8.6 讨论

本章考查的是动词类型使用倾向，受试的任务是对使用不同类型动词的句子进行判断。与语言产出相比，语言判断任务对语言水平的要求相对较低，学习者更有可能和本族语者的结果达到一致。本章的结果支持这样的假设。

从总体上看，无论在方式动词句还是路径动词句的评分上，两组英语学习者与英语本族语者之间均不存在显著性差异。这一结果与语言产出部分的结果相吻合，即无论在方式动词还是路径动词的使用量上，三组英语受试之间均不存在显著性差异。这表明英语学习者作为一个整体已较好掌握了英语移动事件表达的主要特征。

三组法语受试对路径动词句的评分不存在显著性差异，对方式动词句的判断存在显著差异。经过两两比较发现，初级法语学习者与法语本族语者对方式动词句的给分存在显著性差异，显著性水平达到.045，其可能原因是方式动词在法语中使用频率不高，法语初级学习者对方式动词的词义掌握不够深入，因而对方式动词句认可度较低。

从水平上看，初级法语学习者是四组学习者当中外语水平最低的学习者，所以在他们身上发现了与本族语者之间的差距。因此我们可以进一步证实以汉语为母语的英语和法语学习者对外语移动事件词汇化特点的掌握大体上不存在困难，困难之处多是整体外语水平所致。

通过英语和法语动词使用倾向数据的质性分析，我们能够进一步发现，英语学习者和法语学习者都能大致掌握英语和法语的移动事件主要的表达特点，不仅产出上，而且使用倾向上都与本族语者表现得很相像，但是在具体细节上还是存在与本族语者不一致的地方。

英语学习者同英语本族语者一样重视动作的呈现方式，他们给某一句子高分的理由通常是因为该句"生动、形象"。与英语本族语者不同的是，英语学习者更倾向于在句子中附加表示方式的非动词性成分，尽管他们已经使用了方式动词，这一点可能是受母语的影响。

法语质性材料分析也进一步表明，法语学习者也大致掌握了法语移动事件表达特点。但是，法语学习者动词使用倾向中仍然存在母语词汇化特征的痕迹。最明显的有两点。其一，法语学习者倾向于给出现副词的句子高分，这是因为他们仍然习惯使用非动词的方式成分。法语本族语者虽然也重视方式成分，但是他们的方式成分更多地是隐性表达出来的。一般通过使用同时包含方式和路径成分的动词，或者不自觉地使用了表达方式意义的成分。在给出现方式成分的句子高分时，并不明确指出。其二，法语学习者倾向于过多使用方式动词+介词的句子结构，而本族语者并不常用这一结构。因为这一结构违反了法语中表达"跨界的移动事件"不使用方式动词的限制。这一点也可能是受汉语的影响，因为汉语表达移动事件时不论是否跨界都可以使用方式动词。

8.7　小结

本章报告了中国的英语和法语学习者移动动词使用倾向调查的结果。从量化数据看，通过与英语和法语本族语者对比，我们发现英语学习者与英语本族语者的动词使用倾向比较相似，都更倾向于给方式动词句以高分。中国的法语学习者对法语动词的使用倾向与法语本族语者比较相似，只是初级法语学习者对方式动词句的评分比较低，可能因为他们还没有很好地掌握法语中同时表达方式和路径意义的动词。从质性数据看中国的英语和法语学习者与英语和法语本族语者之间对移动动词的使用还是有一些细微的差别，差别的原因可能是学习者的移动事件表达受到一定的母语影响。

第九章 结论

9.1 引言

本章将总结主要的研究发现，并介绍本研究在理论、方法和教学三个方面的启示意义。同时，指出本研究中的一些不足，提出对未来研究的建议。

9.2 主要发现

本研究首先考查了汉语和英语、法语在移动事件表达上的异同，而后着重考查了中国英语和法语学习者对外语移动事件词汇化习得情况。通过分析88位英语和法语学习者以及44位英、法语本族语者的语言产出和动词倾向调查任务完成情况，我们得到如下的发现。

9.2.1 汉、英、法三种语言词汇化特点

本研究结果显示，从总体上讲，英语属于卫星框架语言，法语属于动词框架语言，但是汉语的类型归属比较复杂，不宜从总体上确定。从总体上看，三种语言之间存在类别差异；从移动事件分类结果看，三种语言之间除类型差异之外，还存在一些共性特征。

第一，无论从动词的使用总量，还是从动词的类型数量来考查，汉语都显著高于英语和法语。英语的方式动词数量和类型均显著高于法语，法语的路径动词数量和方式都显著高于英语。

第二，从每种语言内部看，汉语的路径动词数量显著高于方式动词数量，而路径动词的类型却少于方式动词类型。英语方式动词数量显著高于路径动词，方式动词类型数高于路径动词。法语路径动词数量显著高于方式动词，路径动词的类型多于方式动词类型。方式动词和路径动词使用类型比值方面，英语的值最大，其次是汉语和法语。

第三，移动事件分类分析显示，在表达"方式意义凸显"的移动事件时，汉、英、法三种语言都倾向于多使用方式动词；当表达"路径意义凸显"的移动事件时，汉、英、法三种语言都倾向于多用路径动词；当移动事件中方式和路径意义均突出的情况下，三种语言均使用了较高比例的包含方式和路径的移动动词；在没有意义成分凸显的情况下，汉、英两

种语言多用方式动词，法语多用路径动词。

小句层面的结果显示，汉语总体小句语义密度高于英语和法语，英语高于法语。汉语、英语和法语本族语者产出的背景成分差异不显著，汉语本族语者产出的非动词性方式成分显著高于英语和法语本族语者，后两者产出的非动词性方式成分数量差异不显著。三种语言当中只有英语存在一定数量的复合结构，汉语与法语中此类结构不合语法。

语篇层面的结果表明，汉语的小句总量显著地少于英语与法语；英语的小句数量多于法语，但它们之间的差异不显著。英语本族语者没有产出静态描写，法语本族语者产出的静态描写较少，而汉语本族语者产出的静态描写相对较多。

9.2.2　中国英语和法语学习者移动事件词汇化习得

从总体上看，中国英、法语学习者能够大体习得所学外语的移动事件词汇化特点。中国英语学习者比法语学习者的动词使用倾向更接近本族语者。具体结果如下。

第一，从方式动词与路径动词的使用频数总量上看，中国英语学习者掌握了英语移动事件词汇化方式动词的使用特点，他们产出的方式动词数量和类型与英语本族语者的差异均不显著。但英语学习者产出的路径动词在数量和类型上均显著低于英语本族语者。中国法语学习者则尚未掌握法语移动事件词汇化特点，两组学习者产出的方式动词与路径动词数量与类型数均显著低于法语本族语者。

第二，从移动事件分类分析结果看，英语学习者在表达"出""上""下"以及"水平方向"的移动事件时，方式动词和路径动词的使用量均与英语本族语者比较一致。法语学习者在表达"上""下""水平方向"的移动事件时和法语本族语者的动词使用倾向一致，在表达"出"这类移动事件时，与法语本族语者存在较大差距，学习者存在明显的汉语动词使用特点。

第三，两组英语学习者之间和两组法语学习者之间，对方式动词和路径动词的使用在所有情况下差异都不显著。

小句层面的结果显示：英语和法语学习者产出的四类语义密度的小句数量与英语和法语本族语者均不存在显著差异，两种语言的两个水平的学习者之间同样不存在显著差异。

英语学习者能够产出一定数量的事件复合结构，虽然他们产出的此类结构数量明显低于英语本族语者，但是英语水平越高的学习者产出此类结构的数量越多。法语学习者和法语本族语者一样没有产出事件复合结构。这表明中国的英语和法语学习者都能够掌握所学外语中事件复合结构的特征。

从语篇角度看，英语学习者总体产出的小句数量显著地少于英语本族语者，这个差异主要由高级英语学习者产出的小句数量所致。两组法语学习者产出的小句数量与法语本族语者产出的小句数量无显著差异。和英语本族语者产出零例静态描写不同，两类英语学习者分别产出了 3 例和 4 例静态描写。高级法语学习者产出了 3 例静态描写，接近法语本族语者的 2 例，初级法语学习者没有产出静态描写。英语学习者似乎受到了母语影响，因为四组外语学习者产出的汉语语料中分别出现 8~12 例静态描写。

以法语学习者产出的材料进行的质性分析结果显示，虽然法语初级水平的学习者就能像法语本族语者那样掌握许多法语移动事件的词汇化特点，但是从法语初级学习者产出的语料分析中我们发现，初级水平的法语学习者的移动事件表达还是在许多方面带有母语的特点，比如倾向于使用法语本族语者很少使用的表达结构；过量使用与母语表达相似的结构；产出的小句中有路径意义冗余等。同时初级法语学习者产出的语料也表明了他们在产出法语移动事件表达时的语言能力的不足，比如错误动词、不会使用动词以及介词使用错误等。

9.2.3 中国英语和法语学习者移动动词使用倾向

第一，动词使用倾向调查工具显示，英语学习者作为一个整体与英语本族语者对方式动词句和路径动词句的认可度没有显著差异，但高级英语学习者对路径动词句的认可度显著低于英语本族语者。法语学习者作为一个整体对方式动词句的认可度显著地低于法语本族语者，这个显著性差异主要体现在初级法语学习者与法语本族语者之间。

第二，质性分析发现，两组英语学习者的英语移动事件表达还带有一些汉语的影响，特别是多用非动词的方式成分这一点。法语学习者对方式成分的重视是直接的，显性的，这一点也有汉语的影响。而法语本族语者虽然也会重视方式成分，但是他们的重视是隐性的。

法语学习者多用方式动词+介词+背景成分结构的句子，这违反了法语方式动词不用在表达跨界的句子中的规定。

9.3 研究启示

本研究有三个启示作用：即理论启示、方法论启示以及教学启示。

9.3.1 理论启示

本研究的理论启示体现在以下三个方面：①丰富语言类型理论的内涵；②丰富二语习得理论；③对认识语言与思维的关系的启示。

9.3.1.1 丰富语言类型理论的内涵

通过比较汉、英、法三种语言移动事件表达所用动词特点，本研究进一步验证和修订了 Talmy 的认知语言类型框架。同时，我们也发现本研究的一些结果与以往文献（Berman & Slobin 1994；Cadierno 2008）不尽一致。比如：汉语方式动词和路径动词的使用量和类型数均高于英语与法语，汉语路径动词数量显著高于方式动词，而路径动词类型数低于方式动词。同时，本研究还发现同时表达方式和路径意义的动词在汉、英、法三种语言中都占有一定的比例。

通过移动事件分类分析，我们发现汉、英、法三种语言在某些移动事件表达上具有较高的相似性，比如"凸显意义成分"的移动事件（"蜜蜂追小狗"）和"不凸显意义成分"的移动事件（"小男孩回家"）。三种语言差别最大的移动事件是概念结构有差异的移动事件，比如，表达"出"的移动事件。在这类表达"跨界"的移动事件中，法语等动词框架语言限制使用方式动词。

以上这些结果进一步证明了语言类型的划分是相对的，某一种语言的类型归属也是相对的，甚至把某个动词认定为方式动词还是路径动词的方法都应该是相对的，语言类型学的研究内容是语言普遍性基础上的语言差异。

9.3.1.2 丰富二语习得理论

以往二语习得研究发现一语形态结构和句法结构对二语习得有影响。认知语言学视角的二语习得研究力图从语义结构方面发现一语对二语习得的影响，概念迁移理论就是在这一领域提出来的。本研究发现从词汇、小句和语篇层看，汉语、英语和法语之间移动事件词汇化的差异可以归结为概念差异的内容不多，多数特征在三种语言当中均普遍存在，属于概念差异的内容可能包括"复合结构，跨界移动事件，动态和静态描写"。

结果表明学习者在跨界移动事件词汇化方面较多迁移母语思维，即一部分学习者用方式动词表达跨界概念，而不是像法语本族语者一样完全使用路径动词。在使用静态描写方面只有少量法语学习者迁移了母语思维。此类结果表明一语和二语之间隐含的概念结构差异有可能对学习者构成学习困难。

从动词使用倾向研究结果看，英语学习者对路径动词句的认可度与本族语者存在差异；法语学习者对方式动词句的认可度与本族语者存在差距。这表明学习者可能对其所学外语移动事件表达的主要特点比较敏感，而对其次要特点重视不够。

本研究的以上发现对二语习得理论的启发是：对于母语在二语学习中的作用应该具体分析，不可一概而论。

9.3.1.3 对认识语言与思维关系的启示

从汉、英、法三种语言对比看，英语和汉语对移动事件的词汇化与法语有明显的区别，比如前两种语言比后者更重视表达出方式意义。面对相同的图片、相同的移动事件，说不同类型语言的人在表达时着重点有明显的区别，这说明语言确实对思维有一定的影响，至少在使用语言时的在线思维方面存在差异。

从分类分析结果看，汉、英、法三种语言在某些移动事件的表达上也存在一些一致性，这表明人类的语言行为在线思维也存在着独立于具体语言的共性特征。

从中国法语学习者对移动事件表达的习得看，学习者对于三种语言存在共同点的移动事件表达都能较好地掌握。对于那些语言间存在差异的移动事件，学习者会遇到一些困难，但不是绝对学不会与其一语不同的概念结构。比如，在表达"出"的移动事件时，法语学习者能够产出相当数量的单纯的路径动词。只不过，在这种情况下他们的表达还遗留一些一语表达的特征。这表明在特定的情形下语言对在线思维的影响较大，二语学习者在使用二语时彻底摆脱一语语言行为在线思维影响存在困难。因此，本研究的结论在语言与思维的关系方面倾向支持语言相对论。

9.3.2 方法论启示

本研究给同类研究也提供了一定的研究方法上的启示。

第一，本研究运用了对移动事件进行总体分析和分类分析两种方法。更加具体地探究了不同语言类型移动事件表达的异同所在，以及二语学习者表达移动事件的具体困难所在。

第二，本研究对基于移动事件词汇化的语言类型的划分不拘泥于文献上的总体类型，而提出关注各种语言中具体的类型特征。

第三，本研究率先系统归纳了方式和路径成分的定义和所包含的内容，提出了具体的方式动词和路径动词的认定方法，为未来的同类研究提供借鉴。

第四，本研究还尝试设计了一个动词使用倾向调查工具，考查了学习者与本族语者对方式动词句和路径动词句的认可度异同，为学习者语言产出研究结果提供了佐证。

第五，本研究对二语学习者移动事件词汇化研究基于全面比较汉语、英语和法语三种语言移动事件词汇化的异同，为二语习得研究提供了较好的研究假设。

第六，从二语习得角度看，以往的研究多是考查讲两种不同类型的语言的学习者学习同一种外语的情况。本研究考查了汉语学习者学习两种不同类型的外语，他们对移动事件词汇化的习得情况。这样做的意义有两点：一是研究角度新；二是像汉语这样类型归属有争议的语言，在以往的二语移动事件表达习得研究中几乎很少被研究过。涉及此类型语言的研究对为言而思假说的验证具有特殊的意义。

9.3.3 教学启示

本研究的教学启示有三个方面。

第一，因为从总体上看，英、法语学习者在表达移动事件时，移动动词使用不存在太大困难，教师在教学中可以不把重点放在学习者的移动事件概念重建上，而应将重点放在学习语言形式和学习概念和语言形式的映射上。

第二，从分类分析的结果看，不同类型语言在某些移动事件的概念化上存在较大差异，比如法语在表达"跨界移动事件"时不使用方式动词，必须使用路径动词；汉语表达此类移动事件既能使用方式动词又能使用路径动词。对于此类学习者难于很好掌握的差异，教师可以尝试从概念结构上进行显性教学，考查学习者的学习效果。

有针对性的显性教学方法不仅可以用在移动动词的使用上，用在路径成分的表达习得上或许意义更大，因为像英语这样的卫星框架语言中卫星成分出现的频率很高，与动词的结合也很灵活，管博（2011）通过考查学习者的产出发现中国英语学习者掌握英语的"动词+小品词搭配"存在困难。

从认知语言学角度出发的其他研究领域也可以运用有针对性的教学方法，比如研究时间、空间概念的表达等。

第三，本研究为对外汉语教学提供一定的启发。

从汉、英、法三种语言移动事件的词汇化对比中，我们发现汉语移动事件表达有其特殊性，即多数移动事件表达都靠"动趋结构"来完成。动趋结构中既有表达方式意义的主要动词，又有表达路径意义的趋向动词（上、下、进、出、来、去、回、到、起等），并且它们之间在形态上没有区别。同时，这些趋向动词又能与其他路径动词结合使用（如，掉、落、升、跌等）；趋向动词之间也能连用，趋向动词本身也能独立作为路径动词使用。综合以上特点，我们认为汉语对移动事件的表达结构比英语和法语都复杂，势必对汉语二语学习者造成困难。Wu（2010）的研究发现母语为英语的汉语二语学习者掌握汉语趋向动词存在较大困难。

有鉴于此，针对汉语与汉语学习者的母语之间的差异进行针对性显性教学或许对学习者掌握汉语移动事件词汇化特点有所助益。

9.4 研究不足和对未来研究的建议

9.4.1 研究不足

本研究存在着以下不足：

第一，在受试方面存在一些不足。①受试人数不足，每组仅 22 人，在进行总体量化统计的时候个案的波动可能会对数据产生较大影响，从而对统计结果的准确性产生一定影响。②本研究限于征集受试的难度，没有对受试的总体外语语言水平进行控制，比如没有通过测试的方法取得不同水平的学习者之间的总体外语水平存在显著差异的证据。在此情况下，研究者对高级学习者与本族语者之间的差异产生的原因进行解释的时候可能面临说服力不足的问题。在本研究中本科生通常被划为中低水平组，研究生划在高水平组，北京地区高校的本科生生源质量以及学习成绩普遍较高，而硕士研究生的生源质量不是太整齐，因此存在高水平组被试的语言基础低于低水平组的可能性。③本研究对本族语者的控制也可能存在一定的不足，比如汉语本族语者的数据就是英语和法语学习者产出的数据，而不是单纯的汉语本族语者，他们的汉语有可能受其所学外语的影响，因为已有研究发现语言之间存在概念的双向迁移（刘、陈 2021）；英语本族语者多为美国在校大学生，他们的语言存在一定的口语化倾向，比如在表达"出来""去"时经常使用 come out，go 等词，这类词可能增加他们的路径动词使用量。因此，本研究中英语本族语者的数据要与将来的更多研究进行比较才能确定它们是否代表英语本族语者的移动动词使用特点。

第二，数据采集过程中的控制不够好，没有保证让所有的受试在同等条件下产出数据。中国的英语和法语学习者的故事都是在课堂上，在 45 分钟内完成的，而英语和法语本族语者完成故事的时间由他们自己控制。写作故事的时间不同，很可能影响受试所写故事对整个图片的覆盖程度以及对移动动词的选择。同时，对于法语学习者来说，受总体法语水平的限制，在 45 分钟内他们无法完成整个故事，造成部分受试产出的语料不够完整。如果我们延长学习者的写作时间，或者明确要求学习者将时间用在描写移动事件上，数据的质量有可能会更高。

第三，动词使用倾向调查工具和质性数据采集方法还有待于改进。本研究中的动词使用倾向调查工具，虽然是一个有益的尝试，能大致采集到研究所需的数据，但它也存在明显的不足。首先，本工具无法保证使受试对方式动词句和路径动词句的判断完全基于对方式动词和路径动词的认可度，因为有些时候他们的判断是基于句子对图片的内容的描述是否准确；其次，限于研究者本人的外语水平，特别是法语水平，在选择配图的句子时，不能保证所有的句子在语法上都是十分准确的，这也可能会影响受试对句子的评分；最后，研究者希望通过让受试写句子的评分依据来收集质性数据，结果发现此种方法效果一般，受试产出的质性数据很有限，影响质性分析的质量。

第四，对数据的分析可能存在不足。在进行移动事件分类分析的时候，不是基于所有的移动事件，而只是选取了部分典型的移动事件，分析结果也可能出现以偏概全的问题。同时，不同的受试组在同一个移动事件上产出的移动动词数量不同，本研究在组间采用的是百分数对比，其可比性势必存在一定的问题。

9.4.2 对未来研究建议

未来的研究要做到更加有效，除要克服以上研究的不足外，还可以从如下的角度进行：

第一，可以用同样的方法研究其他类型的移动事件，如致使移动事件、静止的事件、运动主体的一部分发生位置变化的移动事件、虚拟的移动事件等。还可以用类似的方法去研究其他类型的宏事件，如"实现""状态改变""伴随事件"等。

第二，开展教学实验研究，考查教学干预、意识提高是否有助于学习者移动事件词汇化习得。

第三，专门对比母语与外语概念相同和不同时，学习者对移动事件词汇化的掌握情况，特别是汉语与法语之间的对比。

第四，更加全面考查移动事件的二语学习者的词汇化问题。本研究虽然考查了移动事件词汇化的词汇、小句和语篇层面。事实上，移动事件的词汇化还包括其他内容，比如比较同一批被试的口语产出与书面产出的移动事件词汇化特征。

第五，考查外语水平比本研究中的受试更高（接近本族语者）或更低（初学者）的外语学习者移动事件表达习得情况。外语水平更低的学习者产出的移动事件表达可能带有更多的母语移动事件表达特点，而更高水平的学习者有助于我们研究学习者在多大程度上能像本族语者一样表达移动事件。

第六，未来还可以开展双向研究，对比中国学生学习外语和外国学生学习汉语的表现，考查同一类型语言内部差异或不同类型语言之间的差异对移动事件词汇化习得的影响。

9.5 小结

本章首先总结了主要研究发现，包括：①汉语、英语、法语三种语言的词汇化特点的异同；②中国的英语和法语学习者如何用外语表达移动事件；③中国的英语和法语学习者的移动动词使用倾向。其次介绍了本研究的理论、方法论和实践方面的启示。再次介绍了本研究的不足。最后给出了对未来研究的建议。

参 考 文 献

[1] Aske, J. Path predicates in English and Spanish: A closer look [J]. *Proceedings of the Berkeley Linguistics Society*, 15: 1-14.

[2] Berman, R. A., Slobin, D. I. *Relating events in narrative: A cross-linguistic Developmental Study* [J]. Hillsdale: Erlbaum, 1994.

[3] Boas, F. Language [M]. New York: Heath, 124-45.

[4] Bowerman, M., de León, L., Choi, S. Verbs, particles, and spatial semantics: Learning to talk about spatial actions in typologically different languages. The Proceedings of the 27th Annual Child Language Research Forum [M]. Stanford: Center for the Study of Language and Information, 1995: 101-111.

[5] Brown, P. Position and motion in Tzeltal frog stories. Relating Events in Narrative. Typological and Contextual Perspectives [M]. Mahwah: Lawrence Erlbaum, 37-57.

[6] Cadierno, T., Lund, K. Cognitive linguistics and second language acquisition: Motion events in a typological framework. Form-meaning Connections in Second Language Acquisition [M]. Mahwah: Lawrence Erlbaum, 2004: 139-154.

[7] Cadierno, T., Robinson, P. Language Typology, Task Complexity and the Development of L2 Lexicalization Patterns for Describing Motion Events [J]. *Annual Review of Cognitive Linguistics*, 2009 (7): 245-276.

[8] Cadierno, T., Ruiz, L. Motion Events in Spanish L2 Acquisition [J]. *Annual Review of Cognitive Linguistics*, 2006 (4): 183-216.

[9] Cadierno, T. Expressing Motion Events in a Second Language: A Cognitive Typological Perspective. Cognitive Linguistics, Second Language Acquisition, and Foreign Language Teaching [M]. Berlin: Mouton de Gruyter, 2004: 13-49.

[10] Cadierno, T. Learning to talk about motion in a foreign language. Handbook of Cognitive Linguistics and Second Language Acquisition [M]. London: Routledge, 2008: 239-274.

[11] Cadierno, T. Motion in Danish as a Second Language: Does the Learner's L1 Make a Difference? [J] *Linguisitic Relativity in SLA Thinking for Speaking*, 1-33.

[12] Chao, Y. R. A Grammar of Spoken Chinese [M]. Berkeley: University of California Press, 1968.

[13] Chen, L. The acquisition and use of motion event expressions in Chinese [D]. Lafa-

yette: University of Louisiana at Lafayette.

[14] Chen, Liang, Guo, Jiansheng. Motion Events in Chinese Novels: Evidence for an E-quipollently-framed Language [J]. *Journal of Pragmatics*, 41: 1749-1766.

[15] Choi, S, Lantolf, J. P. Motion Events in the Speech and Gesture of Advanced L2 Korean and L2 English Speakers [J]. *Studies in Second Language Acquisition*, 2008 (30): 191-224.

[16] Choi, S., Bowerman, M. Learning to Express Motion Events in English and Korean: The Influnece of Language-specific Lexicalization Patterns [J]. *Cognition*, 1991 (41): 83-121.

[17] Chu, Chengzhi. Event Conceptualization and Grammatical Realization: The Case of Motion in Mandarin Chinese, University of Hawai, Unpublished doctorial dissertaton.

[18] Engberg-Pedersen, E., Trondhjem, F. B. Focus on Action in Motion Descriptions: The Case of West-Greenlandic [M]. Mahwah: Lawrence Erlbaum, 2004: 59-88.

[19] Galvan, D., Taub, S. The Encoding of Motion Information in American Sign Language [M]. Mahwah: Lawrence Erlbaum, 2004: 191-217.

[20] Gennari, S. P., Sloman, S. A., Malt, B. C., et al. Motion Events in Language and Cognition [J]. *Cognition*, 2002 (83): 49-79.

[21] Gentner, D., Goldin-Meadow, S. (eds.) Language in Mind: Advances in the Study of Language and Thought [M]. Cambridge: M. I. T. Press, 195-235.

[22] Gumperz, J. J., Levison, S. C. (eds.) Rethinking Linguistic Relativity [M]. Cambridge: Cambridge University Press.

[23] Guo, Jiansheng, Chen, Liang. Learning to Express Motion in Narratives by Mandarin-Speaking Children [M]. New York: Taylor & Francis Group, 2009: 193-208.

[24] Han Zhaohong. Grammatical Morpheme Inadequacy as a Function of Linguistic Relativity: A Longitudinal Case Study [M]. Bristol: Multilingual Matters, 2010: 154-182.

[25] Harley, B. Transfer in the Written Compositions of French Immersion Students [J]. *Transfer in Language Production*, 1989: 3-17.

[26] Harley, B., M. L. King. Verb Lexis in the Written Compositions of Young L2 Learners [J]. *Studies in Second Language Acquisition*, 1989 (11): 415-439.

[27] Hasko, V. The Role of Thinking for Speaking in Adult L2 Speech: The Case of (Non) unidirectionality Encoding by American Learners of Russian [M]. Bristol: Multilingual Matters, 2010: 34-58.

[28] Hendriks, H., Hichmann, M. Expressing Voluntary Motion in a Second Language: English Learners of French [M]. San Diego: Cognition Psychology Press, 2011.

[29] Hendriks, H. Structuring Space in Discourse: a Comparison of Chinese, French, German and English L1 and French, German and English L2 Acquisition [M]. Berlin: Mouton de Gruyter, 2005: 111-156.

[30] Hendriks, H., Hickmann, M., Demagny, A. C. How English Native Speakers Learn to Express Caused Motion in English and French [J]. *Acquisition et Interaction en Langue Étrangère*, 2008 (27): 15-41.

［31］Hendriks, H., Ji, Y., Hichmann, M. Typological Issues Regarding the Expression of Caused Motion: Chinese, English and French ［M］. Cambridge: Cambridge Scholars Press, 2009: 22-38.

［32］Hickmann, M, Hendriks, H. Static and Dynamic Location in French and in English ［J］. *First Language*, 2006, 26 (1): 103-135.

［33］Hickmann, M, Hendriks, H. Typological Constraints on the Acquisition of Spatial Language in French and English ［J］. *Cognitive Linguistics*, 2010, 21 (2): 189-215.

［34］Ibarretxe-Antuñano, I. Motion Events in Basque Narratives ［J］. *International Review of Applied Linguistics*, 2004, (41): 251-269.

［35］Ibarretxe-Antuñano, I. Path salience in motion events ［M］. New York: Psychology Press, 2009: 403-414.

［36］Jarvis, S. & Pavlenko, A. Crosslinguistic Influence in Language and Cognition ［M］. New York: Routledge, 2008.

［37］Jarvis, S. The role of L1-based concepts in L2 lexical reference. Unpublished doctoral dissertation, Indiana University.

［38］Jarvis, S. Topic Continuity in L2 English Article Use ［J］. *Studies in Second Language Acquisition*, 2002 24: 387-418.

［39］Jarvis, S. *Conceptual Transfer in Interlingual Lexicon* ［M］. Bloomton: IULC Publications, 1998.

［40］Ji, Yinglin, Henriette Hendriks, Maya Hickmann. Children's Expression of Voluntary Motion Events in English and Chinese ［J］. *Journal of Foreign Languages*, 2011, 34 (4): 2-20.

［41］Ji, Yinglin, Henriette Hendriks, Maya Hickmann. How Children Express Caused Motion Events in Chinese and English: Universal and Language-specific Influences ［J］. *Lingua*, 2011 (121): 1796-1819.

［42］John, Mark. The Body in the Mind: The Bodily Basis of Meaning, Imagination, and and Reason ［M］. Chicago: University of Chicago Press, 1987.

［43］Kita, S., Özyürek, A. What Does Cross-linguistic Variation in Semantic Coordination of Speech and Gesture Reveal? Evidence for an Interface Representation of Spatial Thinking and Speaking ［J］. *Journal of Memory and language*, 2003, 48 (1): 16-32.

［44］Lado, R. *Linguistics Across Cultures* ［M］. Ann Arbor: University of Michigan Press, 1957.

［45］Larranaga, P., J. Treffers-Daller, F. Tidball, M. Ortega. L1 Transfer in the Acquisition of Manner and Path in Spanish by Native Speakers of English ［J］. *International Journal of Bilingualism*, 2012 (1): 117-138.

［46］Lakoff, G. & Johnson, M. *Philosophy in the Flesh: The Embodied Mind and Its Challenge to Western Thought* ［M］. New York: Basic Book, 1999.

［47］Lakoff, G., Johnson, M. *Metaphors We Live by* ［M］. London: The University of Chicago Press, 1980.

[48] Lakoff, G. *Women, Fire and Dangerous Things: What Categories Reveal about the Mind* [M]. Chicago: Chicago University Press, 1987.

[49] Langacker, R. *Foundations of Cognitive Grammar* [M]. Standford: Standford University Press, 1987.

[50] Lewandowski, W. , Özçaliskan, S. How Language Type Influences Patterns of Motion Expression in Bilingual Speakers [J]. *Second Language Research*, 2021, 37 (1): 27-49.

[51] Mayer, M. *Frog, where are you?* [M]. New York: Dial Press, 1969.

[52] McNeill, D. , Duncan, S. D. Growth Points in Thinking-for-speaking [M]. Cambridge: Cambridge University Press, 200: 141-161.

[53] McNeill, D. *Hand and Mind: What Gestures Reveal about Thought* [M]. Chicago: Chicago University Press, 1992.

[54] McNeill, D. Imagery in Motion Event Descriptions: Gestures as Part of Thinking-for-speaking in three Languages [M]. Berkeley: Berkeley Linguistics Society, 1997: 255-267.

[55] McNeill, D. Analogic/Analytic Representations and Cross-linguistic Differences in Thinking for speaking [J]. *Cognitive Linguistics*, 2000, 11 (1/2): 43-60.

[56] Naigles, L. R. , Terrazas, P. Motion-verb Generalizations in English and Spanish: Influneces of Language and Syntax [J]. *Psychological Science*, 1998, 9 (5): 363-369.

[57] Navarro, S. , Nicoladis, E. Describing Motion Events in Adult L2 Spanish Narratives [M]. Somerville: Cascadilla Proceedings Project, 2005: 102-107.

[58] Odlin, T. Conceptual Transfer and Meaning Extensions London: Routledge, 2008: 306-340.

[59] Özçaliskan, S. , Slobin, D. I. Learning how to Search for the Frog: Expression of Manner of Motion in English, Spanish, and Turkish [M]. MA: Cascadilla Press, 1998: 541-552.

[60] Özçaliskan, S. , Slobin, D. I. Climb up vs. Ascend Climbing: Lexicalization Choices in Expressing Motion Events with Manner and Path Components [M]. MA: Cascadilla Press, 2000: 558-570.

[61] Özçaliskan, S. , Slobin, D. I. Expression of Manner of Movement in Monolingual and Bilingual Children's Narratives: Turkish vs. English [M]. Wiesbaden: Harrasowitz Verlag, 2000: 253-262.

[62] Özçaliskan, S. , Slobin, D. I. Codability Effects on the Expression of Manner of Motion in Turkish and English [M]. Istanbul: Bos'aziçi University Press, 2003: 259-270.

[63] Özyürek, A. , Kita, S. Expressing Manner and Path in English and Turkish: Differences in Speech, Gesture, and Conceptualizations [M]. Mahwah: Lawrence Erlbaum, 1999: 507-512.

[64] Papafragou, A. , Massey, C. , L. Gleitman. Motion Events in Language and Cognition [M]. Sommerville: Cascadilla Press, 2001: 566-574.

[65] Pavlenko, A. , Jarvis, S. Bidirectional Transfer [J]. *Applied Linguistics*, 2002 (23): 190-214.

[66] Pavlenko, A. Bilingualism and Cognition [M]. Unpublished doctoral dissertation, Cornell University.

[67] Pourcel, Stéphanie, Anetta Kopecka. Motion Events in French: Typological Intricacies [C]. Presented on Language, Culture and Mind Conference, Portsmouth, UK.

[68] Robinson, P. Aptitude and Second Language Acquisition [J]. *Annual Review of Applied Linguistics*, 2005 (25): 46–73.

[69] Sinha, C., Kuteva, T. Distributed Spatial Semantics [J]. *Nordic Journal of Linguistics*, 1995 (18): 167–199.

[70] Slobin, D. I., Hoiting, N. Reference to Movement in Spoken and Signed Languages: Typological Considerations [M]. Berkeley: Berkeley Linguistics Society, 1994: 487–503.

[71] Slobin, D. I. Two Ways to Travel: Verbs of Motion in English and Spanish [M]. Oxford: Clarendon Press, 1996: 195–220.

[72] Slobin, D. I. From "Thought and Language" to "Thinking for Speaking." [M]. Cambridge: Cambridge University Press, 1996: 70–96.

[73] Slobin, D. I. Mind, Code, and Text [M]. Amsterdam/Philadelphia: John Benjamins, 1997: 437–467.

[74] Slobin, D. I. A Typological Perspective on Learning to Talk About Space [M]. Reykjavík & Göteborg: University College of Education and Department of Linguistics, University of Göteborg, 1998: 1–30.

[75] Slobin, D. I. Verbalized Events: A Dynamic Approach to Linguistic Relativity and Determinism [M]. Amsterdam/Philadelphia: John Benjamins, 2000: 107–138.

[76] Slobin, D. I. Language and Thought Online: Cognitive Consequneces of Linguistic Relativity [M]. Cambridge: MIT Press, 2003: 157–192.

[77] Slobin, D. I. The Many Ways to Search for a Frog: Linguistic Typology and the Expression of Motion Events [M]. Mahwah: Lawrence Erlbaum, 2004: 219–257.

[78] Slobin, D. I. Linguistic Representations of Motion Events: What is Signifier and What is Signified? [M]. Amsterdam/Philadelphia: John Benjamins, 2005: 307–322.

[79] Slobin, D. I. Relating Narratives Events in Translation [M]. Dordrecht: Kluwer, 2005: 115–129.

[80] Slobin D. What Makes Manner of Motion salient?: Explorations in Linguistic Typology, Discourse, and Cognition [M]. Amsterdam: John Benjamins, 2006: 59–81.

[81] Stam, G. Gesture and Second Language Acquisition [M]. Verhoeven Mahwah: Lawrence Erlbaum, 2001: 89–111.

[82] Tai, James H. Y (戴浩一). Cognitive Relativism: Resultative Construction in Chinese [J]. *Language and Linguistics*, 2003 (4): 301–316.

[83] Talmy, L. Lexicalization Patterns: Semantic Structure in Lexical Forms [M]. Cambridge: Cambridge University Press, 1985: 36–149.

[84] Talmy, L. Path to Realization: A Typology of Event Conflation [M]. Berkeley: Berke-

ley Linguistics Society, 1991: 480-519.

[85] Talmy, L. Toward a Cognitive Semantics: Concept Structuring Systems [M]. Cambridge: MIT Press.

[86] Talmy, L. Toward a Cognitive Semantics: Typology and Process in Concept Structuring [M]. Cambridge: MIT Press, 2000.

[87] Xu Wen, Xinxin Shan. The Adventure of a Third Way: Motion Events in Mandarin [J]. *Language Sciences*, 2021 (85): 101362.

[88] Wright, R. A Study of the Acquisition of Verbs of Motion by Grade 4/5 Early French Immersion Students [J]. *Canadian Modern Language Review*, 1996 (53): 257-280

[89] Wu, Shu-ling. Learning to Express Motion Events in an L2: The Case of Chinese Directional Complements [J]. *Language Learning*, 2010, 61 (2): 414-455.

[90] Yu, L. The Role of Cross-Linguistic Lexical Similarity in the Use of Motion Verbs in English by Chinese and Japanese learners. Unpublished Ed. Dissertation, University of Toronto.

[91] Zlatev, J., Yangklang, P. A Third Way to Travel: The Place of Thai in Motion-event Typology [M]. Mahwah: Lawrence Erlbaum, 159-190.

[92] 蔡基刚. 英汉词化对比与综合表达法 [J]. 山东外语教学, 108 (5): 35-40.

[93] 陈佳, 赵友斌. 也论现代汉语的移动事件词汇化语义编码模式 [J]. 电子科技大学学报（社科版）, 10 (6): 51-55.

[94] 戴浩一. 概念结构与非自主性语法：汉语语法概念系统初探 [J]. 当代语言学, 2002 (1): 1-12.

[95] 范静. 汉法移动事件口语表达的类型学研究 [J]. 法国研究, 2016 (2): 92-100.

[96] 管博. 英汉构架事件词汇化模式的差异对中国学生使用英语动—品组合的影响 [J]. 解放军外国语学院学报, 34 (3): 51-54.

[97] 韩大伟. "路径"含义的词汇化模式 [J]. 东北师范大学学报（哲学社会科学版）, 227 (3): 155-159.

[98] 郝美玲, 王芬. 来自不同语言类型的学习者叙述汉语移动事件的实验研究 [J]. 世界汉语教学, 29 (1): 82-94.

[99] 黄月华, 白解红. 趋向动词与空间移动事件的概念化 [J]. 语言研究, 30 (3): 99-102.

[100] 黄月华, 李应洪. 汉英"路径"概念词汇化模式的对比研究 [J]. 外语学刊, 151 (6): 55-58。

[101] 纪瑛琳. 英汉二语习得者的空间移动事件认知——来自行为实验的证据 [J]. 现代外语, 43 (5): 654-666.

[102] 姜孟. 概念迁移：语言迁移研究的新进展 [J]. 宁夏大学学报（人文社会科学版）, 32 (3): 166-171.

[103] 阚哲华. 汉语位移事件词汇化的语言类型探究 [J]. 当代语言学, 12 (2): 126-135.

[104] 李福印. 宏事件研究中的两大系统性误区 [J]. 中国外语, 2013 (2): 25-33.

[105] 李福印. 典型位移移动事件表征中的路径要素 [J]. 外语教学, 2017, 38（4）: 1-6.

[106] 李恒, 曹宇. 中国高水平英语学习者移动事件的言语——手势表征. 外语教学与研究, 2013（6）: 886-896.

[107] 李雪. 英汉移动动词的词汇化模式差异及其对翻译的影响 [J]. 外语学刊, 2008, 145（6）: 109-112.

[108] 李雪. 英汉隐喻运动表达的对比研究 [J]. 外语学刊, 2009, 148（3）: 44-47.

[109] 李雪. 英汉移动动词词汇化模式的对比研究——一项基于语料的调查 [J]. 西安外国语大学学报, 2010, 18（2）: 39-42.

[110] 李雪. 英汉移动动词词汇化模式的对比研究 [M]. 北京: 外语教学与研究出版社, 2011.

[111] 李雪, 白解红. 英汉移动动词的对比研究——移动事件的词汇化模式 [J]. 外语与外语教学, 2009, 241（4）: 6-10.

[112] 刘红妮. 词汇化与语法化 [J]. 当代语言学, 2010, 12（1）: 53-61.

[113] 刘华文, 李海清. 汉英翻译中移动事件的再词汇化过程 [J]. 外语教学与研究, 2009, 41（5）: 379-385.

[114] 刘宇红. 事件框架的结构表征与翻译 [J]. 山东外语教学, 2005, 106（3）: 68-71.

[115] 娄宝翠. 路径和体在移动事件中的词汇化模式 [J]. 平原大学学报, 2004, 21（4）: 119-121.

[116] 罗思明, 等. 当代词汇化研究综合考察 [J]. 现代外语, 2007, 30（4）: 415-423.

[117] 罗杏焕. 英汉移动事件词汇化模式的类型学研究 [J]. 外语教学, 2008, 29（3）: 29-33.

[118] 潘艳艳, 张辉. 英汉致使移动句式的认知对比研究 [J]. 外语学刊, 2005, 124（3）: 60-64.

[119] 邵志洪. 英汉移动事件框架表达对比与应用 [J]. 外国语, 2006, 162（2）: 33-40.

[120] 沈家煊. 现代汉语"动补结构"的类型学考察 [J]. 世界汉语教学, 2003, 65（3）: 17-23.

[121] 沈家煊. 语言类型学的眼光 [J]. 语言文字应用, 2009（3）: 11-13.

[122] 史文磊. 国外学界对词化类型学的讨论述略 [J]. 解放军外国语学院学报, 2011, 34（2）: 12-17.

[123] 史文磊. 汉语移动事件词化类型的历时转移 [J]. 中国语文, 2011（6）: 483-498.

[124] 石毓智. 现代汉语的"动补结构": 一个类型学的比较研究 [J]. 现代中国语研究, 2000（1）: 62-69.

[125] 宋文辉. 再论现代汉语动结式的句法核心 [J]. 现代外语, 2004, 27（2）: 163-172.

[126] 王文融, 等. 高等学校法语专业高年级法语教学大纲 [M]. 北京: 外语教学与

研究出版社，1997.

［127］文秋芳.“认知对比分析"的特点与应用［J］.外语教学理论与实践（FLLTP），2014（1）：1-5.

［128］吴建伟.英汉移动事件路径意义的句法研究［J］.山东外语教学，2009，132（5）：28-32.

［129］徐英平.俄汉语框架语言类型归属探析［J］.外语研究，2009，113（1）：68-71.

［130］许子艳.英语移动事件表达习得与二语水平关系研究［J］.中国外语，2013（5）：64-71.

［131］严辰松.移动事件的词汇化模式——英汉比较研究［J］.解放军外语学院学报，1998，97（6）：8-12.

［132］严辰松.语义包容：英汉动词意义的比较［J］.外语与外语教学，2004，189（12）：40-42.

［133］严辰松.英汉表达"实现"意义的词汇化模式［J］.外国语，2005，155（1）：24-30.

［134］严辰松.伦纳德·泰尔米的宏事件研究及其启示［J］.外语教学，2008，29（5）：9-12.

［135］曾永红，白解红.中国学生英语移动事件表达习得研究［J］.外语与外语教学，2013（6）：44-48.

［136］曾永红，赵晨.汉语移动事件词汇化模式实证研究［J］.邵阳学院学报，2016，15（4）：79-85.

［137］曾永红.中国英语学习者致使移动事件习得研究［J］.外语教学，2017，38（5）：60-64.

附　录

附录一　语言产出工具

英语写作指令：

Welcome to participate in this project!
Instructions for writing the frog story:
This is a wordless picture book where there are three main characters, a boy, a dog and a frog. First, please look at the 24 pictures in order to get a general idea of the story, then write a story (**Do not write in dialogue, poetry, or literary style**) describing what you will have seen in **each** picture. You can refer to the pictures while writing. There will be another person who does not have chance to see these pictures, but he/she will retell the story completely depending on yours. It is hoped that the story is written within 45 minutes, but there is no word limit for it.

Note: Please try to spend your time evenly among the pictures.
Thank you very much!

法语写作指令：

Consignes pour écrire une histoire selon des images données.

C'est un livre d'images sans paroles où il y a trois personnages principaux: un garçon, un chien et une grenouille. Veuillez regarder d'abord les 24 images pour que vous ayez une idée générale sur ce que voulaient transmettre ces images. Racontez ensuite ce que vous avez vu dans chaque image (**veuillez ne pas écrire de dialogue, ni de poésie ou de style littéraire**). Il est à espérer que l'histoire est écrite en 45 minutes, mais il n'y a pas de limite pour le nombre de mots.

Merci Beaucoup!

青蛙故事（Frog, where are you?）

1

2　　　　　　　　　　3

附 录

9　　　　　　　　　　　　10

11

12

13　　　　　　　　　　14

15　　　　　　　　　　16

17

18　　　　　　　　　　　　19

20　　　　　　　　　　　　21

22　　　　　　　　　　　　　23

24

附录二　语言理解工具

1. 英语语言理解工具

Name_____　　Gender_____　　Age_____　　Grade_____

The pictures are from the *Frog Story*, some of them are slightly modified. Please rate the **appropriateness**（**the probability you will use it**）of the following sentences for the situations in the pictures, please tick the corresponding number on the right side of each sentence according to your previous understanding of the story. **Note,"1" represent the least appropriate,"5" represents the most appropriate**, and "2""3""4" lie between 1 and 5. Then, **briefly write your reasons for the ratings using the blanks under each sentence.**（原因可以用汉语回答）

1. The frog was climbing out of the mug.   1   2   3   4   5
2. The frog was exiting the mug.   1   2   3   4   5
3. The frog was hopping out.   1   2   3   4   5
4. The frog was escaping.   1   2   3   4   5

1. The dog hopped onto the window sill.   1   2   3   4   5
2. The dog rose to the window sill.   1   2   3   4   5
3. The dog ascended the window sill.   1   2   3   4   5
4. The dog climbed up the window sill.   1   2   3   4   5

1. The dog was dropping.   1   2   3   4   5
2. The dog was falling down to the ground. 1   2   3   4   5
3. The dog was falling down.   1   2   3   4   5
4. The dog was dropping from the window.   1   2   3   4   5

1. An owl popped out.	1	2	3	4	5
2. An owl came out of the hole.	1	2	3	4	5
3. An owl flew out from the hole.	1	2	3	4	5
4. An owl exited.	1	2	3	4	5

1. The dog was running away.	1	2	3	4	5
2. The bees were chasing after the dog.	1	2	3	4	5
3. The bees were flying after the dog.	1	2	3	4	5
4. The bees were following the dog.	1	2	3	4	5

1. The boy climbed up a rock.   1   2   3   4   5
2. The boy clambered over a rock.   1   2   3   4   5
3. The boy climbed a rock.   1   2   3   4   5
4. The boy moved up the rock.   1   2   3   4   5

1. The deer was heading for the cliff.   1   2   3   4   5
2. The deer was running to the cliff.   1   2   3   4   5
3. The deer was galloping.   1   2   3   4   5
4. The deer was approaching the cliff.   1   2   3   4   5

1. The deer threw the boy off the cliff.   1   2   3   4   5
2. The boy was tumbling down.   1   2   3   4   5
3. The deer dumped the boy down.   1   2   3   4   5
4. The boy fell down from the cliff.   1   2   3   4   5

Thank you very much!

2. 法语语言理解工具

Les images sont issues de l'histoire de la grenouille, certaines d'entre elles sont légèrement modifiées. Veuillez cocher la meilleure interprétation correspondant à chacune des situations précises dans les images. Cochez le numéro correspondant sur le côté droit de chaque phrase en fonction de votre compréhension antérieure de l'histoire. Remarque : "1" représente moins appropriée, "5" représente la plus appropriée, et de "2" "3" "4" se situent entre 1 et 5. Puis, écrivez brièvement vos raisons pour les évaluations en utilisant les cases au-dessous de chaque phrase.

                                           moins appropriée   la plus appropriée

1. La grenouille s'échappe du vase.   1   2   3   4   5

2. La grenouille fuit.   1   2   3   4   5

3. La grenouille sort de son vase secrètement.   1   2   3   4   5

4. La grenouille saute du vase.   1   2   3   4   5

1. Le chien est venu sur le rebord de la fenêtre.   1   2   3   4   5

2. Le chien a sauté sur le rebord de la fenêtre.   1   2   3   4   5

3. Le chien est monté sur le rebord de la fenêtre. 1   2   3   4   5

4. Le chien a grimpé sur le rebord de la fenêtre. 1   2   3   4   5

1. Le chien tombe dans le jardin.	1	2	3	4	5
2. Le chien saute à bas de la fenêtre.	1	2	3	4	5
3. Soudain, le chien est tombé de la fenêtre.	1	2	3	4	5
4. Le chien descend à la terre du rebord de la fenêtre.	1	2	3	4	5

1. Un hibou est venu du trou.	1	2	3	4	5
2. Un hibou est sorti furieux du trou.	1	2	3	4	5
3. Un hibou est sorti rapidement.	1	2	3	4	5
4. Un hibou est sorti du trou en volant.	1	2	3	4	5

1. Les abeilles poursuivent le chien.	1	2	3	4	5
2. Le chien est poursuivi par les abeilles partout.	1	2	3	4	5

3. Les abeilles volent après le chien.　　　1　2　3　4　5
4. Les abeilles sont en train de chasser le chien.　1　2　3　4　5

1. Le garçon a grimpé sur une grande pierre.　　1　2　3　4　5
2. Le garçon est arrivé à une grande pierre.　　1　2　3　4　5
3. Le garçon est monté sur une grande pierre.　　1　2　3　4　5
4. Le garçon a escaladé une grande pierre.　　1　2　3　4　5

1. Le cerf galope vers une petite falaise.　　1　2　3　4　5
2. Le cerf arrive à une falaise en courant.　　1　2　3　4　5
3. Le cerf s'approche d'une falaise rapidement.　1　2　3　4　5
4. Le cerf se met à courir sans arrêt.　　1　2　3　4　5

1. Le cerf a jeté le garçon dans le précipice.　　1　2　3　4　5
2. Le garçon est tombé dans l'étang.　　1　2　3　4　5
3. Le garçon est tombé dans le précipice.　　1　2　3　4　5
4. Le garçon est descendu dans l'étang.　　1　2　3　4　5

Merci Beaucoup!

附录三 语言学习背景调查问卷

1. 英语语言学习背景调查问卷

Questionnaire on Language Background

1. Name：   Age：   Gender：   Grade：   Major：

2. How is your mother tongue competence? Please select/mark the most appropriate one in the following ten-point scale.

Initial level   Advanced high
（1）   （10）
☐ ☐ ☐ ☐ ☐ ☐ ☐ ☐ ☐ ☐

3. Besides your mother tongue, what other kind (s) of language (s) have you learned? How many years did you learn it/them?

（1）   （   years）
（2）   （   years）
（3）   （   years）
（4）   （   years）

4. Continue the question 2. How is your competence of these languages that you have learnt? Please select/mark the most appropriate one in the following ten-point scale.

　　　　　Initial level   Advanced high
　　　　　（1）   （10）
（1）   ☐ ☐ ☐ ☐ ☐ ☐ ☐ ☐ ☐ ☐
（2）   ☐ ☐ ☐ ☐ ☐ ☐ ☐ ☐ ☐ ☐
（3）   ☐ ☐ ☐ ☐ ☐ ☐ ☐ ☐ ☐ ☐
（4）   ☐ ☐ ☐ ☐ ☐ ☐ ☐ ☐ ☐ ☐

5. How does your mother tongue influence your learning of other languages?（可以用汉语回答）

6. I agree that what I have written could be used in the researcher's thesis.
Signature：   Date：
Thank you!

2. 法语语言学习背景调查问卷

Questionnaire sur la information de langue

1. Nom：   Âge：   Sexe：   niveau d'études：   spécialité：

2. Quel est votre niveau dans votre langue maternelle? Veuillez cocher la case la

plus appropriée.

　　Niveau débutant　　　　　　　　　　niveau avancé
　　　　（1）　　　　　　　　　　　　　　（10）
□　□　□　□　□　□　□　□　□　□

3. En dehors de votre langue maternelle, avez-vous appris d'autres langues？ Combien de temps avez-vous mis pour apprendre chacune d'elles ?

　　（1）　　　　　　　（　　　ans）
　　（2）　　　　　　　（　　　ans）
　　（3）　　　　　　　（　　　ans）
　　（4）　　　　　　　（　　　ans）

4. Continuons la question 2. Quelles sont vos compétences de ces langues que vous avez apprises? Veuillezcocher la case la plus appropriée.

　　Niveau débutant　　　　　　　　　　Niveau avancé
　　　　（1）　　　　　　　　　　　　　　（10）
（1）　□　□　□　□　□　□　□　□　□　□
（2）　□　□　□　□　□　□　□　□　□　□
（3）　□　□　□　□　□　□　□　□　□　□
（4）　□　□　□　□　□　□　□　□　□　□

5. Votre langue maternelle a-t-elle influencé sur votre apprentissage d'autres langues ?

6. Je consens ce que j'ai écrit à la rédaction de la thèse du doctorant-chercheur.
Signature：　　　　　　　　　　　　Date：

Merci Beaucoup！

附录四　汉、英、法三种语言方式和路径成分标注参照表

1. 汉语方式和路径成分标注参照表

方式动词（107）

抱、奔、蹦、逼、藏、冲、闯、窜、蹿、带、登、吊、顶、躲、蹚、飞、赶、赶、跟、拱、拐、逛、跪、滚、轰、滑、晃、击、挤、举、扛、跨、拉、拎、流、溜、漏、落、掠、迈、冒、碾、撵、挪、趴、爬、拍、抛、捧、碰、劈、跑、喷、漂、泼、扑、骑、潜、绕、扔、塞、闪、驶、射、伸、渗、送、摔、甩、缩、踏、提、弹、探、抬、腾、逃、跳、踢、捅、推、驮、摇、引、涌、拥、游、跃、砸、载、栽、掷、抓、拽、撞、转、转、追、走、逐、钻、捉

步行、奔跑、奔走、蹒跚、溜达

路径动词（55）

到、出、进、过、上、下、回、起、开、走、离、跑、入、达、倒、翻、穿、掉、落、退、来、去、上、下、返、掉、垂、跌、落、散、拢、退、降、沉、垮、塌、堕、坍、围、折、升、临、凑、滴、没、越、栽、避、坠、冒、跟

靠近

介词表达的路径

向、往、朝、从、打、自、由、打自、打从、经、沿（着）、顺（着）、绕

2. 英语方式和路径成分标注参照表

方式动词（84）

bolt, burst, buck, bump, buzz, carry, chase, clamber, climb, crawl, creep, cut, dump, dart, dip, dive, drift, escape, fall, flash, flit, flitter, float, fly, follow, flee, gallop, glide, hasten, hurry, head, hide, hop, jump, knock, limp, loiter, march, pace, plummet, plunge, pop, push, race, rush, rustle, run, scramble, shuffle, sift, skip, skitter, slide, slip, splash, splat, sneak, swim, swoop, sprint, squeeze, step, stoop, stride, strike, stroll, stumble, swagger, tramp, tiptoe, track, tread, throw, tip, tumble, walk, wander, spring, wade, whirl, edge one's way, drag oneself, hurl oneself, grope one's way

路径动词

advance, approach, arrive, ascend, chase, circle, come, cross, depart, drop, descend, enter, escape, exit, fall, flee, follow, go, join, land, leave, mount, pass, proceed, reach, return, retreat, spread, separate, rise, take, traverse, withdraw

英语中表达路径的介词

a. TO paths: to, in (to), on (to), towards

b. FROM paths: from, out, off, away

c. VIA paths: past, over, around, through

3. 法语方式成分和路径成分标注参照表

方式动词

poursuivre, grimper, s'enfuir, sauter, jetter, courir, suivre, échapper, s'échapper, fuir, nager, voler, pousser, projeter, repousser, dégringoler, diriger, transporter, emmener, emporter, accourir, dévaler, chasser, glisser, gravir, hop, entraîner, porter, prendre, réfugier, renverser, faire du ski, lancer, rouler, trainer

路径动词

tomber, sortir, partir, monter, aller, grimper, s'enfuir, arriver, prendre, revenir, échapper, emmener, emporter, s'échapper, fuir, s'approcher, repartir, venir, approcher, enfuir, passer, quitter, ramener, retourner, chuter, dégringoler, d'enjamber, rentrer, repousser, reprendre, accourir, amener, atterrir, entrer, dévaler, glisser, jetter, renverser, reporter, s'avancer

附录五 中、英、法三种语言标注示例

1. 汉语标注示例

1.1 中高级英语学习者22号

银色的月光静静地洒在大地上，万物都置于月色的笼罩之中。一个名叫壮壮的小男孩正坐在小板凳上，托着腮，细细地盯着透明玻璃瓶里的那只青蛙。而壮壮的"好朋友"——一只名叫冬冬的小狗也正趴在瓶口上望着那只小青蛙。过了一会儿后，壮壮与冬冬都有些累了，于是便齐齐睡了。而半夜，趁着壮壮和冬冬熟睡之际，那只青蛙便悄悄地［A］逃跑［M］［P］［SD3］［PM］了。第二天早上醒来，壮壮和冬冬发现青蛙逃跑了。于是他俩便开始在房间翻箱倒柜地寻找那只青蛙，差点没把整个房子给拆了。而可爱的冬冬竟把头伸进了那透明的玻璃瓶里找。最后实在是找不到了，小男孩便走［M］向［Pre］窗台［G］［SD3］［MPreG］，朝窗外呐喊，希望那只青蛙能给他些回应。可爱的冬冬忍不住也凑［P］了过来［P］［RVC］［SD2］［PP］，趴在窗台上向四处张望，而一个不小心［A］，冬冬便从［Pre］窗台上［G］掉［P］了下来［P］［RVC］［SD3+］［PreGPP］，壮壮连忙［A］跑［M］出来［P］［RVC］［SD3］［MP］抱［M］起［P］［RVC］［SD2］［MP］壮壮。但在此之前看到冬冬从［Pre］窗户里［G］掉［P］出来［P］［RVC］［SD3+］［PreGPP］的时候，壮壮便意识到了那只青蛙是如何逃走的。这时，壮壮抱着冬冬，下定决心：一定要把那只青蛙找回来！

于是，冬冬和它的小主人壮壮的寻找青蛙之旅便开始了……

首先，他们来到［P］的是离家不远的一座森林里［G］［SD2］［PG］。壮壮看到地上有个洞，但立马跑［M］过去［P］［RVC］［SD2］［MP］朝洞口喊着，以为那只青蛙也许会住在里面。而可爱的冬冬看到树上有个蜂巢，也以为青蛙也许会住在里面，便跳着朝那蜂巢死命地吠着。过了没多久，一只愤怒的地鼠从［Pre］洞口［G］爬［M］出来［P］［RVC］［SD3+］［PreGMP］，生气地瞪着壮壮。于是，壮壮转而又爬［M］［P］上［P］［RVC］了树［G］［SD3+］［PMPG］，对着树上的一个洞又喊叫着青蛙，不久一只猫头鹰从［Pre］洞口［G］冲［M］出来［P］［RVC］［SD3+］［PreGMP］，把壮壮吓的［A］从［Pre］树上［G］掉［P］了下来［P］［RVC］［SD3+］［PreGPP］。而与时同时，冬冬也由于把峰巢弄了下来而在被一群蜜蜂追赶［M］［SD1］着。看着猫头鹰正愤怒地［A］向［Pre］自己［G］飞［M］过来［P］［RVC］［SD3+］［PreGMP］，壮壮便躲［P］［M］到［P］了一个"小山丘"后面［G］［SD3+］［PMPG］。直到猫头鹰飞来，壮壮才敢站起来，与此时冬冬也嗅着小主人的味道［A］跑［M］到［P］了"小山丘"旁［G］［SD3+］［MPG］，壮壮这时便爬［M］［P］上［P］［RVC］了"小山丘"［G］［SD3+］［PMPG］，用手撑着"树枝"开始大叫那只青蛙，但仍没有回应。

正当壮壮想从"山丘"上下来时，他发现那个"小山丘"竟然开始移动起来，原来那竟然是只鹿，而那"树枝"便是鹿的角！于是，卡在鹿角上的壮壮便眼睁睁地看着鹿迅速地［A］奔跑［M］［SD2］起来，而冬冬也火急火燎地［A］跟着［A］那只鹿朝［Pre］前［G］跑［M］［SD3+］［PreGM］着，全然没有意识到危险正向它们靠近！突然，鹿跑［M］到［P］了一个悬崖边［G］［SD3］［MPG］，一下［A］就把头上的壮壮给甩［M］了下去［P］［RVC］［SD3］［MP］，而跑得太快的冬冬也没刹住，跟着［A］壮壮掉［P］下［P］［RVC］了悬崖［G］［SD3+］［PPG］……

可怜的冬冬和壮壮穿过［P］一片茂密的树枝［G］［SD2］［PG］，最终落［P］到［P］一个小池塘里［G］［SD3］［PPG］，他们都没有受伤，只是变成了两只"落汤鸡"！突然，壮壮听到从一根横着的灌木那边传来熟悉的声音。于是，壮壮便悄悄地［A］爬［M］上［P］［RVC］那根灌木［G］［SD3+］［MPG］，而冬冬此时也忍不住爬了起来。紧接着，他们便惊奇地发现：那只青蛙原来在这里！它的身边还有另一只比它体型稍大的青蛙以及一群小青蛙，原来这是它的丈夫和孩子们！壮壮很高兴能看到它们一家团聚，于是便决定不带走那只青蛙妈妈，只和冬冬回家！而那个青蛙家庭很感动，便将自己的一个孩子送给了壮壮，壮壮很高兴，并答应一定会好好照顾这只小青蛙！

此时，太阳快下山了，壮壮捧着那只小青蛙，旁边跟着冬冬，恋恋不舍地［A］向那个青蛙家族挥手回［P］家［G］［SD3］［PG］了！而那个青蛙家族也坐在灌木上望着壮壮他们离去的方向，久久不动，直到他们的背景消失在那片茂密的树林之中……

2. 英语标注示例

2.1 英语本族语者第12号

Searching for Mud by Jonathan Boland

Jack had a frog named Mud. He and Bones, his dog, liked to watch Mud sit in his jar. Jack and Bones went to sleep one night, and Mud climbed［M］out［PP］of［Pre］his jar［G］［SD3+］［MPPPreG］. In the morning, Jack and Bones discovered Mud gone［P］［SD1］and the jar empty. Jack looked up and down for Mud. He checked the closet and under his bed, and he even checked in his boots. Bones tried sniffing Mud's scent, but got his head stuck in the Mud's jar.

Jack brought［P］Bones up［PP］to［Pre］the window［G］［SD3+］［PPPPreG］for help finding Mud outside. The jar was too heavy for Bones and he fell［P］from［Pre］the windowsill［G］［SD3+］［PPreG］. Crash! The glass jar shattered. Amazingly, Bones was fine and happy to be free from the jar. Jack wasn't so happy that Mud's jar was now in a million pieces.

After wandering［M］away［PP］from［Pre］the house［G］［SD3+］［MPPPreG］a bit, Jack and Bones reached［P］the edge of the woods［G］［SD2］［PG］. No matter how much Jack called Mud or Bones howled, Mud wasn't anywhere to be seen. As they came［P］closer to［Pre］the woods［G］［SD3］［PPreG］, Jack saw a hole in the ground. As he called Mud's name down the hole, Bones spotted a beehive and decided to try knock［M］it down［PP］［SD2］［MPP］. A gopher answered Jack's calling with a bite on Jack's nose.

Jack rubbed his nose, but decided to search deeper in the woods. Bones jumped against the trunk of the tree that the beehive hung on. Thump! The beehive landed［P］on［Pre］the ground

[G] [SD3] [PPreG] behind Bones. An angry swarm of bees flew [M] out [PP] of [Pre] the hive [G] [SD3+] [MPPPreG]. Jack had climbed [M] [P] into [PP] a nearby tree [G] [SD3+] [PMPPG] with a hollow that Mud could've hopped [M] into [PP] [SD2] [MPP]. An owl awoke and scared [NV] Jack out [PP] of [Pre] the tree [G] [SD3] [NVPPPreG] as she flapped her wings.

Poor Bones scurried [M] past [PP] [SD2] [MPP] as he ran [O] [M] from [Pre] the line of furious bees [G] [SD3] [MPreG] diving [O] [M] at [Pre] him [G] [SD3] [MPreG]. Jack finally recovered from his fall, but the owl began to pester him. He batted [NV] her away [PP] [SD1] [NVPP] and climbed [M] [P] onto [PP] a boulder [G] [SD3+] [PMPPG] to get a good look around. He was still there calling Mud's name when Bones came [P] [SD1] crawling [O] [M] back [PP] with his tail between his legs [A] [SD3] [MPP], but he'd escaped [P] [M] the bees [G] [SD3] [PMG].

Suddenly, the branches Jack was holding onto moved and he fell [P] over [PP] the head of a stag [G] [SD3] [PPPG]. The stag bounded [M] toward [Pre] a ridge [G] [SD3] [MPPG] with Jack clinging to the stag's neck. Bones ran [M] after [Pre] them [G] [SD3] [MPreG], but didn't slow down when the stag came to an abrupt stop at the ridge. He and Jack flew [M] over [PP] the edge [G] into [PP] a small pond [G] [SD3+] [MPPPGPPG]. Splash! Jack and Bones were soaking wet.

But then, Jack heard a sound like a croaking frog. He put his hand to his ear and listened for the sound. The croaking started again. Jack and Bones crawled [M] out [PP] of [Pre] the pond [G] [SD3+] [MPPPreG], Jack signaling Bones to be quiet. They both jumped [M] over [PP] a large log [G] [SD3] [MPPG], and found two frogs. Neither of the frogs were Mud, but Jack saw others jump [M] from [Pre] their hiding places [G] [SD3] [MPreG]. Mud jumped [M] into [PP] the open last [G] [SD3] [MPPG], and Jack cried out in glee.

Bones looked at the frogs in confusion, thinking there were more Muds now. Mud had found a family of frogs to play with. He hopped [M] into [PP] Jack's arms [G] [SD3+] [MPPG], and Jack and Bones made their way [GV] back [PP] across [PP] the pond [G] toward [Pre] the house [G] [SD3+] [GVPPPPGPreG]. Jack waved back at the family and promised that he would Mud back to play tomorrow. Then Jack, Mud, and Bones walked [M] back [PP] to [Pre] the house [G] [SD3+] [MPPPreG] as the sun set [O] [P] behind [Pre] the trees [G] [SD3] [PPreG].

2.2 初中级水平英语学习者第02号

Finding a frog

On a moonful night, a boy named Tom and his lovely friend, Nick, which is the name of a dog, played with their new friend, a frog. They put him in a big glass bottle. They all liked him because he was very cute.

To leave enough air for the frog, Tom and Nick went to bed with the bottle open.

Midnight came, Tom and Nick are deep in their dreams. The frogs jumped [M] out [PP] of [Pre] the bottle [G], and then, out [PP] of [Pre] the room [G] through [PP] the window [G] [SD3+] [MPPPreGPPPreGPPG].

The two friends woke up the next day only to find the frog gone [P] [SD1].

They turned the room upside down, searching the bed, the boots, and anywhere they could notice for the frog. But, as the frog had left [P] the room [G] [SD2] [PG], they found nothing. And Nick's head was sticked in the bottle.

Then they happened to find the window was unlocked. That's it. They houls by the window for the frog. But there is no answer.

Suddenly [A], Nick fell [P] down [PP] off [PP] the window [G] [SD3+] [PPPPPG]. Tom was confused for a minute. With a delicate break, he got it and stepped [M] out [PP] with an anger [E] [SD3] [MPP]. Nck broke the bottle. Seeing Tom angrily [E] heading [P] [M] toward [Pre] him [G] [SD3+] [PMPreG], he licked him in the face.

They went [P] to [Pre] a forest [G] [SD3] [PPreG] for the frog.

Nick was excited with the bees and played with them, while Tom asked a field mouse where the frog was.

The field mouse said he didn't know, and advise him to ask the owl living in the tree.

Nick pulled [M] the home of the bees down [PP] [SD2] [MPP], when Tom climbed [M] [P] up [PP] the tree [G] [SD3+] [PMPPG]. At the moment the owl came [P] out [PP] [SD2] [PPP], Tom fell [P] off [PP] the tree [G] [SD3] [PPPG] and Nick [G] was pursued [M] [SD2] [MG] by hundreds of bees.

The owl took [P] Tom to [Pre] the deer [G] [SD3] [PPreG], Nick arrived [P] [SD1] a little later with himself giving out.

The deer took on the head and Nick followed [M] them [G] [SD2] [MG].

On the arrival [N] [O] [P] to [Pre] a cliff [G] [SD3] [NPreG], the deer threw [M] Tom off [PP] the stiff [G] [SD3] [MPPG] with Nick following [O] [M] him [G] [SD2] [MG], jumping [O] [M] [SD1].

They landed [P] in [Pre] a pool [G] [SD3] [PPreG] and find themselves wet through.

They searched the surroundings. Beyond a fallen dead tree, they found a frog couple and a group of frogs.

There, a frog jump [M] to [Pre] them [G] [SD3] [MPreG]. And they picked out that this was their frog. So they took [P] it home [G] [SD2] [PG].

As the frogs saw them off, a little frog that had hidden himself earlier to avoid meeting Tom and Nick came [P] out [PP] [SD2] [PPP], laughing. This one was the real one escaped [P] [M] from [Pre] the bottle [G] [SD3+] [PMPreG].

What a trick!

2.3 中高级水平英语学习者第 1 号

Tom's Adventure

Once upon a time, there was a lovely boy named Tom living in a small southern village. Accompanied by a dog called Henry, James was always dreaming of becoming a great adventurer, thus spending plenty of time in nature seeking for unusual objects. One night, a frog suddenly caught his attention, and James loved it so much that he couldn't help grabbing [NV] it back [PP] [SD1] [NVPP]. Every night, James would be talking with the frog for a long time, taking the frog as his second best friend besides Henry. However, the frog though also fallen in love with James, looked forward to getting together with his family. Deep in the night, the frog, which was named Ding escaped [P] [M] from [Pre] James' house [G] [SD3+] [PMPreG]. From now on, a glorious and exciting story went on. The next morning, James rubbed his sleepy eyes and said hello to Ding, to find the bottle containing it was empty. He was so worried that he turned all the things in his room up and down, hoping for its appearance. At the same time, Henry sensed his concern, helping him to search for Ding. Unfortunately, Henry wrongly put its head into the bottle and failed to pull itself out, but James had no time to care about that. Helpless, James opened the window to yell for Ding, so was Henry. While Henry lost his balance and fell [P] down [PP] on [Pre] the ground [G] [SD3+] [PPPPreG], breaking the bottle, which caused James's great concern. Fortunately, when James took Henry in his hug there was nothing serious. Realizing there was no chance of finding Ding nearby, they started to go [P] outside [PP] [SD2] [PPP] for Ding.

After a long journey, they entered [P] a dense forest [G] [SD2] [PG], filled with all kinds of mystery. With all his courage, Henry forced himself into the adventurous place. Accidently, he found a hole in the ground, where he doubted lived the frog, Ding. However, after his disturbance, a mouse came [P] out [PP] [SD2] [PPP], scolding James's improper behavior. What was worse, Henry was too naughty to hold himself from the honeycomb and grabbed [NV] it down [PP] [SD1] [NVPP]. They quickly [A] ran [M] away [PP] [SD3] [MPP] to escape [P] [M] from [Pre] the bees [G] [SD3+] [PMPreG].

Later, James found a big deep hole in an old tree, hence he climbed [M] [P] up [PP] [SD3] [PMPP] and knocked on it. Still, the frog didn't came [P] [SD1] while a owl flied [M] out [PP] [SD2] [MPP] nearly attacked James. Falling [P] on [Pre] the ground [G] [SD3] [PPreG], James tried his best to avoid the owl. He climbed [M] [P] on [Pre] a stone [G] [SD3+] [PMPreG] and leaned against a horn, calling Ding's name in his loudest volumn. Fantastically, the horn began to move! It should be a deerhorse! The deer seemed to have sympathy on James and transported [M] him to [Pre] a strange place [G] [SD3] [MPreG] near water. Then he throwed [M] James downside [PP] [SD2] [MPP]. Desperate James [G] found himself in a pool of water, followed [M] [SD2] [MG] by the dog. James was too tired to move or speak a word, while a loud frog's song came into his ears. He called the dog to keep silence, and slipped［M］［SD1］himself to get close to the frogs. To his surprise, he found a group of frogs getting together, including his lovely Ding! Ding also immediately recognized his owner, leaping［M］to［Pre］him［G］［SD3］［MPreG］. In this situation, Ding's parents let Ding go, saying welfare to them. James showed thanks to them. Finally, after a day's worn-out adventure, he got his Ding back. It would be an unforgettable experience for James in his life. Let's give best wishes to them.

3. 法语标注示例

3.1 法语本族语者第 18 号

Il était une fois, un petie garçon et son chien contemplaient un grenouille qu'ils avaient placée dans un bocal de verre.

La nuit venue, alors que le peitit garçon et le chien dormaient à peings fermés, la grenouille sortit［P］du［Pre］bocal［G］le plus discrètement［A］［SD3+］［PPreG］et s'enfuir［P］［M］［SD2］［PM］.

Le lendemain matin, le petit garçon et le chien constatèrent avec tristere que la grenouille avait disparu!

Ils décidèremt de se mettre immèdiatement à sa rechercher: le garçon regardait dans les bottes, le chien rérigiant encore une fais à l'intérieur du bocal.

Le chien est bien maladroit! Il s'est coincé la tête dans le bocal. Le petit garçon ne s'en est pas rendu compte; il ouvre la fenêtre pour appeler la grenouille "Ohé la grenouille!".

Le chien se délat tout et bien pour libérer sa tête du vase qu'il finir par tomber［P］du［Pre］rebord de la fenêtre［G］［SD3］［PPreG］où il se tenait.

Le petit garçon le voit tomber［P］trop tard［A］［SD2］.

Heureusemenr, en tombant［P］, le bocal s'est cassé, le chien est libéré, il n'est pas et il a mème la droit à un câlin de la part de son maître, un peu fâché mais tout de même content de le retrouver sain et sauf.

Le petit garçon et le chien repennent alors tous recherches. Ils vont［P］dans［Pre］la forêt［G］［SD3］［PPreG］pour retrouver la grenouille.

Tandis que le garçon s'était placé devant l'entrée d'un terrier, appelle la grenouille, le chien jappe et s'amuse avec les abeilles qu'il voir au-dessus de sa tête.

Quelle n'est pas la surprise du garçon quand il voir un putois sortir［P］du［Pre］terrier［G］［SD3］［PPreG］!

Le chien s'amuse toujours avec les abeilles, cherchant à attraper l'essaim où celles-ci se michent…jusqu'au moment où l'essaim finit par tomber［P］［SD1］!

Le garçon est entre-temps grimpé［P］［M］à［Pre］un roche［G］［SD3］［PMPreG］pour chercher la grenouille; peut-être s'est elle caché dans le trou qu'il a pu apercevoir quand il êtait en bas de l'arbre…

Malheureusement, ce n'est pas la grenouille mais un hibou qui se cachait［M］dans ce trou. Surprise par l'apparition de l'oiseau, le petit garçon est tombé［P］de［Pre］la branche［G］［SD3］［PPreG］de l'arbre où il se trouvait.

Pendant ce temps, le chien［G］est poursuivi［M］［SD2］［MG］par les abeilles dont il a fait tomber［P］［SD1］l'essaim. Le chien et le garçon fuient［P］［M］［SD2］［PM］donc tous deux, l'un les abeilles, l'autre le hibou!

Décarmaré de leurs poursuivante［M］［SD1］, le garçon monte［P］sur［Pre］un rocher［G］［SD3］［PPreG］pour appeler la grenouille. Afin de garder son équilience, il s'accroche avec les mais à deux branches qui dépassent du rocher.

Surprise! Il ne s'agissait pas de branches mais des bois d'un cerf qui est très en colère d'être dérangé! Le petit garçon accroché à ses cornes, il court［M］jusqu'au［PP］bord de la falaise［G］［SD3］［MPreG］et jette［M］le garçon dans［Pre］le vide［G］［SD3］［MPreG］, le chien qui les［G］avait suivis［M］［SD2］［MG］, tombe［P］également dans［Pre］le vide［G］［SD3］［PPreG］. Le calme est maintenant revenu dans la forêt…mais pas pour longtemps!

Le petit garçon et le chien tombent［P］dans［Pre］la mere［G］［SD3］［PPreG］! Heureusement, ils ne se sont pas faits mal. Et ils entendent même un crossement familier.

Le petit garçon fait signe au chien de ne pas faire de bruit afin de ne pas effranger la grenouille. Et les deux compères regardent derrière le tronc d'arbre mort derrière lequel le bruit semble provenir…

Un couple de grenouilles s'y trouve! Et même toute une familiie, dont la grenouille tout recherchée!

Le petit garçon la prend［P］dans［Pre］ses mains［G］［SD3］［PPreG］pour ramener［P］à［Pre］la maison［G］［SD3］［PPreG］, sans oublier de dire au revoir à la famille des grenouilles.

3.2 法语初中级水平学习者第08号

La cherche d'une petite grenouille

Jacques a une petite grenouille qui est mise dans un petit vase transparent. Jacques et son ami, Nicolas, un chien mignon, aiment regarder cette grenouille à travers le vase. Un jour, quand Jacques et Nicolas sont en train de dormir, la grenouille se fuit［P］［M］du［Pre］vase［G］［SD3 +］［PMPreG］et disparait dans la nuit. Le lendemain, Jacques et Nicolas sont surpris d'apprendre que la petite grenouille a disparut! Ils sont inquiets et Jacques verse sa botte afin que la grenouille soit tombé［P］dehors［PP］［SD2］［PPP］, mais en vain. Le chien, Nicolas, habitué à imiter son maître, met sa tête dans le vase. Malheureusement, il ne réussit pas à la tirer dehors. À la vue de ce drame, Jacques se précipite au balcon et écrie pour qu'il y ait quelqu'un qui peur aider le chien. Nicolas, à la fois, est assis sur la rampe du balcon. Tout à coup［A］, Nicolas est tombé［P］par［Pre］la terre［G］［SD3 +］［PPreG］et le vase est cassé, naturellement. Jacques descend［P］l'escalier［G］quatre à quatre［A］［SD3］［PG］et il embrasse Nicolas avec un peu de colère et sympathie.

Après ces désordres, Jacques et Nicolas se mettent à nouveau à chercher la petite grenouille. Ils vont [P] dehors [PP], près [Pre] un bois [G] [SD3+] [PPPPreG], dans lequel ils voient des grands arbres avec un trou et un essaim d'abeilles suspendant sous une branche. Ils s'approchent [P] des [Pre] arbres [G] [SD3] [PPreG] et Jacques trouve un petite trou sur la terre, l'entrée duquel permet passer une grenouille, tandis que Nicolas se précipite au essaim d'abeilles pour le miel. Par conséquent, les abeilles sortent [P] de [Pre] leur essaim [G] [SD3] [PPreG] et ils volent [M] vers [PP] Jacques et Nicolas [G] [SD3] [MPreG]. Finalement, l'essaim est tombé [P] par [Pre] la terre [G] [SD3] [PPreG] et Jacques et Nicolas grimpent [P] [M] aux [Pre] arbres [G] précipitamment [A] [SD3+] [PMPreG] Jacques veux se cache [M] [P] dans [Pre] le trou d'arbre [G] [SD3+] [PMPreG], un hibou sort [P] soudainement [A] [SD2], qui fait peur à Jacques qui est aussi tombé [P] par [P] la terre [G] [SD3] [PPreG]. Jacques n'est pas le plus malherueux, parce que Nicolas est attaqué par les abeilles. À ce moment-là, un cerf aparaît et Jacques grimpe [P] [M] au [Pre] cerf [G] [SD3] [PMPreG]. Furieux, le cerf met [NV] Jacques dans [Pre] les eaux [G] [SD2] [NVPreG] où Jacque trouve Nicolas par surprise. Ils nagent [M] à [Pre] la banque [G] [SD3] [MPreG]. Du haut d'un bois, Jacques et Nicolas voient une famille nombreuse de grenouilles, Jacques emmène [P] [SD1] une des grenouilles et rentre [P] chez [Pre] lui [G] [SD3] [PPreG]. La famille de grenouilles, assisent sur le bois, regardent Jacques et Nicolas avec surprise.

3.3 法语中高级水平学习者第 05 号

Un petit grenouille perdu

Le petit Nicolao était un garçon de tans, il avait son meilleur copain—son chien Milou. Un soir, il a trouvé un petit grenouille dans le jardin, il lui a invité d'habiter chez lui et lui a mis dans un bouteille pour qu'il se repose bien. Tous les trois faisaient bon ménage.

Cependant, le petit grenouille est sorti [P] du [Pre] bouteille [G] [SD3] [PPreG] et s'en est allé [P] [SD1] pendant que les deux autres s'endormaient cette nuit. Personne ne savait pas le raison.

Quand petit Nicolao et Milou se sont réveillés le lendemain matin, ils n'ont vu que le bouteille vide laissé par leur petit copain.

Les deux ont fouillé partout en sorte de trouvé le petit grenouille, petit Nocolao a même cherché dans ses boots, et Milou le pauvre, il a mis sa tête dans le bouteille pour mieux voir le fords sans pouvoir en sortir.

Petit Nicolao a ouvert a fenêtre pour appeler le grenouille et Milou, il a sauté [M] sur [Pre] le rebord de fenêtre [G] [SD3+] [MPreG], peut-être le bouteille a un peu caché sa vue, le pauvre n'est pas arrivé à bien se situer, il a tombé [P] par [Pre] terre [G] [SD3] [PPreG].

Heureusement, le rebord n'était pas très haut, il ne s'est pas fait de mal, et d'ailleurs, avec de la chance, son "carcan" a été cassé. Dans les bras de Nicolao, Milou était tout content en léchant la joue de petit Nicolao, mais ce dernier, il n'était quand même pas heureux de voir cette scène palpitante.

Ils n'ont non plus renoncer à chercher le petit grenouille. Ils sont allée [P] dans [Pre] le forêt [G] [SD3] [PPreG] pres de la maison tout en appelant le petit grenouille.

Ils ne laissaient aucune possibililé. Petit Nicolas a appelé vers un trou par terre, mais c'était un rat de bois qui en [Pre] [G] a sauté [M] [SD3] [MPG] et a donné un coup sur le nez de Nicolas. Et Milou toujours le pauvre, il a mao choisi son cible, il [G] a énervé les guêpes et a fini par être chassé [M] [SD2] [MG] par eux.

Petit Nicolas est peu plus chanceux que Milou, il a vu un trou en arbre, et malheureusement, c'était un hippou qui en [Pre] [G] est sorti [P] tout en l'effrayant [A] [SD3+] [PPreG]. L'hippou suivait [M] petit Nicolas [G] [SD2] [MG], mais il s'en fichait. Il a grimpé [P] [M] en haut [PP] [SD3] [PMPP] pour avoir une voix qui atteignait plus loin, mais quel hasard, c'était un daim qu [G] 'il a grimbé [P] [M] sur [Pre] [SD3+] [PMPreG].

Le daim s'est levé et a jeté [M] Nocolas dans [Pre] une vallée [G] [SD3] [PPreG]. Milou est tombé [P] [SD1] avec son maître. Ils sont tombé [P] dans [Pre] un endroit [G] [SD3] [PPreG] tout étranger. Mais heureusement [Static], il y avait un fleuve en bas, ils n'ont pas blessé.

Avec de la chance, ils ont entendu les cris des grenouilles. Les deux approchaient [P] silencieusement [A] la [G] [SD3] [PG] où venaient les cris. Ils regardaient clansestinement et ils ont trouvé deux grenouilles amoureux. Et quel chance, il y avait aussi un groupe de petits grenouilles à côté y compris leur copain, le petit grenouille.

En fin, le petit grenouille était aussi ravi de revoir ses deux copain. En effet, il a entendu les cris des grenouilles cette nuit, et il est sorti [P] [SD1] sans pouvoir y [Pre] [G] retourner [P] [SD3] [PPreG]. Mais à la fin, ses copains l'a retrouvé et ils sont rentrés [P] ensemble à [Pre] la maison [G] [SD3] [PPreG]!

附录六 英语和法语学习者产出的汉语和外语词汇层面特征比较表(9张)

表1 两组英语学习者产出的汉语与英语在总体上的比较

Item	Freq. in C.	Freq. in Eg.	Log-likelihood	Sig.		
M	664	937	376.85	0.000	***	—
P	1 133	803	38.24	0.000	***	—
Pre	262	641	492.56	0.000	***	—
G	674	1 066	508.06	0.000	***	—
A	421	306	17.04	0.000	***	—
Size of corpus	39 360	20 914				

表2 初级水平的英语学习者产出的汉语与英语描述性统计

Item	Group	N	Mean	S.D.	S.E.
M	1	22	16.85	4.92	1.05
	7	22	22.18	6.34	1.35
P	1	22	30.17	8.98	1.91
	7	22	19.65	7.41	1.58
Pre	1	22	6.21	3.06	.65
	7	22	15.43	5.56	1.19
G	1	22	16.73	5.30	1.13
	7	22	25.41	7.20	1.53
A	1	22	11.56	3.76	.80
	7	22	7.30	3.07	.66

表3 初中级英语学习者中英特征独立样本T检验结果

Item	t	Sig.(2tailed)	Mean Diff.	S.E. Diff.
M	−3.114	.003	−5.33	1.71
P	4.243	.000	10.52	2.48
Pre	−6.814	.000	−9.23	1.35
G	−4.555	.000	−8.68	1.91
A	4.109	.000	4.25	1.04

表4 英语中高级水平学习者中、英文描述性统计

Item	Group	N	Mean	S.D.	S.E.
M	2	22	13.34	4.13	.88
	8	22	20.42	6.71	1.43
P	2	22	21.37	5.61	1.20
	8	22	16.89	5.96	1.27
Pre	2	22	5.71	3.52	.75
	8	22	13.75	7.06	1.51
G	2	22	13.91	4.23	.90
	8	22	23.05	8.59	1.83
A	2	22	7.59	2.78	.59
	8	22	6.63	4.59	.98

表 5　英语中高级水平学习者的中、英文独立样本 T 检验

Item	t	df	Sig. (2tailed)	Mean Diff.	S. E. Diff.
M	−4.213	42	.000	−7.08	1.68
P	2.567	42	.014	4.48	1.74
Pre	−4.781	42	.000	−8.04	1.68
G	−4.473	42	.000	−9.13	2.04
A	.838	42	.407	.96	1.14

表 6　法语学习者产出的汉语与其产出的法语总体比较

Item	Corpus Size of Chinese	31 198	Corpus Size of French	15 062		
	Freq. in Chinese	Freq. in French	Log-likelihood	Sig.		
M	700	481	34.59	0.000	***	—
P	1 284	925	83.76	0.000	***	—
Pre	228	911	1 083.63	0.000	***	—
G	782	1 134	569.92	0.000	***	—
A	384	204	1.21	0.272		—

表 7　初中级水平学习者产出的汉语和法语描述性统计

Item	Group	N	Mean	S. D.	S. E.
M	3	22	14.19	7.11	1.52
	9	22	11.05	6.55	1.40
P	3	22	27.72	12.27	2.62
	9	22	24.65	10.18	2.17
Pre	3	22	4.30	2.41	.51
	9	22	20.73	7.88	1.68
G	3	22	17.23	8.59	1.83
	9	22	27.23	8.75	1.86
A	3	22	9.70	4.77	1.01
	9	22	4.56	4.47	.95

注：表格中的"3"指的是法语初中级水平学习者产出的汉语，"9"指这一组学习者产出的法语。

表 8　初中级水平学习者产出的汉语与法语独立样本 T 检验

Item	t	df	Sig. (2tailed)	Mean Diff.	S. E. Diff.
M	1.524	42	.135	3.14	2.06
P	.902	42	.372	3.07	3.40
Pre	−9.344	42	.000	−16.42	1.76
G	−3.826	42	.000	−9.99	2.61
A	3.691	42	.001	5.14	1.39

表 9　法语中高级水平学习者汉语和法语比较描述性结果

描述性统计					
Item	Group	N	Mean	S. D.	S. E.
M	4	22	17.64	5.52	1.18
M	10	22	10.84	6.77	1.44
P	4	22	30.65	6.76	1.44
P	10	22	17.43	9.11	1.94
Pre	4	22	6.09	2.72	.58
Pre	10	22	20.69	7.45	1.59
G	4	22	18.32	4.91	1.05
G	10	22	24.36	6.60	1.41
A	4	22	7.75	4.58	.98
A	10	22	4.73	3.61	.77

表 10　中高级水平法语学习者产出的汉语与法语独立样本 T 检验

Item	t	df	Sig. (2tailed)	Mean Diff.	S. E. Diff.
M	3.652	42	.001	6.80	1.86
P	5.462	42	.000	13.22	2.42
Pre	−8.638	42	.000	−14.60	1.69
G	−3.441	42	.001	−6.03	1.75
A	2.435	42	.019	3.03	1.24

附录七 各被试组当中方式动词与路径动词的比例

1. 四组学习者

表1 四组学习者的汉语方式动词和路径动词描述性统计

Item		Mean	N	S. D.	S. E. Mean
Pair1	M	16.85	22	4.92	1.05
	P	30.17	22	8.98	1.91
Pair2	M	13.34	22	4.13	.88
	P	21.37	22	5.61	1.20
Pair3	M	15.92	44	6.53	.98
	P	29.19	44	9.90	1.49
Pair4	M	17.64	22	5.52	1.18
	P	30.65	22	6.77	1.44

表2 四组学习者汉语方式动词和路径动词成对样本T检验

Item		Paired Differences					t	df	Sig. (2-tailed)
		Mean	S. D.	S. E. M	95% C. I. D.				
					Lower	Upper			
Pair1	M-P	−13.32	7.08	1.51	−16.458 60	−10.183 33	−8.829	21	.000
Pair2	M-P	−8.03	4.53	.97	−10.041 00	−6.022 40	−8.313	21	.000
Pair3	M-P	−13.27	6.13	.92	−15.129 76	−11.405 21	−14.368	43	.000
Pair4	M-P	−13.01	4.74	1.01	−15.110 12	−10.907 92	−12.876	21	.000

表3 四组学习者汉语中的P描述性统计表

Item	N	Minimum	Maximum	Total	Mean
P	88	6.00	33.00	1828.00	20.77
N total	88				

表4 四组学习者汉语中的RVC结构描述性统计表

Item	N	Minimum	Maximum	Total	Mean
RVC	88	1.00	20.00	1090.00	12.39
N	88				

2. 英语和法语本族语者

表5　英、法语本族语者 M、P 描述性统计结果

Item		Mean	N	S.D	S.E.M
Native English	M	23.57	22	7.903 23	1.68
	P	20.24	22	6.33	1.35
Native French	M	12.49	22	7.01	1.49
	P	29.88	22	13.48	2.87

表6　英、法语本族语者 M，P 配对样本 T 检验结果

Item		Paired Differences					t	df	Sig. (2-tailed)
		Mean	S.D.	S.E.M	95% C.I.D.				
					Lower	Upper			
Native English	M-P	3.33	8.04	1.713 11	-.232 01	6.893 20	1.944	21	.065
Native French	M-P	-17.39	9.27	1.98	-21.497 22	-13.273 87	-8.793	21	.000

附录八　汉、英、法本族语者产出的方式动词与路径动词类型列表

汉语方式动词类型（79个）

跑、跳、飞、走、抱、钻、顶、奔、窜、冲、捧、滚、摇、涌、拱、晃、击、扛、离、逼、掠、碰、捅、砸、藏、踹、打、吊、挤、拎、挪、拍、绕、伸、送、抬、腾、踢、提、驮、拥、载、抓、转、捉、奔跑、逃窜、逃跑、出逃、狂奔、爬、摔、逃、赶、举、登、翻、倒、扔、引、掷、溜、攀、攀爬、追赶、逐、扑、推、迈、趴、闪、闯、轰、跨、拉、抬、拽、追杀（=追赶）

汉语路径动词类型（60）[①]

离、脱、冒、凑、避、坠、别、围、退、靠、往、升、提、转、归、跟、到、来、去、上、出、下、回、起、走、进、过、入、至、来到、靠近、踏上归途、告辞、（仓皇）逃窜、（四处）逃窜、（落荒而）逃

[①] 在本研究中，汉语的路径动词类型较多、法语方式动词较多的原因是：我们把其他一些研究中视为单纯方式动词或路径动词的词看成同时表达方式和意义的词，计算两次，此类词英语中也较多。

续表
离家出走、跌、栽、掉、落、翻、爬、摔、倒、逃、登、举、追、越、带、追赶、逃跑、（仓皇）出逃、攀爬、跌落、坠落、摆脱、越狱、逃之夭夭

英语本族语者的方式动词类型（50）

billow, bound, burst, carry, crawl, crash, creep, erupt, fly, hit, hop, hurry, jump, knock, lean, leap, pour, pull, run, scurry, skip, sneak, swarm, sail, scoot, shake, spring, sprint, step, walk, wander, climb, chase, dive, drive, drop, escape, fall, flee, hide, head, pop, pursue, scoop, sling, settle, stalk, throw, toss, tumble

英语本族语者的路径动词类型（27）

go, come, enter, erupt, take, land, leave, pick, bring, pass, reach, return, send, remove, set, climb, drop, escape, fall, scoop, tumble, head, hide, flee, settle, follow, scoot

法语本族语者方式动词类型（31）

courir, nager, voler, transporter, emmener, emporter, porter, prendre, pousser, repousser, diriger, renverser, grimper, s'enfuir, jeter, échapper, s'échapper, fuir, dégringoler, accourir, poursuivre, suivre, projeter, chasser, glisser, dévaler, gravir, entraîner, réfugier, sauter

法语本族语者路径动词类型（40）

tomber, sortir, partir, monter, aller, arriver, prendre, revenir, emmener, emporter, s'approcher, repartir, venir, approcher, passer, quitter, ramener, retourner, chuter (tomber), rentrer, repousser, reprendre, amener, atterrir, entrer, renverser, reporter, s'avancer, échapper, enfuir, grimper, s'enfuir, s'échapper, fuir, glisser, jeter, accourir, dégringoler, dévaler, enjamber

附录九 各组学习者产出的方式动词与路径动词类型列表

初级英语学习者的方式动词类型（39）

climb, jump, escape, chase, fly, run, throw, fall, follow, carry, drop, flee, rush, drive, step, head, push, crash, creep, hop, hurry, knock, pull, slip, dart, dump, hide, hit, kick, lead, poke, pour, pursue, shake, squeeze, stagger, tip, turn, walk

初级英语学习者的路径动词类型（26）

fall, go, come, climb, escape, take, drop, flee, leave, lift, approach, head, land, arrive, mount, pick, ascend, circle, close, descend, dump, enter, gather, hide, raise, reach

高级英语学习者方式动词类型（31）

climb, run, jump, escape, chase, fly, slip, carry, follow, crawl, flee, head, hide, drive, creep, drop, dump, hit, hop, lead, rush, shake, clamber, dash, kick, leap, pop, push, slid, sneak, spiraled

高级英语学习者路径动词类型（25）

fall, climb, go, come, throw, escape, take, leave, bring, drop, flee, head, pick, reach, swim, approach, tumble, ascend, spiral, enter, hide, land, lift, return, transport

初级法语学习者方式动词类型（22）

courir, jeter, fuir, s'enfuir, grimper, poursuivre, suivre, sauter, voler, cacher, chasser, échapper, marcher, porter, s'échapper, évader, bondir, couvrir, diriger, enfuir, nager, palpiter, pousser, s'envoler

初级法语学习者路径动词类型（32）

tomber, sortir, monter, fuir, sauter, grimper, partir, rentrer, jeter, s'enfuir, aller, cacher, entrer, arriver, descendre, emporter, porter, prendre, quitter, échapper, amener, ramener, s'échappe, s'éloigner, s'approche, soulever, évader, apporter, approcher, débarrasser, emmener, franchir, émmener, quitter, mener, passer, pricipiter, retourner, séparer, traverser

高级法语学习者方式动词类型（24）

courir, fuir, jeter, grimper, poursuivre, suivre, sauter, voler, s'enfuir, cacher, chasser, échapper, marcher, porter, s'échapper, évader, bondir, couvrir, diriger, nager, palpiter, pousser, s'envoler

高级法语学习者路径动词类型（39）

tomber, sortir, grimper, monter, aller, quitter, s'enfuir, prendre, rentrer, amener, débarrasser, entrer, échapper, fuir, arriver, approcher, partir, revenir, s'échapper, embrasser, emporter, montrer, passer, ramener, remporter, retourner, s'avancer, venir, atterrir, cacher, chuter, dépasser, emporter, enlever, escalader, esquiver, franchir, jeter, apporter

附录十　分类移动事件各组本族语者产出的方式动词与路径动词

1. 表达"出"的移动事件

（1）汉语本族语者。

多用方式动词加上趋向动词，个别处用路径动词和同时表达方式和路径的动词。

1）青蛙出罐子：

在总共 32 例表达中，有 20 例使用的是方式动词，如爬、溜、跑、跳等；7 例使用的是同时表达方式和路径的动词，如逃出、逃之夭夭、越狱等；5 例使用的是路径动词，如离开、告辞、回、离家出走等。

2）老鼠出地洞：

在总共 21 例表达中，有 18 例使用的是方式动词+趋向动词，方式动词有：蹿、冒、跳、钻、蹦、爬、探等，只有 3 例使用的是路径动词"出来"。

3）猫头鹰出树洞：

在 17 例表达中，无一例外地使用的是方式动词，所用的方式动词有飞、钻、闪、扑、蹿、冲。

（2）英语本族语者。

1）青蛙出罐子：

在 26 例表达中，有 10 例用的是同时表达方式和路径的词 escape；只有 3 例是路径动词，如 leave，return；13 例是方式动词，如，jump，sneak，climb，step，leap，hop 等。

2）老鼠出地洞：

11 例中 8 例使用的是方式动词，如 climb，jump，run，pop，scurry，只有 3 例使用的是 go，come 两个路径动词。

3）猫头鹰出树洞：

在 13 例中，8 例使用的是方式动词，5 例使用的是路径动词短语 come out，其中一例是 come bursting out，这是一个含有方式意义的路径动词短语。

（3）法语本族语者。

1）青蛙出罐子：

29 例中，18 例用的是同时表达方式和路径意义的移动动词，如 fuir，s'enfuir，s'échapper，se glisser，enjamber 等；11 例用的是单纯的路径动词 partir，sortir。

2）老鼠出地洞：

9 例中无一例外使用的是单纯的路径动词 sortir。

3）猫头鹰出树洞：

13 例中无一例外使用的是单纯的路径动词 sortir。

2. 表达"上"的移动事件

（1）汉语本族语者。

1）小狗上窗台：

16 例中，11 例用的是方式动词，如，跑、跳、蹦、跃、爬、攀；2 例用的是路径动词，如"回、凑"。3 例是同时兼具方式和路径意义的动词，"攀、爬"。

2）男孩上树：

20 例中，无一例外用的是兼具方式和路径的动词"爬"。

3）男孩上石头：

21 例中，2 例为方式动词，如赶、跳；19 例为同时兼具方式和路径意义的词，如爬、攀、攀爬、登等。

（2）英语本族语者。

1）小狗上窗台：

7 例中，只有 1 例为方式动词 follow；4 例为路径动词 go，bring；2 例为同时兼具方式和路径意义的动词 climb。

2）男孩上树：

11 例中，2 例为方式动词，如 hop，walk；9 例为同时表达方式和路径意义的动词 climb。

3）男孩上石头：

19 例中，7 例为方式动词，如 jump，chase，crawl，1 例为路径动词 come。11 例为同时表达方式和路径意义的 climb。

（3）法语本族语者。

1）小狗上窗台：

7 例全部为路径动词，monter，aller。

2）男孩上树：

14 例中，6 例为单纯的路径动词 monter，aller；8 例为同时兼具方式和路径意义的 grimper。

3）男孩上石头：

14 例中，8 例为单纯的路径动词 monter，6 例为同时兼具方式和路径意义的 grimper。

3. 表达"下"的移动事件

（1）汉语本族语者。

1）小狗掉下窗台：

27 例中，17 例是路径动词，如掉、跌、落、跌落、栽等；7 例是同时兼具方式和路径意义的"摔"；3 例是方式动词，"跳、挤"。

2）蜂窝从树上掉下：

20 例中，11 例为路径动词，如：坠落、掉、落等；6 例为方式动词，如"摇（落、下）"；3 例为同时兼具方式和路径意义的词，如"摔"。

3）男孩掉下悬崖：

22 例中，16 例为方式动词，如甩、仍、丢、拱、掷、抛；5 例为兼具方式和路径的动词"摔"，该词既有主动用法，又有被动用法；1 例为表达单纯路径意义的词，如"掉"。

（2）英语本族语者。

1）小狗掉下窗台：

21 例全部是路径动词，主要用的是 fall，还有 send，land。

2）蜂窝从树上掉下：

20 例中，12 例为方式动词 knock，throw，jump；8 例为路径动词 fall，land。

3）男孩掉下悬崖：

20 例中，13 例为方式动词 toss，throw，fly；4 例为路径动词 drop，send，fall；3 例为兼

具方式和路径意义的词 drop，tumble；

（3）法语本族语者。

1）小狗掉下窗台：

23 例中，21 例为路径动词 tomber；1 例为方式动词 sauter；1 例为兼具方式和路径意义的词 dévaler。

2）蜂窝从树上掉下：

17 例全部是路径动词，（faire）tomber。

3）男孩掉下悬崖：

22 例中，12 例为方式动词 jeter，projeter，dégringoler，pousser；10 例为路径动词 tomber。多数情况下，该词的前面有一个单纯表达"致使"意义的动词 faire 或 laisser。

4. 表达"水平方向"的移动事件

（1）汉语本族语者。

1）蜜蜂追小狗：

27 例中，16 例为方式动词，如奔跑、追、追赶、奔、飞、跑、追杀等；10 例为方式和路径意义兼具的词，如逃、逃跑、仓皇出逃、仓皇逃窜、四处逃窜、落荒而逃；1 例为路径动词，摆脱。

2）小鹿向悬崖边跑：

19 例全部是方式动词，如跑、奔、飞奔、冲、奔跑、飞驰、狂奔、一路狂奔等。

3）小男孩回家：

17 例当中，15 例是路径动词，如离开、离去、回、踏上归途；2 例是方式动词，如走、跟。

（2）英语本族语者。

1）蜜蜂追小狗：

26 例中，25 例为方式动词，如 chase，run，pursue，fly，follow，sail，scurry，sprint；1 例为路径动词 pass。

2）小鹿向悬崖边跑：

17 例中，16 例为方式动词 run；1 例为路径动词词组 take off。

3）小男孩回家：

12 例中，4 例是方式动词 walk；7 例是路径动词 go，leave；1 例是兼具方式和路径意义的 head。

（3）法语本族语者。

1）蜜蜂追小狗：

20 例中，15 例为方式动词 poursuivre，voler；5 例为方式和路径意义兼具的动词 s'enfuir，fuir，repousser。

2）小鹿向悬崖边跑：

10 例中，6 例是方式动词 courir；3 例是路径动词 partir，其中 1 例是 partir en galopant；1 例是普通移动动词 déplacer。

3)小男孩回家:

16 例中全部是路径动词,如 revenir, partir, quitter, repartir, retourner, s'en aller, rentrer。

附录十一 分类移动事件各组学习者产出的方式动词与路径动词

1. 表达"出"的移动事件

(1) 初级英语学习者。

1) 青蛙出罐子:

总共 32 例表达,其中 16 例用的是同时表达方式和路径的动词,如 escape, flee, slip; 14 例用的是方式动词,如 climb, jump, sail, queeze, run 等;只有 2 例用的是路径动词 go。

2) 老鼠出地洞:

总共有 12 例表达,其中 8 例是 come (out);另外 4 例中,1 例用的是 dart,3 例用的是 jump。

3) 猫头鹰出树洞:

14 例中,8 例用的是方式动词 fly (out),4 例用的是路径动词 come, go;1 例错用 outing,1 例用的是非路径动词 appear。

(2) 高级英语学习者。

1) 青蛙出罐子:

29 例中,14 例是方式动词,如 climb, jump, steal, sneak, hop, slip, crawl 等;11 例是同时表达方式和路径的动词,如 escape, flee 等;3 例是路径动词 go。

2) 老鼠出地洞:

14 例中,11 例是路径动词,如 come (out), ascend;2 例是非移动动词,如 show up, get out;1 例是方式动词 jump。

3) 猫头鹰出树洞:

6 例中,5 例用的是方式动词,如 fly (out),1 例是非移动动词如 get (out of)。

(3) 初级法语学习者。

1) 青蛙出罐子:

26 例表达中,14 例是同时表达方式和路径意义的词,如 fuir, s'enfuir, s'échapper, échapper, s'évider;8 例是单纯的路径动词,如 sortir, s'éloigner, séparer, quitter;4 例是方式动词,如 sauter, palpiter(错用)。

2) 老鼠从地洞出:

10 例中,7 例是路径动词,如 sortir (6), venire;3 例是方式动词,如 sauter, bondir。

3) 猫头鹰从树洞中出:

10 例中,6 例是路径动词 sortir,4 例是方式动词 voler, s'envoler,其中 1 例是 voler en

sortant 这一错误用法。

（4）高级法语学习者。

1）青蛙出罐子：

24 例中，12 例用的是同时表达方式和路径的动词，如 s'enfuir，s'échapper，s'esquiver 等，其中有 1 例 débarraser（使摆脱，解脱）可能是误用；8 例是单纯的路径动词，如 sortir，quitter，s'en aller；4 例用的是方式动词 sauter。

2）老鼠从地洞出：

13 例中，6 例是路径动词 sortir；7 例为方式动词，如 sauter，其中 1 例 s'échapper 像是误用。

3）猫头鹰从树洞中出：

12 例中，7 例是路径动词 sortit，venir；4 例是方式动词 s'envoler；1 例是同时兼具方式和路径意义的 surgir。

2. 表达"上"的移动事件

（1）初级英语学习者。

1）小狗上窗台：

11 例中，8 例为方式动词 jump，run，follow，accompany，hop；3 例为路径动词 go，reach。

2）男孩上树：

9 例中，7 例为同时表达方式和路径的动词 climb；2 例为路径动词 go。

3）男孩上石头：

19 例中，3 例为方式动词 jump，step；1 例为路径动词 mount；2 例为非移动动词 get。13 例为同时兼具方式和路径意义的 climb。

（2）高级英语学习者。

1）小狗上窗台：

6 例中，4 例为方式动词 jump，follow，hop；1 例为路径动词 come；1 例为同时表达方式和路径意义的 climb。

2）男孩上树：

16 例中，1 例为方式动词 jump；1 例为路径动词 come。14 例为同时表达方式和路径意义的 climb。

3）男孩上石头：

19 例中，3 例为方式动词，如 clamber，jump，struggle；2 例为路径动词 go。14 例为同时表达方式和路径意义的 climb。

（3）初级法语学习者。

1）小狗上窗台：

5 例中，3 例为路径动词 monter，aller，venir；2 例为方式动词 sauter。

2）男孩上树：

9 例中，5 例为单纯的路径动词 monter；4 例为兼具方式和路径意义的动词 grimper。

3）男孩上石头：

10 例中，7 例为单纯的路径动词 monter；3 例为兼具方式和路径意义的词 grimper。

（4）高级法语学习者。

1）小狗上窗台：

4 例全部为方式动词：sauter，suivre。

2）男孩上树：

14 例中，10 例为兼具方式和路径意义的 grimper；3 例是纯路径动词 monter，aller；1 例是方式动词 sauter。

3）男孩上石头：

14 例中，9 例为单纯的路径动词 monter；5 例为同时兼具方式和路径意义的动词 grimper，escalader。

3. 表达"下"的移动事件

（1）英语初级学习者。

1）小狗下窗台：

20 例中，19 例为路径动词，如 fall，land，drop，descend；1 例为方式动词 jump。

2）蜂窝从树上掉下来：

14 例中，6 例为方式动词，如 hit，poke，shake，knock，push；5 例为路径动词，如 fall，drop；3 例为非移动动词，如 make，get，put。

3）男孩掉下悬崖：

19 例中，14 例为方式动词，如 throw，push，dump；4 例为路径动词，如 fall；1 例为普通动词，如 put。

（2）高级英语学习者。

1）小狗下窗台：

21 例中，19 例为路径动词 fall，drop；1 例为方式动词 jump；1 例为非移动动词 get。

2）蜂窝从树上掉下：

14 例中，12 例为路径动词 fall，drop；1 例为方式动词 shake；1 例为非移动动词 get。

3）男孩掉下悬崖：

21 例中，16 例为方式动词 throw，push；4 例为路径动词 fall；1 例为方式和路径意义兼具的 tumble。

（3）初级法语学习者。

1）小狗掉下窗台：

19 例中，15 例为路径动词 tomber；4 例为方式动词 sauter，se jeter，

2）蜂窝从树上掉下：

6 例全部是路径动词 tomber。

3）男孩掉下悬崖：

13 例中，11 例为方式动词，1 例为路径动词 se tomber，1 例为非移动动词 mettre。

（4）高级法语学习者。

1）小狗掉下窗台：

20 例中，16 例是路径动词 tomber；4 例是方式动词 sauter，se jeter。

2）蜂窝从树上掉下：

10例中全部是路径动词（faire）tomber。

3）男孩掉下悬崖：

15例中，7例是路径动词tomber；8例是方式动词jeter，lâcher。

4. 表达"水平方向"的移动事件

（1）初级英语学习者。

1）蜜蜂追小狗：

19例中，16例为方式动词，如：chase，run，follow，drive；3例为兼具方式和路径意义的词，如：escape，flee。

2）小鹿向悬崖边跑：

13例中，12例为方式动词run，rush；1例为兼具方式和路径意义的head。

3）小男孩回家：

12例全部是路径动词，如go，come，leave。

（2）高级英语学习者。

1）蜜蜂追小狗：

21例中，19例为方式动词，如run，chase，flee；2例为路径动词go（after）。

2）小鹿向悬崖边跑：

10例全部为方式动词，如run，dash。

3）小男孩回家：

13例全部是路径动词，如go，come，leave，return，depart。

（3）初级法语学习者。

1）蜜蜂追小狗：

15例都是方式动词。

2）小鹿向悬崖边跑：

6例都是方式动词courir。

3）小男孩回家：

7例都是路径动词，如rentrer，partir，sortir。

（4）高级法语学习者。

1）蜜蜂追小狗：

14例用的都是方式动词，其中5例所用的poursuivre，courir和本族语者一致，其余用parcourir，s'envoler，repousser，chasser，courir（après），suivre，pourchasser等来代替poursuivre。

2）小鹿向悬崖边跑：

13例都是方式动词，如courir，suivre。

3）小男孩回家：

11例都是路径动词，如rentrer，retourner，partir，aller。